KB180726

청와대는 건물 이름이 아니다

「이 도서의 국립중앙도서관 출판예정도서목록(CIP)은 서지정보유통지원시스템 홈페이지(http://seoji.nl.go.kr)와 국가자료공동목록시스템(http://www.nl.go.kr/kolisnet)에서 이용하실 수 있습니다.(CIP제어번호: CIP2017009070)」

청와대는 건물 이름이 아니다

초판 1쇄 발행일 2017년 4월 28일

지 은 이 정승원
펴 낸 이 이정원

편집책임 선우미정
편 집 강수연 · 이동하
디 자 인 배기열
마 케 팅 나다연 · 이광호
경영지원 김은주 · 박소희
제 작 송세언
관 리 구법모 · 엄철용

펴 낸 곳 도서출판 들녘
등록일자 1987년 12월 12일
등록번호 10-156
주 소 경기도 파주시 회동길 198번지
전 화 편집부 031-955-7385 마케팅 031-955-7378
팩시밀리 031-955-7393
홈페이지 www.ddd21.co.kr
페이스북 www.facebook.com/bluefield198

I S B N 979-11-5925-248-8(03170)

값은 뒤표지에 있습니다. 파본은 구입하신 곳에서 바꿔드립니다.

청와대는 건물 이름이 아니다

기호학으로 세상 읽기

정승원 지음

푸른들녘

| 저자의 말 |

당신을 만나기 위해 기호가 필요하다

지금 여러분 앞에 한 권의 책이 있습니다. 이 책은 '기호학(記號學)'이라는 다소 낯선 학문을 다루고 있습니다. 제가 "기호학, 그중 문화기호학을 연구합니다"라고 사람들에게 소개하면, 다들 이렇게 물어봅니다. "도대체 기호학이 뭐예요?"라고요. 이 질문에 대해 얼마 전 우리나라에 개봉된 SF영화 「컨택트」(원제: Arrival, 감독: 드니 빌뇌브)를 가지고 짧게 설명해볼게요. 테드 창의 SF소설 『네 인생의 이야기』를 원작으로 한 이 작품에는 여러 가지 흥미로운 철학적, 인문학적 사유들이 담겨 있습니다. 언어가 우리의 사고를 결정짓는다는 '사피어-워프가설', 시간들(과거, 현재, 미래)의 공존 관계, 결정론과 자유의지, 선형적 사고와 비선형적 사고, 같은 언어를 공유하지 않는 타자와의 소통 문제 등이 그것입니다. 언어학자 루이즈 뱅크스는 '헵타포드'(7개의 다리를 가진 존재)라 이름 붙여진 외계인과 의사소통하는 법을 찾아내는 임무를 맡습니다. 헵타포드는 두 개의 문자를 사용합니다. 입으로 말한 말을 표시하는 '음성 표시(glottographic)' 문자, 입으로 발화된 소리와 전혀 무관하게 의미를 전달하는 '의미 표시(semasiographic)' 문자가 그것입니다. 전자는 쉽게 이해되실 겁니다. 우리가 입으로 뱉는 "나는 너를 사랑해"는 우리나라 문자인 한글로 '나는 너를 사랑해'로 표시됩니다. 그렇다면 후자의 경우, 우리 머릿속에 떠오르는 생각 '나는 너를 사랑해'는 말을 통하지 않고 어떻게 표시할 수 있을까요? 한국어, 영어와 같은 국가별 언어가 아니더라도, 하트 표시, 꽃 그림 등 다양한 방식으로 표시할 수 있을 겁니다. 요즘 감정 표현에 많이 사용하는 이모티콘도 이런 표시 방법입니다. 입으로 내뱉는 말뿐만 아니라, 우리의 생각을 외부로 드러내기 위해 만들어진 이런 표현 수단들이 '기호'입니다. 우리는 이런 기호들을 가지고 다른 존재들과 의사소통합니다. 영화에서 주인공 루이즈 뱅크스는 외계인들이 사용하는 기호의 규칙(즉, 문법)을 찾아내서 의사소통하는 일을 맡았지요.

미국의 동화작가 앤드루 클레멘츠가 지은 『프린들 주세요』라는 굉장히 재미있는 동화가 있습니다. "말은 바로 '우리'가 만드는 거"라는 그레인저 선생님의 말에 아이디어를 얻은 장난꾸러기 닉은 '펜'을 '프린들'로 부르기 시작합니다. 이에 반 친구들은 호응하고, '프린들'이라는 새로운 단어는 삽시간에 퍼져나갑니다. '프린들'이라는 단어를 쓰지 못하게 하려는 그레인저 선생님과 이 새로운 단어를 사용하려는 아이들의 싸움. 그 결과는 어떻게 될까요? 결국 '프린들'은 최신 개정판 웹스터 대학사전에 신조어로 수록됩니다. 이 동화는 언어와 기호가 가지는 자의성과 사회성을 잘 다루고 있습니다. 기호의 자의성이란, 하나의 대상과 그 대상을 가리키는 기호 사이의 관계는 임의적이라는 것입니다. 내 앞에 있는 사물 '컵'을 '컵'뿐만 아니라, '큽', '캅' 등으로 부를 수 있다는 것이지요. 그리고 그렇게 새롭게 불린 이름이 많은 사람들에게 사용되면, 단어 '프린들'처럼 사회적으로 인정받게 됩니다. 우리나라에서도 인터넷 커뮤니티에서 소수가 사용하던 단어가 사회적으로 확산되어 사전에 신조어로 등극되는 일이 최근 비일비재합니다. 이런 것이 단어나 기호의 사회성이랍니다. '기호학'은 영화 「컨택트」와 동화 『프린들 주세요』에 등장하는 이런 기호의 다양한 현상과 특성에 대해 연구하는 학문입니다. 그리고 기호를 통해 커뮤니케이션(의사소통)하는 우리 주위의 사회와 문화 현상들을 기호와 커뮤니케이션의 관점에서 분석하고 해석하는 학문이지요.

제가 기호학을 처음 접한 것은 대학 시절이었습니다. 당시 읽은 기호학 교양서는 제가 처음 접하는 용어들로 가득 채워져 있었지만, 흥미롭게 세상을 보는 법을 알려주었습니다. 그 뒤 시간이 흘러 저는 기호학을 공부하는 연구자가 되었습니다. 전문 연구자로서 내내 마음에 걸리고 아쉬웠던 점이 한 가지 있었는데요. 서점에 가보면, 논리학, 철학, 미학, 자연과학 등 다양한 학문 분야에서 청소년과 대학 초년생들이 읽을 만한 좋은 대중 교양서들이 많이 나와 있습니다. 하지만 아쉽게도 기호학 분야에서는 그 수준의 독자들이 읽을 만한, 쉽지만 알찬 내용의 책이 아직까지 보이지 않습니다. 그러던 차에 푸른들녘과 인연이 닿아 부족한 실력이나마 용기를 내서 이 책을 집필하게 되었습니다. 저의 바람은 이 책이 '기호학'이라는 전문적인 학문 분야와 교양에 목마른 대중 독자를 이어주는 다리 역할, 즉 좋은 대중 교양서의 역할을 충실히 해주었으면 하는 것입니다.

이 책의 초반부(특히 2장)에 낯선 개념들과 용어들이 많이 등장할 겁니다. 어떤 학문 분야에 접근하기 위해서는 그 학문에서 주로 사용하는 개념들과 용어를 익히고 익숙해져야 합니다. 어떤 학문을 공부하는 것은 그 학문의 개념들과 용어들을 통해서 인간과 세상을 이해하는 법을 배우는 것입니다. 대중 교양서이기 때문에, 인문학 초보 수준의 독자들이 읽고 이해할 수 있도록 개론 수준의 기호학 내용들을 여러 가지 예를 들어가면서 최대한 평이하게 풀어냈습니다. 그럼에도 불구하고 낯선 학문 분야가 주는 어려움은 여전히 남아 있을 것입니다. 하지만 참을성을 가지고 이 책을 순서대로 차근차근 읽다 보면, 생소하게만 느껴졌던 기호학의 개념들과 용어들을 하나둘 이해하게 될 것입니다. 그와 더불어 세상과 사물, 사태를 보는 새로운 눈을 가지게 될 테고요. 이런 것이 기호학과 같은 인문학을 공부하는 재미랍니다. 부디 여러분께서도 이러한 재미를 누리시길 바랍니다.

오랜 시간 원고를 기다려준 푸른들녘 편집부에 미안함과 고마움을 동시에 전합니다. 그리고 좋은 원고가 되도록 교정을 꼼꼼히 함께 봐주신 강수연 선생님에게 감사를 보냅니다. 이 책이 많은 독자들의 지적인 호기심과 자극을 불러일으키는 것이 그 고마움과 감사함에 보답하는 길일 겁니다. 무엇보다 이 책이 독자들의 뇌를 자극하고 세상과 사물을 좀 더 다르게, 좀 더 넓고 깊게 보는 데 도움이 되었으면 좋겠습니다.

2017년 늦봄, 정승원

차 례

1강

기호는 소통의 씨앗

안녕하세요! 기호학 강의에 오신 여러분을 환영합니다. 만나서 반가워요. 교과 공부 하느라고 몸도 마음도 바쁠 텐데… 이렇게 뜬금없는 공부에 자진해서 참여해주다니요. 이 강의는 제가 조카 지선이와 나누었던 일상적인 이야기들을 토대로 구성한 것입니다. 올해 고등학생이 된 지선이는 궁금한 게 참 많고 먹고 싶은 것도 아주 많은 소녀인데요. 같은 아파트 단지에 살아서 그런지 정말 자주 놀러 옵니다. 덕분에 학교나 공부, 친구 문제 등을 자주 나누는데 그러다 보니 또래 친구들과도 함께 이야기를 나누어보면 어떨까 싶더라고요. 그래서 학교 측에 제안을 했고, 고맙게도 이런 좋은 시간이 마련된 거예요.

제가 오늘부터 7주 동안 일주일에 세 번, 여러분과 함께 나눌 내용은 '기호학'입니다. "기호… 기호학? 그게 뭐지, 먹는 건가?" 많은 학생이 이렇게 생각할 거예요. 당연한 반응이라고 생각합니다. 기호학의 역사는 아주 짧거든요. 20세기 중후반에 걸쳐서야 간신히 인문학의 한 분야로 자리 잡았으니까요. 혹시 이름을 들어보셨을지 모르지만, 움베르토 에코나 롤랑 바르트 같은 학자들이 이 분야의 대가로 손꼽히지요. 오늘날 기호학은 기호를 연구하는 방법론의 하나로서 문학과 문화 등 다양한 분야에 폭넓게 응용 및 활용되고 있답니다. 하지만 우리나라에서는 여전히 일반 대중에게 낯선 분야예요. 저는 기호학을 연구하는 한 사람으로서 이 매력적인 학문이 좀 더 쉬운 언어와 내용으로 대중에게 전달되지 못하는 것을 늘 안타까워했는데요. 이번 강의가 여러분에게 기호학과 친해지는 작은 출발점이 되었으면 좋겠습니다.

기호학은 어떤 학문일까요? 그렇지요. 기호학은 '기호'를 다루는 학문입니다. 좀 더 자세히 말하면 "기호를 통해 이루어지는 사람과 사람 사이의 의사소통(커뮤니케이션)에 관한 학문"이에요. 여러분이 그동안 의식하지 못했을지 모르지만 사실 우리는 모두 기호를 통해 소통하며 살아갑니다. 각자가 전달하려는 메시지를 기호에 담지요. 우리가 내뱉는 말뿐 아니라, 글[문자], 몸짓과 손짓, 눈빛 등도 모두 기호에 포함됩니다. 교과서의 수식, 도로 표지판, 동물들의 언어도 기호에 속하고요. 그런데 각각의 기호엔 일정한 의미, 즉 뜻이 담겨 있어요. 건널목의 빨간 신호등은 "잠시 멈추세요"라는 의미를 지니고, 수식에서 사용하는 '+'는 "두 숫자를 합하시오"라는 의미를 지닙니다. 휴대폰의 전화벨은 "전화가 왔다"는 것을 뜻하고요. 지금 여러분이 보는 것처럼 프란츠 그릴파르처는 자신의 시 「키스」에서 키스의 의미를 신체 각 부위에 따라 다르게 규정하고 있습니다. 이처럼 얼핏 같아 보이는 행동이라고 해도 맥락에 따라 의미는 가지

키스

프란츠 그릴파르처

손에 하는 것은 존경의 키스
이마에 하는 것은 우정의 키스
뺨에 하는 것은 감사의 키스
입술에 하는 것은 사랑의 키스
눈꺼풀에 하는 것은 기쁨의 키스
손바닥에 하는 것은 간구의 키스
팔과 목에 하는 것은 욕망의 키스
그 밖에는 모두 미친 짓!

각색일 수 있어요. 그러니 우리가 다른 사람과 제대로 소통하려면 먼저 그 사람이 사용하고 있는 기호의 뜻을 이해하고 따라가야 합니다.

그런데 기호학은 대체 왜 배우는 걸까요? 우리가 일상을 살아가는 데 꼭 필요한 걸까요? 이 자리에 모인 친구들 대부분은 이런 궁금증을 품고 있을 거예요. 답을 드리자면, 단언컨대 기호학은 매우 쓸모 있는 학문입니다. 기호학을 공부하게 되면 다양한 기호를 통해 세상과 의사소통을 할 수 있고, 때로는 그것의 어려움을 배우며, 의사소통의 복잡한 메커니즘도 이해할 수 있거든요. 그러니까 여러분이 이 배움을 마쳤을 때는 세상과 더 깊이 만날 수 있을 겁니다. 저는 여러분 모두가 이 강의를 통해 지혜와 가슴이 한두 뼘 성장하고, 세상과 주위 사람을 보는 눈이 조금 더 깊어지기를 바랍니다. 자, 이제 기호학의 세계로 함께 여행을 떠나볼까요?

오늘의 키워드	기호, 의사소통

2강

우주는 기호로 가득 차 있다

첫 시간은 조금 재미없을지도 몰라요. '기호'가 무엇인지, 구성 요소에는 어떤 것들이 있는지, 종류는 얼마나 되는지 등을 이야기할 거니까요. 사실 정의니 종류니 하는, 학문이나 개념의 기초적인 부분은 지루하고 재미없게 마련입니다. 하지만 기초를 단단히 다져야 개념을 자유자재로 구사할 수 있어요. 이번 시간에 집중해서 듣는다면 강의를 마칠 무렵에는 배운 내용을 현실에 속속 적용하면서 재미를 느낄 수 있을 테니, 조금 참아봅시다.

기호는 흔히 영어의 'sign'으로 번역됩니다. 여러분, 기호나 sign 하면 뭐가 가장 먼저 떠오르세요? 아마 수학에서 사용하는 '+, -, %' 같은 것들일 거예요. 과학 쪽에 관심이 많다면 'Fe, Ag, F=ma' 같은 기호들을 떠올릴지도 모르고요. 맞습니다. 일상에서 말할 때 기호란 방금 예로 든 수학 기호나 과학 기호처럼 특정한 의미를 가리키는 표시를 말해요.

찰스 퍼스(©Wikimedia Commons)

이는 가령 '뺄셈을 할 때 쓰는 기호'를 '-'라고 그리는 것처럼, 사람들 간의 약속을 통해 정해진 것입니다. 수학의 '+' 역시 사람들 사이의 약속을 통해 '더하라'는 의미를 지니게 되었는데요. 이런 기호를 '약정적인(conventional)[1] 기호'라고 부릅니다.

이런! 시작부터 말이 좀 어렵네요. 기호에는 이 같은 약정적인 기호 외에 '자연적인 기호'도 있습니다. 가령 초상화나 사진 속의 인물도 일종의 기호로 볼 수 있는데요. 이 기호들은 그것이 가리키는 대상, 즉 실존 인물과 똑같이 생겼어요. 그래서 우리는 '자연적인 기호'를 보면 자연스럽게 그 기호가 가리키는 대상을 알 수 있지요. 반면 Fe나 Ag 같은 '약정적인 기호'들은 가리키는 대상을 정확히 알기 위해 따로 공부해야 합니다. 화학 시간에도 "Fe는 철, Ag는 은…" 이렇게 외우잖아요?

미국의 기호학자이자 현대 기호학의 시조 중 한 명인 찰스 퍼스[2]는 기호를 "인간의 정신에 대해 어떤 대상을 대신할 수 있는 것(an object which stands for another to some mind)"이라고 정의했습니다. 어렵죠? 또한 소설

1) 약속으로 정해졌다는 뜻이다.
2) 찰스 퍼스(Charles Sanders Peirce, 1839~1914)는 미국의 철학자이자 수학자, 물리학자이다. 흔히 '실용주의'라고 번역되는 프래그머티즘(pragmatism)의 창시자인데, 이는 오늘날 미국을 대표하는 철학 중 하나이다.

움베르토 에코(©Wikimedia Commons)

『장미의 이름』으로 유명한 이탈리아의 작가이자 기호학자인 움베르토 에코는 “기호는 어떤 것을 의미 있게 대신할 수 있는 다른 모든 것”이라고 정의했어요. 이에 따르면, 기호는 그 스스로 의미를 지니는 것이 아니라 어떤 다른 것을 대신해야 합니다. 아, 이 말도 단번에 알아듣기에는 너무 어려울 거예요. 차근차근히 무슨 뜻인지 짚어봅시다.

앞에서 예로 들었던 Fe는 어떤 무언가를 가리키거나 대신하는데요. 이처럼 “가리키거나 대신하고 있는 것”이 바로 기호의 의미랍니다. 여러분도 아시다시피 Fe의 의미는 철이잖아요? 그런데 현실에서 철을 가리키는 기호는 다양합니다. 영어로는 ‘iron’이라 하고, 한자로는 ‘鐵’이라 하며, 우리나라 말로는 ‘철’이라 하지요. 이 단어들이 다 ‘사물’인 철을 대신하는 거예요. 다른 사물들도 마찬가지입니다. 이를 대신하는 기호가 러시아어에서 다르고, 일본어에서 다르고, 아프리카 어에서 다르겠죠. 여기까지는 쉽게 이해되지요? 철이나 책상처럼 구체적인 사물을 가리키는 기호는 쉽게 찾아낼 수 있으니까요. 그러면 질문을 하나 던져볼게요. ‘사랑’을 대신하는 기호는 무엇일까요?

여러분, 사랑에 형태가 있나요? 만지거나 먹거나 뭔가를 만드는 데 쓸 수 있나요? 아니지요. 그냥 ‘이런 거야’ 하고 막연하게 짐작할 뿐입니다. ‘철’처럼 가리키는 대상이 딱 정해진 것도 아니고요. 우리는 이런 개념들을 ‘추상적’이라고 말합니다. 생각해보세요. 사랑을 가리킬 수 있는 것은 참 많아요. 연인 간에 주고받은 커플링이라든지, 다정하게 벤치에 앉아 이야기를 나누는 커플의 모습, 멋진 레스토랑에 마주 앉은 남녀가 식사를 하는 장면, 아기를 품에 안고 기쁨에 겨워 하는 엄마의 얼굴, 혹은 몸이 아픈 아내를 위해 부엌에서 밥하는 남편 등등 떠올리자면 끝이 없지요.

그런데 "기호는 어떤 것을 의미 있게 대신할 수 있는 다른 모든 것"이라고 위에서 움베르토 에코가 정의한 순간, 기호학에서 말하는 기호의 범위가 굉장히 넓어집니다. 우리가 지각하는 사물 중 의미를 찾아낼 수 있는 것들은 모두 기호가 되어버린 거예요. 무슨 말이냐고요? 빨간색과 파란색은 그 자체로서는 아무 의미가 없습니다. 하지만 교통 신호등에서 빨간색과 파란색이 나란히 놓이면 그때 비로소 두 색은 의미를 해석할 수 있는 기호가 됩니다. 그래서 '빨간색=정지', '파란색=이동'이라는 의미로 읽게 되지요.

여기서 알 수 있는 것은, 기호학에서 말하는 기호란 우리가 평소 상식적으로 생각하는 수준보다 의미가 넓다는 것입니다. 단순한 단어나 부호를 넘어서, 의미를 지닌 사건이나 사물이면 모두 기호라고 부를 수 있지요. 그래서 기호학자 퍼스는 "우주는 기호로 가득 차 있다"라는 말을 했나 봅니다. 한국어·영어 등의 언어나 영화·소설·시 등의 예술 작품, 나아가 광고 같은 대중문화, 사람의 몸짓이나 제스처, 절이나 교회, 도시 등의 공간, 동물의 몸짓이나 소리, 유전자 코드, 역사적인 사건 등등 의미를 지닌 모든 것이 기호학의 연구 대상이 된 거예요. 그리고 우리 인간은 '우주에 가득 찬' 다양한 기호들과 만나고 그 의미를 해석하는 '기호 작용'

▲신호등에서는 '빨간색=정지', '파란색=이동'으로 읽힌다.

▶두 개의 실반지가 커플링이 되면 '사랑의 약속'이라는 의미가 생긴다.

을 끊임없이 되풀이하는 '기호적인 동물(homo semioticus)'[3]이 된 거지요.

이런, 여러분 얼굴에 어둠의 그림자가 몰려오고 있는 걸 보니 두어 가지만 더 설명하고 마쳐야 할 것 같군요. 아주 간단하게 현대 기호학의 주요 인물들과 이론을 설명할게요.

먼저 페르디낭 드 소쉬르[4]를 소개합니다. 소쉬르는 퍼스 등과 함께 현대 기호학의 토대를 만든 사람이에요. 그에 따르면, "기호는 기표(記表)와 기의(記意)의 결합이고, 기표와 기의의 관계는 자의(恣意)적[5]"입니다. 기표는 프랑스어 시니피앙(signifiant), 기의는 시니피에(signifie)의 번역어인데요.[6] 오늘날 어지간한 인문학 서적에서 수없이 볼 수 있는 말이니까 알아두는 편이 좋아요. 기표는 보거나, 듣거나, 냄새 맡을 수 있는 물리적인 것입니다. 하지만 기의는 개념이나 의미의 차원이기에 느낄 수 없죠. 예를 들어볼게요. 제가 한국어로 '컴퓨터'라는 단어를 말했어요. 이때, 여러분의 귀에 전달되는 물리적인 차원의 '소리'는 기표이고, 그 순간 여러분의 머릿속에 떠오르는 '의미'는 기의입니다. 또 종이에 쓰인 '컵'이라는 단어는 기표이고, 그 단어가 불러일으키는 의미는 기의지요. 그러니까

3) 경제학은 인간이 '경제적인 동물'이라는 것을, 정신분석학은 '인간의 무의식'을 발견해냈다는 것을, 기호학은 '인간이 기호적인 동물'이며 기호 작용을 하는 존재라는 것을 학문적·과학적으로 밝혀냈다.

4) 소쉬르(Ferdinand de Saussure, 1857~1913)는 스위스의 언어학자이다. 인도·유럽 조어(祖語)의 모음 조직을 규명하고, 공시 언어학과 통시 언어학을 구별하여 언어 연구 방법을 혁신했다. 저서에 『일반 언어학 강의』가 있다.

5) '질서나 규칙을 무시하고 제멋대로 정하는 것'이라는 뜻이다.

6) 기표는 능기(能記), 기의는 소기(所記)로 불리기도 한다.

어떤 한 단어의 뜻은 기의이고, 그 단어가 물질적으로 드러난 것은 기표라고 이해하면 됩니다.

여기까지는 그래도 견딜 만한가요? 다음은 '자의성' 개념입니다. 소쉬르는 기표와 기의의 관계를 자의적이라고 말했는데요. 자의적이라는 말은 '임의적'이라는 뜻으로 바꿀 수 있습니다. 다시 말해 기표와 기의의 관계가 딱히 필연적으로 정해져 있지 않다는 것이지요. 가령 사람이 사는 건물인 집을 한국어에서는 '집', 영어에서는 'house', 한자어에서는 '堂, 宇', 프랑스어로는 'maison'이라고 해요. 그런데 집을 가리키는 단어(즉, 기표)가 영어로 굳이 house가 되어야 할 이유는 딱히 없습니다. 우연히 'hise'가 될 수도 'horse'가 될 수도 있습니다. 다만 오래전에 형성된 관습이나 약속에 따라서 영어권 사람들은 집을 house로 부르는 것입니다. 소쉬르 이전의 많은 사람이 기표와 기의, 즉 단어와 그 의미 사이에는 필연적인 관계가 있다고 보았던 것과 대조적인 생각이죠.

한편으로 현실의 언어 현상이나 언어의 변화 과정은 한 기호 내의 기표와 기의 관계가 계속 변해왔다는 것을 보여줍니다. 이를테면 '흑인'이라는 기호를 떠올려보세요. 19세기 전반 미국에서 통용된 '흑인'이라는 기표에는 '노예', '사람이 아닌 존재', '막 대해도 되는 존재', '권리가 없는 존재'라는 기의가 있었습니다. 얼마 전 종편에서 방영해준 미국 드라마 「뿌리」[7]에도 그런 모습들이 잘 나오죠. 하지만 세월이 흐르면서 흑인

7) 미국 작가 알렉스 헤일리의 소설 『뿌리(Roots)』를 원작으로 한 드라마. 원작 소설은 1976년 출간되어 작가에게 퓰리처상을 안겨주기도 했다. 이는

의 권리는 높아졌고, 노예 취급만 받았던 흑인 가운데서 대통령이 나오는 세상이 되었습니다. 이제 흑인이라는 기표를 들으면서 19세기 사람들의 생각을 떠올리는 이는 거의 없습니다. 극소수 인종주의자들을 빼고는요. 이처럼 기표와 기의의 관계는 자의적인 동시에 역사적입니다. 그러니까 시간이 흐름에 따라, 어떤 한 단어와 그것이 가리키는 뜻 사이의 관계는 변할 수 있다는 말이지요.

다음으로 소개할 것은 20세기 기호학의 또 다른 창시자인 퍼스의 기호 개념이에요. 퍼스는 모든 기호현상(semiosis)이 '기호(sign)-대상(object)-해석체(interpretant)'의 삼자 관계에서 이루어진다고 보았습니다. 여기서 퍼스의 '기호'는 소쉬르의 '기표'에, 퍼스의 '해석체'는 소쉬르의 '기의'에 해당한다고 이해하면 됩니다. 다만 퍼스의 모델에는 소쉬르의 이론에 없었던 '대상' 개념이 있다는 것이 차이점이지요. 퍼스가 대상 개념을 포함한 3항 모델을 통해 설명하고 싶었던 것은 '기호현상'이에요. 소쉬르가 기표와 기의의 자의성을 통해 기호현상을 설명하려고 했다면, 퍼스는 3항 모델을 통해 다른 식으로 접근합니다.

예를 들어 여러분이 옛날 앨범에서 엄마의 초등학교 시절 모습을 봤어요. 사진 속 엄마의 모습은 '기호'이고, 그 기호는 '엄마'라는 대상을 가리킨다고 볼 수 있습니다. 이때 그 '기호'는 여러분의 머릿속에 '우리 엄

노예로 납치되어 미국으로 팔려온 쿤타 킨테와 그 후손들이 200년간 겪는 핍박의 역사를 줄거리로 하며, 주인공의 후손인 작가가 자신의 외가 쪽 조상들의 이야기를 들려준다는 구조를 지니고 있다.

▲엄마의 오래된 앨범에서 발견한 사진. 귀엽기는 한데 왠지 촌스러워 하는 느낌을 불러일으킨다.

▶엄마가 초등학생 때 삼촌과 찍은 것이다.

마 어렸을 때 귀여웠구나', '옷이 참 촌스럽군'과 같은 '해석체'를 불러일으킵니다. 그런데 여러분이 머리에 떠오른 그 '해석체'를 그림으로 그려 할머니에게 보여드리면 어떻게 될까요? 그 '해석체'는 기호(그림)가 되어 다시 대상(엄마)을 가리키고, 할머니의 머릿속에 또 다른 해석체를 불러일으키게 됩니다. 어지러운가요? 이런 과정을 '세미오시스(semiosis)'라고 부릅니다. 우리말로는 '기호현상'이라고 번역하지요.

정리해볼게요. 특정한 대상을 가리키는 기호가 해석체를 끌어오고, 그 해석체는 기호가 되어 또 다른 해석체를 불러일으키는 이런 무한한 과정이 우리 머릿속에서 일어나는 것입니다. 이처럼 무한한 '기호 과정'을 설명할 수 있다는 것이 퍼스의 3항 기호학 모델[8]의 장점이랍니다. 여러분, 시작이 좀 어려워서 미안해요. 하지만 다음 시간부터는 재미있는 이야기들이 많이 나오니까 기대하셔도 좋을 겁니다!

오늘의 키워드	기표, 기의, 상징,

8) 한 걸음 더(268쪽 참조)

3강

왜 사람들은 더 좋은 차를 타려고 할까?

지난 시간에는 기호가 무엇인지, 기호를 이루는 구성 요소에는 무엇이 있는지 알아보았습니다. 여러 가지 어려운 개념들이 툭툭 튀어나와서 다소 어지러웠을지도 몰라요. 그렇지만 핵심적인 몇몇 개념만 잊지 않는다면 갈수록 내용을 이해하기가 쉬워질 거예요. 오늘은 우리 주변 사물들이 지닌 세 가지 가치를 알아보겠습니다.

먼저 질문을 한번 던져볼게요. 자동차는 사람들이 타기 위해서 존재하는 걸까요? 당연한 것을 왜 물어보나 싶으시죠. 그런데 왜 자동차마다 가격이 천차만별일까요? 나아가 이런 질문도 해볼 수 있어요. "왜 사람들은 더 좋은 차를 타려고 할까요?" 대체 이런 질문들이 오늘 공부할 '기호학'과 어떤 관련이 있을까요? 답을 드리자면, 아주 큰 관련이 있습니다. 기호학이라는 학문이 없었다면 방금 제가 던진 질문에 제대로 대답하지 못했을 테니까요. 많은 이들은 이런 물음의 답을 "욕심 때문"이라고 합니다. 하지만 기호학은 이 문제를 다른 시각으로 바라봐요. 차, 아파트, 컵 등 우리가 사용하는 많은 사물은 사용가치만 갖고 있는 게 아니거든요.

보통 사물은 '사용가치', '교환가치', '기호가치' 이 세 가지를 동시에 가지고 있습니다. 인류는 오랜 역사 속에서 필요, 즉 사용가치에 의해 여러 가지 물건을 만들어왔어요. 컵은 마실 것을 담기 위해, 자동차는 먼 거리를 가기 위해서 제작되었지요. 그런데, 그러한 필요 때문에 만들어진 물건들이 자본주의 경제, 상업 시스템이 발전하면서 교환가치를 지니게 된 겁니다.

슬슬 복잡해지기 시작하지요? 교환가치 개념에 대해 좀 더 설명할게요. '아파트'는 원래 주거용으로 만들어졌습니다. 우리나라 같이 인구는 많고 영토는 좁은 국가에서 유용한 주거 형태지요. 그런데, 지금 우리 사회의 부동산 시장을 보면, 아파트는 주거가 아니라 투기용으로 종종 거래됩니다. 목돈을 만지고 싶은 사람들이 은행에서 자금을 대출 받아 아파트를 사서, 약간 더 비싼 가격으로 팔아 돈을 남기는 방식으로 주택 거래를 이용해요. 이런 사람들에게 아파트의 사용가치는 중요하지 않습니다. 이들에게는 아파트의 교환가치, 즉 얼마의 돈으로 팔릴 수 있는지가 중요할 뿐이에요. 즉, 교환가치는 하나의 물건이 어떤 다른 물건이나 화폐로 거래될 수 있는지를 뜻합니다.

재미있는 것은 현재와 같은 자본주의 사회에서는 사용가치가 아니라 교환가치를 통해 더 많은 이윤을 내는 분야가 많다는 사실입니다. 그래서 사람들은 교환가치를 만들어내는 경제 활동 분야에 많이 종사하지요. 많은 사람이 아파트 투기에 몰리는 이유도, 아파트 거래를 통해 차액을 남기는 것이 다른 생산 활동보다 쉽고 편리하게 돈을 버는 방법이라는 것을 알기 때문입니다. 이처럼 어떤 사회에서 사용가치보다 교환가치가 더 중시된다면 그 사회의 구성원들은 사회에 필요한 경제 활동보다 편하게 돈을 버는 투기성 경제 활동에 더 몰려들 거예요.

그런데 사용가치, 교환가치 외에 하나가 더 있었지요? 바로 기호가치입니다. 이것은 '상징가치'라고 부를 수 있어요. 어떤 학자는 상징적인 가치와 기호적인 가치를 구별하기도 하는데, 제가 보기에 그러한 구별은 별로 중요한 것 같지 않습니다. 기호가치는 쉽게 이야기하면, 한 사물이 의미를 띠면서 가지게 되는 가치입니다. 가령 결혼반지는 부부에게 둘의 사랑을 나타내는, 큰 의미를 지닌 물건입니다. 그러니 이 물건을 단순하게 돈으로 얼마라는 식으로 평가할 수 없어요. 웬만해서는 다른 사람에게 팔거나 주지도 않고요. 자신에게 상징가치를 지닌 물건은 아무리 비싼 값을 줘도 팔지 않습니다. 가령 아이가 유치원에 가서 처음으로 그려 온 가족 그림을 생각해봐요. 아무리 삐뚤삐뚤 제멋대로 그린 그림이라고 해도 부모한테는 엄청난 가치의 물건이 됩니다.

이제 모든 물건이나 사물이 사용가치, 교환가치, 기호가치를 지니고 있다는 말이 이해되시죠? 이런 교환가치와 상징가치 때문에 상식적으로 잘 이해할 수 없는 일들이 벌어지곤 합니다. 가령 손수건을 자동차와 맞바꾸게 되는 희한한 일이 생기는 거예요. 어떻게 그런 일이 가능하냐고요? 일반 시장에서 수천 원이면 살 수 있는 손수건으로 수천만 원이 넘는 자동차를 살 수는 없습니다. 그런데 외국의 유명한 경매장에 나온 손수건이라면 사정이 달라집니다. 유명인이 사용했다는 그 물건의 상징가치

경매장에서는 물건 자체보다 '상징'을 사고판다.

때문에, 즉 유명 연예인이 사용했다는 이유만으로 수천 원짜리 물건이 차 한 대의 가격을 넘어서는 고가의 물건으로 변신하는 거예요.

물론, 모든 물건이 그렇게 변신할 수 있는 것은 아닙니다. 그 물건이 단순한 필요 때문에 사용하는 대상이 아니라, 사람들에게 상징적인 가치를 지녀야만 이런 일이 가능해지죠. 예를 들면, 2012년 3월 27일 영국에서 대충 낙서가 그려진 냅킨 한 장이 4,500파운드(당시 우리나라 돈으로 약 910만 원)에 팔린 적이 있습니다. 어떤 택시 기사가 손님으로부터 팁 대신 받은 냅킨을 경매에 내놓은 것인데요. 그 괴짜 손님이 바로 세계에서 가장 유명한 현대 예술가 중 하나인 데이미언 허스트[9]였답니다. 평범하던 냅킨 한 장이 유명한 아티스트의 작품이라는 기호가치를 가지게 된 배경이지요.

현대 사회에서 기호가치는 매우 중요합니다. 보통, 기업이나 연예인의 이미지를 이야기할 때도 기호가치와 밀접한 관련이 있어요. 몇 년 전, 모 걸그룹 멤버들 사이에 벌어진 불화가 언론에 공개되면서 드라마에 출연

9) 데이미언 허스트(Damien Hirst, 1965~)는 영국의 현대예술가로 토막낸 동물의 시체를 유리 상자 안에 넣어 전시하는 그로테스크한 작품들을 주로 선보였다. 영국 브리스틀 출생으로 리즈에서 성장하며 1986~1989년 런던 골드스미스 대학 졸업 후 골드스미스 대학 학생들과 함께 기획한 프리즈 전시회를 기획하면서 주목을 받기 시작했다. 1991년 첫 전시회에서는 죽은 상어를 포름알데히드를 가득 채운 유리 진열장에 넣어 전시한 '살아 있는 자의 마음속에 있는 죽음의 육체적 불가능성'을 선보여 논란을 일으켰는데 사치 갤러리를 소유한 광고 재벌 찰스 사치와 갤러리 화이트 큐브를 소유한 제이 조플링의 후원을 받아 미술 시장 기록들을 갱신했다.

중이던 그 걸그룹의 멤버가 하차하는 일이 벌어졌습니다. 연예계에서는 빈번한 일이지요. 아이돌 그룹의 이미지는 드라마의 시청률과 관계있고, 드라마의 시청률은 광고 수입하고 관계있으니까요. 많은 연예 기획사가 자기 소속사의 연예인이 스캔들을 벌이지 않도록 항상 관리하는 것은 이 때문입니다. 연예인들은 자신의 이미지=기호가 가지는 기호가치를 통해 돈을 벌어들이니까요. 그래서 "연예인들은 이미지로 먹고 산다"는 말을 곧잘 하는 것입니다. 이 말은 연예인들이 기호가치로 먹고산다는 뜻이기도 해요. 한창 방송에서 주가를 올리던 연예인이 음주사고 후 말 한 번 잘못하는 바람에 네티즌의 조롱거리가 되거나 이미지가 바닥을 쳐서 거의 재기 불능 상태가 된 경우를 생각하면 이해가 쉬울 거예요.

이러한 기호가치의 성격을 사용가치와의 차이를 통해 다시 살펴볼까요? 가령 분식집은 음식 맛으로 승부합니다. 사람들이 필요로 하는 사용가치인 맛을 만족시켜야 장사가 잘 되겠죠. 하지만 연예인들은 사람들이 원하는 무형의 가치인 기호가치(상징가치)를 통해 먹고사는 직종입니다. 내 눈을 즐겁게 해주거나, 내 어린 시절의 첫사랑을 떠올리게 한다거나, 보고 있으면 웃음을 준다거나 하는 식으로 말이에요. 그렇게 사람들이 원하는 가치를 채워주면, 그 연예인의 인기는 올라가면서 돈을 버는 것이고, 그렇지 못하면 그 연예인의 인기는 내려가고 돈을 못 버는 거예요.

대중에게 인기를 얻게 해주었던 기호가치를 유지하기란 쉽지 않습니다. 그래서 연예인 중에는 공허감과 외로움을 느끼는 사람이 많다고 해요. 한창 인기가 좋을 때는 세상을 다 얻은 것 같지만, 얼마 안 가 그 인기라는 것도 물거품처럼 꺼지게 마련이니까요. 그런 시기에는 아주 큰 공허감이 밀려오는 모양입니다. 어떤 모습을 보이든 평생 지지해줄 것 같았던 팬들도 연예인이 나이가 들고, 자신들의 기대에 반하는 행동이나 이미지를 보이면 사랑을 접고 좀 더 젊고 새로운 이미지의 다른 연예인으로 옮겨가지요. 그래서 연예인들은 나이가 들면 자신이 기존에 가지고 있었던 기호가치, 즉 이미지를 버리고, 다른 기호가치를 만들면서 연예계에서의 생명을 유지하곤 해요. 보통 이런 것을 변신이라고 부릅니다. 오랜 기간 팬들에게 사랑받는 연예인들의 경우, 젊은 시절의 인기에 자만하지 않고 적절한 시기에 다른 이미지로 변신한 경우가 많아요. 드라마나 영화, TV 프로그램 속의 캐릭터에 안주하는 대신, 일상 속의 건강한 이미지를 통해 사람들에게 호감을 사고, 그것이 기호가치로 전환되는 경우도 있습니다. 가령 션과 정혜영 부부는 일상적인 기부 행위와 네 남매를 낳아 기르는 가족애 등으로 대중에게 자신의 건강한 이미지를 구축한 좋은 예라고 볼 수 있겠죠. 이런 기호가치야말로 이들이 연예인으로서 지속해서 활동할 수 있고 돈을 벌 수 있게 해주는 자산입니다.

재미있지요? 자신이 선의를 가지고 한 활동들이 돈을 벌어들이는 수단이 된다니 말입니다. 그것이 바로 기호가치, 즉 상징의 힘이에요. 물론, 그 선행의 진짜 의도를 의심하는 사람도 있을 수 있습니다. 실제로 이미지 관리 때문에 기부하는 사진만 찍는 유명 인사들도 많고요. 하지만 대중에게 더욱 중요한 것은 그 목적이나 의도입니다. 그래서 돈을 벌려는 의도나 목적을 가지지 않는 순수한 활동이 엄청난 수익을 불러들이는 기호가치를 만들어냅니다. 특히 예술, 학문, 사회운동 등의 분야에서 이런 기이한 일이 많이 발생합니다.

쿠바 혁명의 주역 중 한 명인 '체 게바라'는 남미 볼리비아의 밀림 속에서 처형된 후에도 40여 년 넘게 전 세계적으로 선풍적인 인기를 끌었어요. 한국에서도 '체 게바라' 전기가 베스트셀러가 되었고, 그의 얼굴은 티셔츠와 모자와 양말, 심지어 속옷에서도 쉽게 볼 수 있었지요. 모든 것이 상품으로 거래되는 자본주의를 반대했던 혁명가의 삶이 자본주의 사회에서 잘 팔리는 상품이 되어버린 거예요. 그래서 이런 현상을 비판적으로 보고 개탄하는 사람들도 많습니다. 하지만 기호학을 가르치는 입장에서는 이를 약간 다르게 볼 수 있어요. 사용가치나 교환가치 외에도 기호가치(=상징가치)가 중요해진 현대 사회에서는 본인이 의도하지 않더라도 대중이 원하는 기호가치를 가진 존재가 될 수 있어요. 그리고 누군가는 그 기호가치를 통해 권력을 얻거나 돈을 벌어들일 수도 있고요. '체 게바라'의 인기 이면에는 그가 추구했던 삶의 가치와 실천이 숨어 있습니다. 체 게바라는 안락한 인생이 보장된 의사라는 직업 대신 남미 민중을 위해 총을 든 혁명가의 길을 선택했지요. 죽는 순간까지 혁명을 위해 움직였고요. 일부러 이미지를 관리한다고 해서 그처럼 사람들의 마음을 움직일 수는 없었을 겁니다. 한 시대의 중요한 가치를 사회를 위해 진심으로 실현하려고 할 때, 사람들의 감동을 얻고 시대의 아이콘이 될 수 있습니다.

이제 왜 사람들이 더 좋은 자동차를 타려고 하는지 알 것 같지요? 자동차가 지니는 기호가치 때문입니다. 하나의 상품에 대한 새로운 사용가치를 부여한다는 것은 동시에 그 상품에 대한 새로운 욕구를 생산한다는 것을 뜻해요. 그런데 자동차에 대한 욕구를 생산해내기 위해서는 사용가

▲체 게바라
(©Wikimedia Commons)

▶체 게바라가 그려진 티셔츠를 입음으로써 사람들은 저항과 혁명의 의미를 입고자 한다.

치만 부여해서는 안 됩니다. 그 상품에 새로운 의미도 부여해야 하죠. 자동차의 성능 등 사용가치에 관심이 있어서 더 좋은 자동차로 계속 바꾸는 사람들도 분명 존재합니다. 하지만 많은 경우 기호가치, 즉 의미 때문에 더 좋은 자동차를 타려고 해요. 위신 때문에, 다른 사람과의 비교 때문에 등등 자신이 감당할 수 있는 것보다 비싼 차를 몰고 다니는 사람들이 많은 이유지요.

그러면서 기호가치는 사회적인 부작용을 낳기도 합니다. 우리 주위에도 이런 사례가 많습니다. 교복을 예로 들어볼까요? 만약 같은 재질과 기능, 가격을 가진 교복을 두고 메이커 제품과 비(非)메이커 제품 중에서 고르라고 하면, 누구나 당연히 메이커 제품을 고를 거예요. 그 이유를 묻는다면 대개 "그것이 더 있어 보인다"고 대답할 겁니다. 이 말은 메이커 제품이 기호가치, 즉 상징가치를 가지고 있다는 뜻이에요. 메이커 제품이 주는 이런 기호가치는 구매자의 정체성을 만들어내기도 해요. 더 정확히 말해, 그런 착각을 불러일으킨다고 해야겠군요. 내면의 아름다움이나 재주, 외모가 아니라, 그 사람이 걸치고 있는 옷, 신발, 목걸이 등이 그를 나타내는 기호가 되어버리는 겁니다. 그래서 많은 십 대 청소년들은 유명 로고가 그려진 패딩 등을 부모님을 졸라서라도 사들이지요. 물론 십 대만 그런 건 아니에요. 성인 중에서도 많은 사람이 사용가치 때문이 아니라 기호가치 때문에 명품을 선호하니까요. 심지어 고가의 명품을 사기 위해서 카드빚을 내거나 종일 아르바이트에 시달리는 사람들도 많습니다.

또한 다른 사람에게 드러나는 기호가치(상징가치)를 실생활에서의 사용가치보다 더 중요하게 생각하는 사람도 자주 찾아볼 수 있어요. 왜냐하면 기호란 나와 다른 사람을 가르는 수단이 되거나, 나의 정체성을 확인시켜주는 도구가 되기 때문입니다. 현대인들은 기호가치를 지닌 상품을 통해 자신의 존재감을 드러내고, 다른 사람들과 차별화시키려고 합니다. 제가 본 바로는 별로 자랑할 것이 없는 사람일수록 비싼 물건을 통해 자신의 존재감을 드러내려고 하는 듯해요. 그런 사람들은 다른 사람들을 깔보면서 허세를 부리기도 하지요. 그런 이들에게 너무 신경 쓸 필요는 없습니다. 중요한 것은 물건을 통해 자신의 가치를 드러내는 것이 아니라, 자기 나름의 장점을 만들어내는 것입니다. 오늘 수업은 이만 마칠게요. 다음 시간에 만나요!

오늘의 키워드	사용가치, 교환가치, 기호가치

4강

'물 좀 주소'라는 노래가 금지곡이 된 사연

이번에 공부할 주제는 '기호의 의미, 해석, 맥락'입니다. 그 전에 1970년대에 대중에게 크게 인기를 끌었던 노래에 대해 잠시 얘기해볼게요. "물 좀 주소. 물 좀 주소. 목마르오. 물 좀 주소. 그 비만 온다면 나는 다시 일어나리." 가사는 단순하지만 익숙한 노래죠? 1974년 가수 한대수가 발표한 「멀고 먼 길」에 수록된 '물 좀 주소'라는 노래인데요. 이 노래에는 재미있는 사연이 있습니다. 발표 후 얼마 지나지 않아 곧 금지곡이 되었다는 것인데요. 이유가 뭘까요? 별로 과격하거나 야한 내용의 가사도 아닌데 말입니다. 지금이라면 말도 안 되는 이유라고 하겠지만, 당시에 이 노래는 '물고문'을 연상시킨다는 이유로 금지되었습니다. 기가 막히지요? 박정희 정권 치하의 유신독재 시기에는 그런 말도 안 되는 일이 비일비재했어요. 이렇듯 많은 경우 기호의 의미는 다양한 맥락에 따라 해석됩니다.

먼저, 문장 자체가 가지는 다의성에 대해 살펴봅시다. 아버지가 딸에게 이렇게 말해요. "나는 어머니의 초콜릿 케이크를 먹지 않았다." 이 문장의 의미가 뭘까요? 말 그대로, 내가 어머니의 초콜릿 케이크를 먹지 않았다는 뜻일 수 있겠죠. 그런데 이 문장은 적어도 이렇게 다섯 가지로 더 해석할 수 있어요. 첫째, (내가 아니라) 동생이 어머니의 초콜릿 케이크를 먹었다. 둘째, 나는 어머니의 초콜릿 케이크를 (먹은 것이 아니라) 실수로 바닥에 엎어버렸다. 셋째, 나는 (어머니가 아니라) 영희의 초콜릿 케이크를 먹었다. 넷째, 나는 어머니의 (초콜릿 케이크가 아니라) 과일 케이크를 먹었다. 다섯째, 나는 어머니의 초콜릿 (케이크가 아니라) 비스킷을 먹었다. 이렇듯 단순해 보이는 문장이라도 여러 가지 뜻을 지닐 수 있습니다. 하나만 더 예를 들게요. '아름다운 밥상과 밥솥'은 '아름다운 밥상'과 '아름다운 밥솥'이라는 뜻일까요, 아니면 '아름다운 밥상'과 '밥솥'이라는 뜻일까요? 맞아요. 두 가지 의미 모두 가능합니다. 이 역시 문장 자체가 다중적인 의미를 지니는 경우이지요.

다음으로 '사전적 의미'와 '맥락적 의미'에 대해 알아볼게요. 민중국어사전은 '자유'를 다음과 같이 정의합니다.

> **자유(自由)【명사】**
>
> 1. 남에게 구속을 받거나 무엇에 얽매이지 않고 자기 마음대로 행동함.
>   ~를 누리다/ ~의 몸이 되다/ ~와 방종을 혼동하다.
> 2. 법률의 범위 안에서 자기 마음대로 하는 행위.
>   언론의 ~/ 종교의 ~.

이런 정의를 보통 '사전적 의미'라고 부릅니다. 사전적 의미는 어떤 상황이나 맥락과 관계없이 일정하고 고정된 의미를 지녀요. 그런데 일반적으로 기호는 의미가 고정된 '사전적인 의미'를 가지기보다 맥락, 즉 상황에 따라 다양하게 해석되곤 합니다. 얼마 전에 제가 보았던 문장을 가지고 설명해볼게요.

남자가 흘리지 말아야 할 것은 눈물만이 아니다.

이 문장이 의미하는 것은 무엇일까요? 뭔가 흘리지 말라는 것은 알겠는데, 그것이 무엇을 지칭하는지는 영 모르겠지요. 이 문장만 가지고는 전달하려는 뜻을 정확히 알 수 없어요. 알 수 있는 것이라곤 '눈물 말고 흘리지 말아야 할 것이 있다' 정도입니다. 그다음으로 알 수 있는 것은 이 문장이 부드러운 명령문의 형태를 취하고 있다는 사실이에요. 하지만 역시 이 두 가지 사실만으로는 이 문장의 의미를 추측만 할 수 있을 뿐 정확히 파악할 수 없습니다. 정확한 의미를 알려면 그것이 놓인 상황이나 맥락을 이해해야 합니다. 제가 이 문장을 본 곳은 고속도로 휴게실 남자화장실의 소변기 앞이었어요. 이제 이 문장이 뜻하는 바가 정확히 드러나죠? 오줌을 눌 때 오줌을 소변기 밖에 흘리지 말라는 것이지요.

하지만 돈이나 지갑을 자주 잃어버리는 아들에게 어머니가 말할 때나 자주 과자를 흘리는 아들에게 아버지가 이 문장을 말할 때, 이 문장의 의미는 달라질 겁니다. 이렇듯 일상에서 우리는 맥락에 따라 기호를 해석합니다. 뿐만 아니라 같은 기호가 나라마다 문화마다 다르게 해석되기도 하지요. 예를 들어 '엄지와 검지로 만드는 동그라미' 기호를 한국에서는 돈이나 'OK', '좋다'라는 의미로 해석하지만, 미국에서는 돈이 아닌 'OK', '좋다', '위대하다'를 가리킵니다. 프랑스에서는 '제로' 또는 '별 볼 일 없음'을, 몰타 섬에서는 '남색(男色)'을 가리키고, 그리스에서는 외설 또는 남성이나 여성에게 통하는 어떤 모욕을 나타내요.

또한 같은 기호라도 역사와 시대마다 다르게 수용되곤 해요. 게다가 기호 혹은 단어에는 일정한 사회적 역사적 맥락과 당시의 사회적 가치들이 스며들어 있습니다. 가령 우리 사회에는 '빨갱이'라는 말이 있어요. 이 단어에는 우리나라가 6·25이후 냉전과 분단 상황에서 겪었던 슬픈 상처들이 서려 있습니다. "암탉이 울면 집안이 망하다"라는 속담에는 남성 중심의 가부장적 이데올로기가, "못난 돌이 정 맞는다"에는 개성보다 획일성을 강조하는 사회적인 가치가 담겨 있고요. 이처럼 각 나라의 언어에는 자신들의 세계관, 이데올로기가 담깁니다. 한국인들이 자신의 피부색을 '살색'이라고 부를 때, 그리고 '살구색' 크레파스를 '살색'이라고 부를 때 자문화 중심적인 시선이 드러나는 것과 마찬가지로요.

이렇듯 우리는 다양한 맥락과 상황에서 한 기호의 의미를 여러 가지로 해석합니다. 그리고 이러한 기호 해석 행위는 당시의 사회적 가치관을 반영하기도 해요. 또한, 기호 해석자가 지닌 삶의 가치관을 나타내기도 하고요. 누군가는 같은 기호를 보고도 서로 다른 해석을 내놓을 테니까요. 가령 인터넷 뉴스 댓글만 보아도 똑같은 사건 앞에서 정치적으로 진보적인 사람과 보수적인 사람의 의견이 엇갈리잖아요?

글로 쓰인 언어인 문어가 아니라, 말로 내뱉어지는 언어인 구어의 경우, 그 말이 나왔던 당시의 상황과 맥락, 그리고 말의 어조, 억양 등이 의미를 결정하는 중요한 요소가 됩니다. 예를 들어 "나가"라는 문장이 있어요. 이 문장이 글로 쓰일 때, 지나가던 사람은 이를 보고 다음 두 가지 중 하나로 읽을 것입니다. 첫 번째는 "나 간다"의 뜻으로, 두 번째는 "너 나가"의 뜻이지요. 한편 "나가"가 말로 내뱉어질 때, 첫 번째 의미일 때는 [나, 가]로 발음될 것이고, 두 번째 의미일 때는 [나가]로 발음될 테지요. 심지어 "사랑해"라는 말의 의미도 맥락에 따라 다릅니다. 연인이 "사랑해"라는 말을 주고받을 때, 이 말의 의미는 상황과 맥락, 어조, 억양, 분위기 등에 따라 수십 가지로 해석될 수 있어요. 동경하던 이에게 처음으로 건네는 "사랑해"라는 말은 "내가 당신을 사랑하니, 당신도 나를 사랑해 주었으면 좋겠다"라는 수줍은 고백과 바람의 의미를 담습니다. 반면, 두 사람이 헤어지기 직전에 하는 "사랑해"라는 말은 "미안하지만, 우린 서로 안 맞아"라는 의미로 해석할 수 있겠지요.

여기서 재미있는 구분을 하나 소개할게요. 영국의 문화인류학자 에드워드 홀[10]은 기호와 커뮤니케이션의 관점에서 문화를 '고맥락 문화(high context culture)'와 '저맥락 문화(low context culture)'로 구분했습니다. 고

10) 에드워드 홀(Edward Hall, 1914~2009)은 미국의 인류학자이다. 『문화를 넘어서(Beyond Culture)』(1976)에서 문화를 '고맥락 문화(High Context Culture)'와 '저맥락 문화(Low Context Culture)'로 구분했다.

맥락 문화란 기호를 해석하기 위해서 많은 맥락이 동원되어야 하는 문화를 말해요. 저맥락 문화란 기호를 해석하기 위해서 그리 많은 맥락이 필요하지 않은 문화고요. 예를 들어 제가 사는 대구 경북 지역은 대표적인 고맥락 문화의 사회랍니다. 이 동네 사람들은 말 대신 암시를 통해서 의견을 전달하는 일이 잦아요. 눈치를 보고 알아서 해주기를 바라는 사람이 많다는 뜻입니다. 문제는 분명하게 지시를 내리지 않기 때문에, 때로 서로 난감할 때가 있다는 것입니다. 반면 저맥락 문화에서는 각자의 입장을 솔직하고 직설적으로 털어놓습니다. 이런 문화에 익숙하지 않다면 '냉정하고 무례하다'고 느낄 수도 있지요. 이 같은 구분은 사회뿐만 아니라 사람에게도 적용될 수 있어요. 고맥락적인 말을 하는 사람들의 대표는 정치인입니다. 많은 언론에서 정치인들의 발언을 다양하게 해석하는 이유지요. 고맥락적인 발언을 하는 사람은 주위 사람을 종종 피곤하게 만듭니다. 주위 사람들이 그 사람의 발언을 항상 해석해야 하니까요.

에드워드 홀(©Wikimedia Commons

자, 처음에 언급했던 노래 가사 이야기로 돌아갈게요. 한대수 선생의 '물 좀 주소'에 나온 가사는 다양하게 해석될 여지가 많습니다. 사실 이렇게 짧은 가사일수록 더욱 그렇지요. 당시의 젊은이들은 이 가사를 목마른 청춘들이 새로운 희망을 바란다는 내용으로 해석했습니다. 절절하게 감정이입을 했지요. 반면, 권력층은 당시 자신들이 행하고 있던 물고

문을 연상시킨다는 말도 안 되는 과잉 해석을 해버렸습니다. 그 덕에 이 노래는 금지곡이 되었어요. 역으로 말하자면, 그만큼 당시 권력 기관은 부도덕했고, 자신들이 저지르는 짓을 누가 손가락질할까 봐 예민했던 겁니다. 조금이라도 찔리는 구석이 있으면 바로 검열을 내세울 만큼이요. 가령 가수 김추자가 노래 도중 가리키던 손짓이 북한과의 접선 신호라고 해석할 정도로 1970년대에는 국가 기관의 편집증적 해석과 과잉 해석이 넘쳐나는 시기였습니다.

다행이지요? 우리는 그런 시기에 살고 있지 않으니까요. 생각해보세요. 내가 사소하게 내뱉은 말이 내 의도와 관계없이 제멋대로 해석되어 언제라도 탄압받을지도 모르는 사회에 산다는 것은 얼마나 끔찍할까요? 우리가 기호학을 배우는 이유는 이런 오해나 과잉 해석에서 벗어나서 생산적이고 건강한 해석 방법을 배우기 위해서입니다.

오늘의 키워드	기호의 의미, 해석, 맥락, 고맥락 문화, 저맥락 문화

5강

친구가 내 물건을 훔쳐간 것 같은데, 어떡하지?

오늘은 논리학에서 말하는 세 가지 논리 과정과 기호 해석을 소개할게요. 여러분, 혹시 이런 상황을 겪어본 적 있나요? 여러분이 아끼는 물건이 없어졌어요. 의심 가는 친구는 있지만 확실한 증거가 없어요. 그래서 대놓고 물어볼 수도 없고, 함부로 "너지?"라고 추궁할 수도 없어요. 꼬치꼬치 물어보면 인간관계가 깨질 것 같고, 가만히 있으면 소중한 물건을 영영 못 찾을 것 같아요. 이럴 때는 문제를 어떻게 풀어야 할지 참 난감합니다.

이번 강의는 그런 상황에 부딪혔을 때 어떻게 정황을 추론해나가야 할지에 관련된 것입니다. 오늘 할 이야기는 '연역법(deduction)', '귀납법(induction)', '가추법(abduction)', 이 세 가지 논리 과정과 기호 해석입니다. 연역법과 귀납법은 들어본 것 같은데, 가추법은 도대체 뭐냐고요? 연역법과 귀납법은 알아도 가추법을 모르는 사람은 의외로 많습니다. 그런데 기호학에서는 가추법이 정말 중요해요. 잃어버린 물건을 찾는 데도 그렇고요. 먼저 연역법부터 살펴봅시다.

연역법

규칙(법칙): 아궁이에 불을 때면 굴뚝에 연기가 난다.

사례: 아궁이에 불을 땠다.

⇨ 결과: 굴뚝에 연기가 난다.

규칙: 모든 사람은 죽는다.

사례: 철수는 사람이다.

⇨ 결과: 철수는 죽는다.

연역법은 "일반적 사실이나 원리를 전제로 개별적인 특수한 사실이나 원리를 결론으로 이끌어내는 추리 방법"입니다. 경험에 의하지 않고 논리상 필연적인 결론을 내는 것으로 삼단 논법이 그 대표적인 형식인데요. 연역법은 규칙(rule) ⇨ 사례(case) ⇨ 결과(result)의 순서로 이루어져 있습니다. 연역법에는 확실한 규칙이 있기에 결과도 확실하게 나옵니다. 또한 위에 적은 사실처럼 연역법은 100% 확실한 지식입니다. 수학 공식처럼요. 그래서 확실성은 높습니다. 대신, 새로운 정보를 주지 않아요. 그래서 연역법은 새로운 지식의 생산에 도움이 되지 않습니다. 이제, 귀납법을 살펴봐요.

귀납법

사례: 아궁이에 불을 뗐다

결과: 굴뚝에 연기가 났다.

⇨ 법칙(규칙): 아궁이에 불을 때면 굴뚝에 연기가 날 것이다.

사례: 철수는 사람이다.

결과: 철수는 죽었다.

⇨ 법칙: 사람은 죽는다.

귀납법은 사례 ⇨ 결과 ⇨ 규칙의 순서로 이루어집니다. 귀납법은 근대 과학의 기본적인 논리 구조예요. 우리가 아는 과학의 많은 법칙은 이런 논리적인 방법을 통해 만들어졌습니다. 수많은 실험에서 결과를 추출한 뒤, 그 결과를 바탕으로 하나의 법칙(규칙)을 만들어내는 거죠. 하지만 귀납법은 연역법과 다른 단점이 있습니다. 모든 사례를 다 조사할 수 없다는 점이에요. 모든 아궁이에 불을 때서 모든 굴뚝에 연기가 오르는지 확인해볼 수 없잖아요? 만에 하나, 아궁이에 불을 때지만, 굴뚝에 연기가 안 나는 경우가 생길 수도 있고요. 그래서 귀납법은 연역법보다 확실성이 떨어집니다. 귀납법이 만든 법칙은 항상 임시적인 규칙일 수밖에 없어요. 반론이 성립되면, 언제든지 규칙은 수정되기 마련이지요. 하지만 이 같은 단점에도 불구하고 귀납법은 어느 정도 새로운 지식을 생산해낼 수 있습니다.

두 번째 경우처럼, 사례(철수는 사람이다)와 결과(철수는 죽었다)를 근거로 법칙(사람은 죽는다)을 이끌어내는 형식이 귀납법입니다. 그러나 만약 사례에서 안 죽는 사람이 있다는 것이 입증되면 '사람은 죽는다'는 법칙도 수정되겠죠? 연역법과 귀납법은 이해할 수 있겠지요? 이제 가추법으로 넘어갈게요.

가추법

규칙: 아궁이에 불을 때면 굴뚝에 연기가 난다.

결과: 굴뚝에 연기가 난다.

⇨ 사례: 아궁이에 불을 때는구나.

가추법은 규칙에서 시작합니다. 규칙을 가지고 결과를 판단하여 사례를 추리하거나 추론하는 방식이지요. 그래서 가추법을 '가설적 추론(hypothetical inference)'이라고 부릅니다. 가령 "아궁이에 불을 때면 굴뚝에 연기가 난다"는 하나의 법칙(규칙)이에요. 그런데 지선이가 길을 가다가 '어느 집의 굴뚝에서 연기가 피어오르는' 모습을 보았습니다. 그러면 지선이는 '아궁이에 불을 때면 굴뚝에 연기가 난다'는 법칙을 바탕으로 '지금 저 집에선 아궁이에 불을 때고 있구나' 하고 추론하는 거예요.

물론 가추법에도 약점이 있습니다. 아궁이에 불을 때서 굴뚝에 연기가 나는 것인지, 다른 이유 때문에 굴뚝에 연기가 나는 것인지 확실하지 않다는 겁니다. 가추법은 연역법이나 귀납법보다 확실성은 많이 떨어집니다. 반면, 새로운 지식을 얻거나 새로운 발견이 이루어질 가능성이 연역법과 귀납법보다 높아요. 사실 우리가 사용하는 대부분의 추리 과정은 가추법을 근거로 합니다. 우리는 일상생활에서 대부분 가추법을 사용해 사태나 상황을 판단하고 기호를 해석합니다. 예를 들면, 여러분의 동생이 방과 후에 종일 게임하는 습관이 있어요(규칙). 오늘도 동생은 컴퓨터 앞에 앉아 있습니다(결과). 그러면 여러분은 '재는 또 게임을 하고 있구나'(사례) 하고 무심코 추론하게 됩니다. 사실은 동생이 인터넷 강의를 듣는 중이거나 친구에게 메일을 보내는 것일 수도 있는데 말이지요. 이런 식의 논리 방법이 가추법입니다.

가추법을 중요한 논리적인 과정으로 발견하고 이론화한 사람은 첫째 날 강의에서 소개한 기호학자 퍼스입니다. 그리고 퍼스의 발견을 세계적으로 알리는 데 공헌한 사람은 움베르토 에코였어요. 유감스럽게도 우리나라에 소개된 많은 논리학 책에는 가추법에 대한 설명이 빠져 있지만, 가추법은 기호 해석을 위해서 우리가 반드시 배워야 할 굉장히 중요한 논리 과정입니다.

가추법은 일상생활뿐만 아니라 다양한 분야에서 사용되고 있습니다. 학자들은 가설을 먼저 세운 뒤에 관찰하거나 연구를 하는데요. 이런 방식도 일종의 가추법이라 볼 수 있지요. 또 사냥꾼이 사냥감을 추적할 때, 한의사가 환자의 병을 진단할 때, 탐정이 범인의 흔적을 찾을 때, 고생물학자가 유골에서 멸종 생물을 복원해낼 때, 고고학자가 유물에서 연대를 밝혀낼 때도 이러한 가추법이 사용됩니다. 가추법은 확실한 지식만을 알려주는 연역법이나 가능한 지식을 알려주는 귀납법과 달리 이미 일어났지만 잘 모르는 지식을 알려줍니다. 어느 날 집에 왔는데 냉장고에 넣어두었던 푸딩이 사라졌어요. 분명히 아침까지만 해도 제자리에 있었는데 말입니다. 그러면, 당연히 가설을 세우면서 추리하게 되지요. 첫 번째 가설, 동생이 먹었다. 그런데, 동생에게 문자를 보내니 자긴 손도 대지 않았다고 하네요. 두 번째 가설, 엄마나 아빠가 먹었다. 그래서 과연 부모님에게 푸딩에 손을 댈 시간이 있었나를 떠올리는데, 두 분 모두 자신이 깨어나기 전에 이미 출근하셨어요. 그러면 또 다른 가설을 세우게 됩니다. 도둑이 들어왔거나 동생이 거짓말을 한다는 식으로 말이지요. 이렇게 눈앞에 놓인 결과의 원인을 찾아나서는 거예요. 우리는 이런 식으로 일상에서 추리력을 발휘합니다.

결론으로 들어갈까요? 자기 물건을 훔친 범인을 찾기 위해서는 가추법을 사용하는 편이 제일 타당합니다. 연역법이나 귀납법으로 범인을 판단하면 안 돼요. 연역법을 사용할 경우, 친구 A가 도둑이라는 전제 혹은 법칙에서 시작해야 해요. 그럼, 내 물건이 없어지는 실례(사례)가 발생했을 때, 친구 A가 내 물건을 훔쳐간 도둑이라는 결과가 자연스럽게 도출될 수밖에 없습니다. 참 황당한 논리죠? 다음으로 귀납법의 삼단논법을 사용해볼게요. 내 물건이 없어졌어(사례), 친구 A가 내 물건을 훔쳐갔어(결과). 따라서 친구A는 도둑이다(결과). 이것도 뭔가 이상해요. 그렇죠? 범인을 모르는 상황에서 귀납법을 사용할 수 없습니다. 범인을 찾기 위해서는, 일종의 가설을 세운 뒤 거기에 결과를 대조해서 추론하는 가추법을 사용해야 해요. 그렇기에, 여러분이 의심 가는 친구를 범인일 수도 있다는 가설을 세우는 것은 자연스러운 추리 과정의 일부분인 것이지요. 대신, 연역법에서처럼 '의심 가는 친구=범인'이라는 전제를 미리 세우는 것은 곤란합니다. 가추법은 확실성이 떨어지기 때문에 하나의 가설이 아닌 여러 다양한 가설들을 세워서 결과와 대조하여 추론해야만 합니다. 그래야 범인을 찾아낼 수 있어요.

질문을 하나 던질게요. 세계에서 가장 유명한 탐정이 누구일까요? 저라면 아서 코넌 도일의 소설에 등장하는 명탐정 셜록 홈스를 들겠습니다. 그 셜록 홈스가 범인을 찾기 위해 사용한 방법이 바로 '가추법'이에요. 그는 범인이 남긴 흔적을 가지고 여러 가설을 세우고, 이를 바탕으로 범인을 추론해서 찾아냅니다. 그런데 이런 '가추법'과 같은 논리학이 기호 해석과 무슨 관련이 있냐고요? 우리는 각자 보거나 듣는 여러 가지 현상이나 사물을 기호화하여 해석합니다. 다시 말하면, 우리가 나름의 사고체계를 통해 해석한 모든 사물이나 현상을 기호라고 볼 수 있다는 뜻이에요. 그런 의미에서 문학, 예술, 대중문화뿐 아니라, 일상에서 마주치는 이 세상 모든 것이 기호와 해석의 대상이 될 수 있습니다. 기호학자 퍼스가 "이 우주는 기호로 가득 차 있다"라는 흥미로운 말을 한 배경이지요. 제가 아까 든 예를 가지고 설명해볼게요. 집에 왔는데, 제가 사둔 푸딩이 사라졌어요. '푸딩이 없어진' 상황은 해석을 기다리는 일종의 기호 상태가 된 겁니다. 이제 저는 이 기호를 해석해야 해요. 그러면 저는 논리적인 방법을 사용하겠죠. 이때 사용하는 논리적인 방법이 가추법입니다. 셜록 홈스가 가추법을 사용하여 기호를 해석하는 장면을 한번 볼까요? 어느 날 홈스는 어떤 여자가 입고 있는 옷의 소매가 닳아서 반들반들해진 것을 보았어요. 다른 사람이라면 그냥 지나쳤겠지만 우리의 탐정은 이를 기호로서 해석하여 여러 가지 단서들과 결합한 후, 최종적으로 그 여자가 타자를 치는 직업을 갖고 있다고 추리합니다.

이렇듯 기호 해석은 논리 과정과 아주 밀접한 연관이 있다는 것, 꼭 기억하세요.

오늘의 키워드	귀납법, 연역법, 가추법

6강

리어왕은 왜 셋째 딸 코델리아를 버렸을까?

오늘 수업의 주제는 '커뮤니케이션'입니다. 사람과 사람 사이의 의사소통에 대해 공부할 거예요. 인간관계에서 가장 중요한 건 의사소통이라고 해도 과언이 아닙니다. 학창시절 반 친구들과의 관계에서 시작해 사회생활을 할 때도 우리는 서로의 의견을 주고받으며 살아가요. 연애할 때에도 마찬가지입니다. 연인 대부분이 연애 도중 다시없을 설레는 감정을 맛보지만 때로는 오해가 생기거나 서로 상처를 주기도 합니다. 그리고 억울해 하죠. '내가 그 애랑 얼마나 자주 이야기를 나누는데, 그 아이의 말을 이해하려고 얼마나 노력하는데…' 하면서요. 하지만 서로 이야기를 많이 한다고 해서 의사소통이 잘 된다는 보장은 없어요. 사람과 사람 사이의 커뮤니케이션 메커니즘을 제대로 알아야 합니다. 우선 커뮤니케이션 모델을 하나 그려보겠습니다.

통로(channel)

송신자 ⇨ 메시지(전언, message) ⇨ 수신자

⇧ ⇧

약호 엮기 (encode) 약호 풀기 (decode)

커뮤니케이션 모형

복잡해 보이죠? 많은 사람이 커뮤니케이션을 누군가의 머리에 든 생각이 말로 내뱉어져 다른 사람의 머릿속으로 들어가는 것으로 생각합니다. 마치 물건 하나가 한 장소에서 다른 장소로 옮겨지는 것처럼요. 그래서 적잖은 사람들은 상대방이 자기 말을 제대로 못 알아들으면 다음과 같은 반응을 보입니다.

- 내가 상대방이 알아듣도록 말을 정확히 하지 않았나?
- 상대방이 내 말을 유심히 듣고 있지 않나?
- 내 말을 알아듣지 못하다니 멍청한 것 아니야?
- 이 사람 혹시 가는귀를 먹었나?

이렇게 여러 생각을 하다가 결국 짜증을 내는 사람도 있지요. 다른 사람이 내 말을 못 알아들으면 짜증이 나게 마련이니까요. 하지만 실제로 사람과 사람 사이의 커뮤니케이션 과정은 우리가 일반적으로 생각하는 것보다 훨씬 복잡합니다. 그래서 여러 학자가 사람들 사이의 의사소통을 관찰한 다음 나름대로 커뮤니케이션 모형을 만들었어요. 물론 기호학자들마다 커뮤니케이션 모형이 조금씩 다릅니다. 이런 커뮤니케이션 모형을 처음으로 만든 사람은 로만 야콥슨[11]이에요. 많은 교수들이 그 모형을 기준으로 강의하고 있지요. 제가 위에서 여러분께 보여드린 것은 미국의 기호학자 시벅[12]이 변형한 모형입니다. 시벅은 야콥슨 모형에 있는 '접촉(contact)' 대신 '통로(channel)'를 집어넣었어요.

로만 야콥슨(©Wikimedia Commons)

야콥슨, 시벅…. 생소한 이름이 나오네요. 두 사람 다 세계적인 학자인 만큼 기억해두면 좋겠지요? 이제부터 이 커뮤니케이션 모형을 차근차근 설명해드릴게요. 사람과 사람이 대화할 때는 우선 주고받는 내용이 있겠지요? 그 내용이 메시지(message)입니다.[13] 이 메시지를 전달해주는 사람을 송신자, 발신자, 전달자(sender, addresser) 등으로 불러요. 반면, 메시지를 받는 사람을 수신자(receiver, addressee)라고 합니다. 의사소통을 할 때에는 송신자가 메시지를 기호에 담아서 수신자에게 전달합니다. 여기까

11) 로만 야콥슨(Roman Jakobson, 1896~1982)은 제정 러시아 태생의 미국 언어학자이다. 일반 음성학, 일반 언어학, 슬라브 언어학, 시학, 언어 병리학 따위의 분야에서 업적을 남겼다. 저서로 『실어증과 언어학』, 『언어와 언어 과학』 등이 있다.

12) 토마스 시벅(Thomas Albert Sebeok, 1920~2001)은 헝가리 부다페스트 출신의 언어학자이자 기호학자로서 '동물기호학' 분야를 개척했다.

13) '전달하는 말'이라는 뜻의 '전언(傳言)'으로 번역되기도 한다.

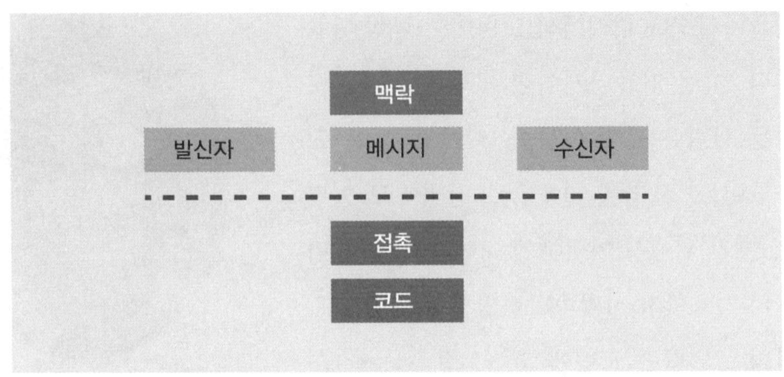

야콥슨의 모형(©Wikimedia Commons)

지는 잘 이해하셨죠? 일반적인 상식이니까요. 대화할 때 물건을 주고받는 것처럼 송신자의 메시지가 있는 그대로 수신자에게 전달되면 얼마나 좋겠어요? 하지만 실제 커뮤니케이션 과정에서는 다른 요인들이 작용합니다. 기호에는 그 속에 담긴 정보인 메시지만 있는 게 아니거든요. 모든 메시지에는 '코드(code)'가 부여되어 있습니다. 송신자는 메시지를 수신자에게 보내기 위해 코드를 만듭니다. 메시지에 코드를 부여하는 거죠. 그런 행위를 '인코드(encode)'라고 합니다. 그 기호를 받는 사람인 수신자는 코드가 부여된 메시지를 풀어서 메시지를 읽는데요. 이를 '디코드(decode)'라고 합니다. 우리말로 코드는 보통 '약호'로 번역돼요. 또 인코드는 '약호화', '약호 엮기'로, 디코드는 '탈약호화', '코드 풀기'로 번역됩니다. 이러한 용어들은 학자에 따라 우리말로 다르게 번역되곤 하니, 번역어 자체에 너무 얽매이지 말고 용어의 의미를 잘 이해하면 됩니다.

위 모형에 나온 각 용어의 뜻을 이제 이해하시겠지요? 그러면 우리가 사용하는 구체적인 문장이나 단어의 예를 들어 설명해볼게요. 아 참, 그 전에 설명해야 할 단어가 조금 남았군요. '통로'와 '상황'이라는 단어입니다. 통로는 영어로 '채널(channel)'이에요. 두 연인이 밤중에 휴대폰으로 이런저런 대화를 나누고 있어요. 이때 두 사람을 연결해주는 통로인 휴대폰이 바로 채널입니다. 컴퓨터로 화상 통화를 한다고 쳐요. 그럼 컴퓨터가 채널이 되는 거예요. 조금 고전적이고 낭만적인 방법으로 서로 러브레터를 주고받는다고 합시다. 그럼 편지가 채널이 될 수 있습니다. 이처럼 우리는 서로 간에 채널을 통해 메시지를 주고받아요.

토마스 시벅(©Wikimedia Commons)

다음으로 상황을 살펴볼게요. 상황은 영어 '콘텍스트(context)'를 번역한 단어로 '맥락'이라고도 합니다. 커뮤니케이션이 이루어지려면 그에 걸맞은 상황이 있어야겠죠? 시험기간과 도서관이라는 시공간, 혹은 방학과 집이라는 시공간이 커뮤니케이션을 위한 상황으로 등장할 수 있어요. 또 어떤 상황이냐에 따라 메시지의 의미가 완전히 달라지기도 합니다. 저녁 식사 시간에 "엄마 밥 줘" 하는 말과 밤 12시 넘어 "엄마 밥 줘" 하는 말이 완전히 다른 것처럼요. 막 퇴근해서 피곤한 엄마에게 무작정 밥을 달라고 했다간 혼이 날 수도 있겠죠. 그러니까 어떤 메시지를 전달할 때는 상황이 중요한 거예요.

자, 지금까지 설명한 커뮤니케이션 모형을 구체적인 예에 적용해볼게요. 몇 년 전에 크게 인기를 끈 '나는 꼼수다'라는 정치 팟캐스트 방송이 있어요. 보통 꼼수라는 말은 '수' 가운데에 수준이 낮고 치졸한 수를 가리키는 말로, 흔히 소인배나 사기꾼이 사용하는 비겁하고 사기성이 짙은 일 처리 방식을 의미합니다. 우리말에 '꼼수를 쓰다'라는 말이 있는 것처럼요. 그런데 '나는 꼼수다'라는 제목에서 '꼼수'는 정권을 잡은 권력 집단이 국민을 속이고 사리사욕을 채우기 위해 벌이는 비열한 수법을 가리키는 단어로서 '코드화'되어 있습니다. 이런 코드를 '정치적 코드'라고 해요. 이 방송이 큰 인기를 끌던 2011년에 많은 사람은 '가카의 꼼수' 등 꼼수라는 단어를 정치적 코드로 디코드(탈약호화)해서 받아들였습니다. 이렇게 꼼수라는 단어는 새로운 의미와 뉘앙스를 지니게 되었지요.

정리하면 이렇습니다. 자신이 전달하려고 하는 메시지를 '꼼수'라는 기호에 담아서 청취자들에게 보내는 송신자는 나꼼수 제작진이에요. 이 메시지를 받는 수신자는 팟캐스트 방송을 듣는 불특정 다수의 청취자들이고요. 여기서 팟캐스트 방송은 통로(채널)입니다. 송신자인 나꼼수 팀은 '꼼수'라는 기호에 정치적 코드로 약호화된 메시지를 담고 있어요. 이로써 '꼼수'는 정치적인 용어가 된 겁니다. 그래서 수신자인 청취자들이 꼼수라는 기호를 기존의 코드가 아니라 정치적인 코드로 탈코드화해야 송신자가 보내는 기호를 제대로 해독하는 것이 됩니다.

조금 더 쉬운 예를 들어볼까요? 한국에서는 흔히 인사말로 "점심 드셨어요?" 혹은 "밥 먹었어?"라고 말합니다. 그런 질문에 진지하게 "예, 오늘 점심을 구내식당에서 먹었는데, 점심으로 불고기 덮밥이 나왔어요. 매우 맛있어요" 하고 대답하면 상대방이 당황하겠죠. 송신자가 '인사의 코드'로 인코드화한 메시지를 수신자가 다른 코드로 탈코드화해버렸으니까요. 우리 일상에서는 그런 경우가 종종 벌어져요. 의식적이든 무의식적이든 우리는 각자의 방식으로 메시지를 인코드하여 다른 사람들에게 보냅니다. 따라서 우리가 낯선 사람을 만날 때 그 사람이 나와 다른 방식으로 메시지를 인코드하면, 즉 다른 용어와 단어를 쓰면, 처음에는 굉장히 소통에 어려움을 겪을 수 있습니다. 우리가 일상적으로 자주 쓰는 "나와 코드가 달라"는 그런 이유에서 생겨난 말입니다. 그러니까 우리가 다른 사람을 알아간다는 건 그 사람이 기호에 담는 정보를 어떻게 코드화하는지를 알아가는 과정이라고 할 수 있어요.

그런데 이런 커뮤니케이션 모형이 연애와 무슨 관련이 있냐고요? 두 사람이 서로 좋아해서 연애를 시작했는데, 왜 서로 힘들까요? 좋아하지 않아서? 애정이 식어서? 꼭 그런 것만은 아닌 것 같아요. 기호학을 공부하는 저로서는 연인 간에 발생하는 문제에 다르게 접근해야 한다고 생각해요. 두 사람 간의 문제를 커뮤니케이션, 즉 소통에서 찾아야 한다고 생각하니까요. 많은 사람이 다른 사람들과 소통이 잘 안 된다고 호소하는 이유도 서로 다른 방식으로 메시지를 코드화하여 기호를 상대방에게 전달하기 때문이고요. 나는 사랑한다는 신호로 상대방의 집 앞으로 갑자기 찾아갔는데, 상대방은 기분이 몹시 불쾌할 수도 있는 거예요. 즉, 커뮤니케이션에서 내가 보낸 메시지를 상대방이 다르게 받아들일 수 있다는 뜻이에요. 아까 이야기했듯이 상대방이 코드화하는 방식을 이해하지 못한 거죠. 재미있지요? 내가 좋아하는 사람이 내가 가장 싫어하는 방법으로 나에게 애정을 보일 수 있다는 것이 연인 관계의 아이러니랍니다.

영국의 극작가이자 평론가인 버나드 쇼[14]에 얽힌 재미있는 에피소드를 하나 소개해드릴게요. 생전의 버나드 쇼가 영국의 높으신 분들에게 마구잡이로 다음과 같은 내용의 전보를 보냈어요. “다 들통 났어. 빨리 도망쳐!!” 전보를 받은 사람들이 어떻게 반응했을 것 같아요? “별 미친놈 다 보겠네, 이 전보 보낸 사람 누구야?” 이렇게 대꾸하는 것이 상식적이지요. 하지만 전보를 받은 사람 중 상당수가 잠적해서 영국 사회가 순간 아수라장이 되었다고 합니다. 전보의 내용은 사실 아무런 의미도 없었어요. 그저 버나드 쇼가 장난을 친 거죠. 하지만 전보를 받은 사람은 전혀 다른 코드로 풀이한 거예요. 도둑이 제 발 저려 도망치는 것처럼 당시 상류층 사람 다수에겐 찔리는 구석이 있었나 봅니다. 그러니 잠수해버렸겠지요.

버나드 쇼 에피소드를 통해 알 수 있는 사실이 뭘까요? 당시 영국 상류층이 많이 부패했다는 걸까요? 그것도 있지만, 제가 말하고 싶은 건 커뮤니케이션에는 이렇듯 불확실성이 동반한다는 점입니다. 송신자가 전달해주는 메시지를 수신자가 제대로 해독하지 못할 가능성은 항상 존재해요. 사람과 사람 사이의 의사소통에는 어느 정도 ‘노이즈(noise)’, 즉 잡음이 생겨나기 마련이니까요. 다들 잡음 없는 투명한 의사소통을 원하지만, 현실에는 그런 경우가 많지 않아요. 이 같은 커뮤니케이션의 불확실

14) 버나드 쇼(George Bernard Shaw, 1856~1950)는 영국의 극작가이자 소설가, 비평가이다. 영국 페이비언 사회주의의 창시자 중 한 명으로 문명사회를 비판하고 풍자하는 작품을 썼다. 1925년에 노벨 문학상을 받았다. 작품으로 「과부의 집」, 「워렌 부인의 직업」, 「인간과 초인」 등이 있다.

성이나 잡음 때문에 우리 삶에 여러 가지 갈등과 오해가 발생하는 것입니다. 우리가 직장, 학교, 집에서 힘들어 하는 원인의 대부분도 일 자체 때문이 아니라 사람들과의 관계 때문이잖아요? 다른 사람들과 커뮤니케이션 과정에서 생겨난 오해와 갈등 때문에 스트레스를 받으니까요.

버나드 쇼(©Wikimedia Commons)

영화 「봄날은 간다」에 나온 후 젊은 남녀 간에 유행어처럼 번진 대사가 있는데, 뭔지 아세요? 바로 "라면 먹고 갈래요?"라는 표현입니다. 여자가 자신을 집 앞까지 바래다주는 남자에게 하는 이 말은 여러 가지 의미를 지녀요. 지금 배고프니 같이 라면을 먹자는 의미일 수도 있고, 오늘 나와 하룻밤을 같이 보내자는 의미일 수도 있습니다. 이 말을 듣는 순간, 남자는 짱구를 굴리면서 속으로 여러 가지 생각을 하게 되지요. '이 말이 무슨 의미일까?' 하면서 여자의 목소리, 분위기 등을 통해 빨리 이 말의 진의(=참뜻)을 파악하려고 애쓰겠지요. 만약, 남자가 '배고파서 같이 라면 먹자'라는 여자의 진의를 오해해서 여자의 집에서 꼴사납게 치근덕거린다면 어떤 일이 벌어질까요? 글쎄요. 라면은 커녕 아무것도 먹지 못하고 쫓겨난 뒤 여자의 친구들로부터 최악이라는 말을 듣게 될 겁니다. 반면, '오늘 나와 하룻밤을 같이 보내자'라는 여자의 뜻을 오해해서 라면만 먹고 집을 나온다면, 이 남자는 진짜 눈치 없는 사람이 될 테고요.

연인 간에 속마음을 읽지 못해 다툼이 생기는 사례는 그 외에도 많습니다. 가령 데이트 중에 같이 밥을 먹다가 여자가 이래요. "아, 나 너무 살찐 것 같아. 어쩌지?" 이때 남자친구가 "응. 너 요즘 좀 그런 것 같아. 다이어트해야겠다"고 말하면 어떻게 될까요? 당연히, 바로 차이겠죠. 방금 말한 사례는 꽤 과장되었지만, 그 외에도 상당수의 남자가 여자 친구의 감정을 제대로 파악하지 못해 눈치 없는 사람으로 몰리곤 합니다. 그래서 여자들은 왜 자기 감정을 솔직하게 말해주지 않느냐며 탄식하는 남자들이 줄을 잇나 봅니다. 이런 경우, 비단 남자에게만 문제가 있는 것은 아닐 거예요. 자기 뜻을 분명하게 표현하지 않는 여자 쪽에도 책임이 있잖아요. 그리고 무엇보다도 우리는 기호를 통한 커뮤니케이션(의사소통) 자체가 지닐 수밖에 없는 한계를 깨달아야 합니다. 기호는 여러 가지로 의미로 해석이 가능한 경우가 많기에 서로 계속 오해할 수밖에 없는 거예요.

우리나라 같이 남녀 간에 감정을 직접 표현하는 데 익숙하지 않은 사회에서는 그런 일이 더욱 자주 벌어집니다. 요즘의 젊은 남녀들은 자신의 감정을 직설적으로 표현하는 경우가 잦은데, 제가 생각하기에 그런 방식이 남녀 간의 문제를 훨씬 줄일 수 있는 듯해요. 물론 본격적으로 연애하기 전에, 이른바 서로 '썸 타는' 단계에서는 직접적인 표현이 힘들 수 있습니다. 남자든 여자든 좋아하는 상대방에게 거절당하는 것은 굉장히 힘든 일이니까요. 그렇더라도 서로의 감정과 요구하는 바를 직접 솔직하게 전달하는 것이 중요합니다. 그래야 서로의 오해 때문에 벌어지는 좋지 않은 일들을 피해갈 수 있을 테니까요.

우리는 삶의 비극을 막기 위해 커뮤니케이션의 본질을 제대로 알 필요

「봄날은 간다」 포스터(네이버 영화)

가 있습니다. 가라타니 고진[15]은 「언어와 비극」이라는 글에서 커뮤니케이션에서 발생한 오해로 생긴 비극에 대해 이야기해요. 셰익스피어의 희곡 「리어왕」에서 사건의 발단은 리어왕이 자신이 가장 사랑하는 셋째 딸 코델리아의 말을 오해한 데 있습니다. 리어왕이 나이가 들어 유산을 세 딸에게 나눠주려고 하자 장녀인 고네릴과 차녀인 리건은 거짓말로 온갖

15) 가라타니 고진(Karatani Kojin, 1941~)은 일본을 대표하는 세계적인 비평가이자 사상가. 대표작으로 「탐구」, 「트랜스크리틱」, 「세계공화국으로」가 있다.

아부를 늘어놓습니다. 하지만 왕이 가장 사랑하던 막내딸 코델리아는 정직한 답변을 해요. 그러자 기분이 상한 리어왕은 코델리아를 빈털터리로 추방합니다. 상대방의 말을 잘못 해석함으로써 저지른 잘못이지요. 이런 비극을 줄이려면 어떻게 해야 할까요? 철학자 김성환은 "의심은 소통의 출발이다"라고 말합니다. 저는 이 문장을 이렇게 이해해요. "커뮤니케이션을 제대로 하기 위해서는 내가 커뮤니케이션을 제대로 하고 있는지 계속 의심해야 한다"라고요. 너무 피곤할 것 같다고요? 평소에 다른 사람과의 관계에 문제가 없으면 굳이 힘들게 의심할 필요가 없습니다. 하지만 다른 사람과 트러블이 생기거나 오해가 계속 발생하면, 자신의 커뮤니케이션 방식에 문제는 없는지 한 번쯤 점검해봐야겠지요. 만약 친구와 커뮤니케이션이 잘 안 된다면 자기 말이 상대에게 어떻게 들릴 수 있을지 되새겨보는 것이 현명한 처사입니다. 물론 내 쪽에 정말 문제가 없다면 상대방 쪽에 문제가 있는 거겠지만, 이때도 속단하는 것은 금물이고요.

마지막으로 좋은 커뮤니케이션을 위한 팁을 몇 가지 알려드릴게요. 대화 내용보다 중요한 것은 그 사람이 어떤 상황에서 그 말을 했는가 하는 점입니다. 대화가 이루어진 맥락을 무시하여 한두 마디 때문에 오해하는 경우가 매우 많으니까요. 일부러 전후 사정을 빼고 대화 일부만 공개해서 상대방을 공격하는 경우도 있고요. 특히 언론의 경우, 누군가의 발언에서 앞뒤를 자르고 인용하는 바람에 여론의 몰매를 맞게 하기도 해요. 즉, 대화의 맥락을 확인하고 조사하는 것이 소통의 출발이란 점입니다.

두 번째로, 비록 상대방이 의심스럽고 미덥지 못하더라도, 일단 상대방의 말을 있는 그대로 받아들이는 것이 중요합니다. 일단 상대방이 진실

리어왕과 코델리아(포드 매독스 브라운)

을 말하고 있다는 가정 아래 그 말을 해석할 필요가 있다는 뜻입니다. 상대방의 말과 글을 거짓이라고 전제하고 소통한다면 미궁에 빠질 테니까요. 모든 것이 거짓으로 보이는 마당인데 과연 대화를 이어나갈 수 있을까요? 상대방이 나에게 거짓말을 한다는 것을 알게 되면 어떻게 하냐고요? 그때부터 상대방의 메시지가 거짓이라는 전제를 깔고 대화를 이어나가면 됩니다. 전체적인 대화나 해석의 방향이 달라지는 거지요.

세 번째로, 내가 상대방의 메시지를 잘 해석하지 못했다면, 즉 상대방의 말이나 글을 못 알아듣겠다면, 이해가 안 되는 부분을 그 사람에게 직접 물어봐야 합니다. 그리고 가능한 한 상세한 설명을 부탁해야 해요. 주관적으로만 판단하지 말고, 상대방이 원래 전달하고자 하는 바를 최대한 정확하게 끄집어내는 것이 중요하거든요. 상대의 말을 하나씩 꼼꼼하게 따져서 이해하려고 노력한다면, 시간이 지날수록 그 사람과 소통하기 편해질 것입니다.

네 번째로, 다른 사람이 여러분의 말이나 글을 잘못 해석하더라도 좌절하지 마세요. 원래 오해란 커뮤니케이션 과정에서 다반사로 일어나는 일이니까요. 대신 그 사람에게 말하고 싶은 의도를 차근차근 설명해주는 것이 어떨까요? 저도 SNS를 하다 보면, 제가 올린 글을 잘못 해석하고 이상한 댓글을 다는 사람들을 꼭 만나게 되는데요. 그럴 때면 아주 공격적인 글이 아닌 이상, 친절하게 제 글의 의도를 설명해주려고 노력하는 편입니다.

설명을 들을수록 커뮤니케이션에도 상당한 훈련과 노하우가 필요하다는 생각이 들지 않나요? 자신이 상대방에게 좋은 감정을 품고 있다고 해서 그 사람과 좋은 관계를 맺을 수 있는 것은 아닙니다. 어떻게 소통하느냐, 그리고 커뮤니케이션의 오류를 얼마나 줄이느냐가 더 중요해요. 그러므로 여러분, 커뮤니케이션의 핵심은 '내가 상대방에게 품은 감정을 얼마나 정확하게 전달할 수 있는가?' 하는 점이라는 것을 기억해야겠지요? 다음 시간에 만나요!

오늘의 키워드	메시지, 인코드, 디코드

7강

청와대는 건물 이름이 아니다

우리는 일상 속에서 여러 가지 속어나 관용어들을 듣고 말합니다. 요즘 젊은 세대에서 통쾌한 상황을 뜻하는 '사이다를 마시다'라는 표현도 그 중 하나예요. 이러한 속어들은 그 나라의 언어를 배우려 하는 외국인들에게 가장 골치 아픈 부분이기도 해요. 표현과 의미가 정확하게 맞지 않기 때문입니다. 이런 비유법을 '은유'라고 합니다. '통쾌한 상황'과 '사이다'라는 두 단어 사이에 '상쾌함'이라는 '유사성(similarity)'이 있기에 이러한 비유법이 만들어질 수 있는 거지요. 그리고 우리는 이러한 유사성 때문에 사이다라는 말을 어떤 상황에서는 음료수가 아니라, 일이나 기분이 후련하게 풀린다는 의미로 이해할 수 있는 거고요.

오늘 함께 나눌 이야기는 비유법의 세계입니다. 여러분도 이번 주제에는 제법 익숙할 거예요. 학교에서 문학 시간에 배우는 '은유', '직유', '환유' 같은 표현법들이 바로 비유법에 해당하니까요. 비유법은 직접적으로 말하지 않고 여러 가지 수단을 통해 간접적으로 에둘러서 말하는 표현 기법입니다. 윤상이 작곡·노래를 했고, 이후에 SES라는 걸그룹이 리메이크해서 부른 '달리기'[16]라는 노래를 가사에 집중해서 들어보세요.

이 노래, 많이 들어보셨지요? 수능을 준비하고 있는 고3 학생들이 많이 듣는 곡 중 하나입니다. 학생들이 이 노래에서 위안을 얻는 것은 아마도 가사 덕분일 거예요. 달리기 도중 느끼는 여러 감정을 그려낸 가사가 입시 준비로 지친 고3들의 마음을 잘 대변해주잖아요. 물론, 수능 시험뿐만 아니라 공무원 시험을 준비하는 사람, 소설이나 시나리오를 쓰는 이들에게도 이 노래의 가사는 큰 울림을 줍니다.[17] 이렇듯 노래의 제목인 '달리기'는 직접적인 의미로는 스포츠 경기의 하나를 의미하지만, 간접적인 의미로는 무언가를 힘겹게 준비하는 과정, 그것을 끝까지 마치는 것을 가리킵니다. 이런 식의 표현 또한 일종의 비유법입니다.

언어와 기호의 경이로움은 직접적인 의미 외에도 이처럼 비유적이고 간접적인 의미를 내포한다는 데 있습니다. 연인에게 "평생 손에 물 한 방울 묻히지 않고 살게 해줄게"라는 프러포즈를 들었을 때, 이 문장을 직설적인 의미로 이해하는 사람은 없을 테지요. 이 문장은 "평생토록 고생시

16) 박창학 작사/윤상 작곡/윤상 노래.
17) 이 노래는 가사를 전혀 다른 의미로 해석하는 사람들로 인해 구설에 오른 적이 있다. "단 한 가지 약속은 틀림없이 끝이 있다는 것/끝난 뒤엔 지겨울 만큼/오랫동안 쉴 수 있다는 것"이라는 구절을 자살 암시의 근거로 들었기 때문이다. 나중에 작사가인 박창학 씨가 방송에 나와서 이 가사의 뜻은 그런 의미가 아니라고 부정했다.

키지 않겠다", "경제적으로 어려운 일이 생기지 않게 돈을 열심히 벌겠다"라는 의미니까요. 그런데, 비 오는 날에 "내 손에 물 묻었는데 이제 어쩔래, 어떡할 거야?"라고 말한다면 상대방은 어이없어 하겠지요? 마찬가지로 "이 회사에 저의 뼈를 묻겠습니다"라는 문장을 정말로 이 회사를 납골당으로 이용하겠다는 의미로 이해하는 바보도 없을 테고요. 이렇듯 인간의 언어 능력 중에서 중요한 것 하나가 비유를 이해하는 능력입니다. '문해력(文解力, literacy)'[18]에서 중요하게 여기는 것 역시 이 비유법을 제대로 알아듣는 능력이고요.

문해력은 단순히 글자를 읽을 줄 아는 능력을 가리키는 것이 아닙니다. 초등학교만 나와도 한국 사람이라면 누구나 한글을 읽을 수 있어요. 한글은 매우 과학적인 언어인 동시에 쓰인 대로 읽으면 되는 표음문자잖아요. 하지만 시, 소설, 논설, 과학 논문 등 다양한 종류의 글을 읽고 이해하기 위해서는 일정한 훈련과 연습이 필요합니다. 고등학교 때까지 국어과목에서 다양한 종류의 글을 읽고 이해하는 연습을 시키는 이유지요. 그런데 글을 제대로 읽고 이해하려면 다양한 배경지식을 갖춰야 해요. 그에 못지않게 비유법을 파악하는 능력도 중요하고요. 비유법을 잘 모르면 대화 도중이나 글을 읽다가 '삑사리'를 낼 수 있거든요. 한마디로, 글의 '말귀'를 제대로 알아들으려면 단순히 글자를 읽을 수 있는 능력만으로는 부족하다는 뜻이에요. 비유법을 설명하려는 이유를 알 것 같지요?

18) 문해력이란 "글월 문(文), 이해할 해(解), 힘 력(力)", 즉 글을 읽고 이해하는 능력을 가리킨다.

그럼, 은유와 직유부터 찬찬히 설명해볼게요. 은유법을 공부할 때 실과 바늘처럼 따라오는 비유법이 있습니다. 바로 '직유법'입니다. 방금 제가 말한 문장 중에서도 직유법이 있어요. '실과 바늘처럼'이 바로 그것이죠. 직유법(直喩法, simile)은 '~처럼', '~같이', '~인 듯', '~듯이'와 같은 연결어(비교 조사)를 사용합니다. 가령 '물감 같은 하늘', '실낱같은 희망', 이런 표현이 전부 직유법에 해당해요. 예를 들어볼게요. "희영이와 찬미는 실과 바늘 같은 관계이다"라는 문장에서 원관념, 즉 원래 의미는 '희영이와 찬미'입니다. 더 정확히 말해서 "희영이와 찬미가 아주 친하고 항상 같이 붙어 다닌다"지요 이 원관념을 더 잘 효과적으로 표현하기 위해서 다른 관념이나 이미지인 '실과 바늘'을 끌어들인 것인데요. 이를 보조관념이라 합니다. 원관념은 보조관념을 통해 보다 생생하고 구체적으로 그 뜻이 드러나지요. "둘이 친하다"라고 쓰는 것보다 "둘은 실과 바늘 같은 관계다"라는 표현이 좀 더 구체적이고 생생한 느낌과 이미지를 주잖아요? "죽음이 도둑처럼 그에게 온다", "치치코프는 나팔소리처럼 코를 푼다", "개들이 짖어대는 소리가 교회 합창단 소리 같다" 등등 역시 직유법을 사용한 문장입니다.

'은유법'을 살펴볼까요? 직유법에서는 원관념과 보조관념이 표면에 직접적으로 드러나지만, 은유법은 좀 달라요. 은유법(隱喩法)은 영어로 '메타포(metaphor)'라고 하는데, 한자어로 '숨을 은(隱)'과 '비유할 비(喩)'를 사용합니다. 원관념, 즉 말하고자 하는 대상과 보조관념, 즉 비유 사이의 관계가 직접적이지 않고 숨어 있어요. 그래서인지 은유에서는 무엇을 말하고자 하는지 파악하기가 좀 까다로울 때가 많습니다.

칠레의 유명한 시인 파블로 네루다[19]는 자신의 시에서 '황혼과 양가죽으로 짠 두 개의 상자'라는 표현을 썼어요. 무엇을 은유하는 걸까요? 파악이 잘 안 되지요? 그러면 시의 1연을 함께 볼게요.

> 마루모리가 나한테 가져왔다/양말/한 켤레/그건 그녀의 양 치는/손으로 짠 것/토끼처럼/부드러운 양말 한 켤레/나는 두 발을/그 속에/넣는다/마치/황혼과/양가죽으로/짠/두 개의 상자 속으로/밀어 넣듯이

이제 아시겠지요? 바로 양말입니다. 은유의 원관념은 이처럼 주위의 맥락이나 상황을 통해 파악해야 해요. 은유를 이해하는 작업은 탐정이

19) 파블로 네루다(Pablo Neruda, 1904~1973)는 칠레의 시인으로 로맨스를 담은 연애시를 곧잘 써서 '사랑의 시인'으로도 불리었지만, 그에 못지않게 가난한 이들의 고통과 투쟁에 대해 다룬 시 역시 많이 남겼다. 공산당원이었던 그는 정부를 비판했다가 정치적인 망명도 여러 번 떠났으며, 1952년 칠레로 돌아와 1969년 대통령 선거 후보로 추대되었으나 좌파 후보 단일화를 위해 살바도르 아옌데에게 양보하고 사퇴했다. 대표적인 시집으로 『무한한 인간의 시도』, 『지상의 거처』 등이 있으며, 국내에서는 '그러니까 그 나이였다. 시가 나를 찾아온 것은'이라는 구절로 시작되는 작품 '시(詩)'가 특히 유명하다. 1971년 노벨문학상을 받았고, 그에 대해 다룬 소설로 『네루다의 우편배달부』가 있으며, 이는 「일 포스티노」라는 영화로 각색되었다.

범인을 찾아내는 추리 과정과 비슷합니다.

제가 만난 학생들 가운데엔 유독 '시'를 어려워하는 사람들이 많았어요. 아마도 시에 은유와 같은 비유법이 많이 사용되는 탓일 겁니다. 그런데 선생님들께서 밑줄 쫙 긋고 달달 외우라고 시키니까 '시'가 점점 더 멀어지는 기분이 들 수밖에 없지요. 저 역시 중고등학교에 다닐 때 시 수업이 제일 까다롭다고 느꼈어요. 그래서 무조건 외우곤 했죠. 걱정 마세요, 여러분. 비유를 이해하는 능력을 키우면 시를 얼마든지 즐길 수 있습니다. 거꾸로 시 읽기를 자꾸 연습하다 보면 비유를 이해하는 능력을 키울 수도 있고요. 비유들이 가장 풍부하게 담긴 글이 바로 시거든요.

예전에 우리나라 공연계에서 뮤지컬 「캣츠」가 크게 흥행한 적이 있어요. 노래도 인기를 많이 끌었고요. 이 작품의 원작자가 누구인지 혹시 기억하는 분이 있나요? 작곡가는 앤드류 로이드 웨버인데, 맨 처음 이 이야기를 쓴 건 누구죠? 그렇다면 이 원작자가 지은 유명한 시가 있으니, 한번 읽어보고 맞춰보세요.

사월은 가장 잔인한 달
죽은 땅에서 라일락을 키워내고
기억과 욕망을 뒤섞고
잠든 뿌리를 봄비로 깨우니

▲파블로 네루다 (©Wikimedia Commons)

◀「일 포스티노」 포스터(네이버 영화)

외국 문학에 제법 관심이 있는 사람이라면 맨 위 첫 구절만 듣고도 "아하!" 하면서 알아맞혔을 거예요. 위 시는 영국의 시인이자 극작가인 엘리엇[20]이 지은 장시『황무지』(1922년)의 일부분입니다. 그는 이 시 외에도 여러 훌륭한 작품들을 통해 세계적으로 명성을 날렸는데요. 그가 지은 우화시집 『노련한 고양이에 관한 늙은 주머니쥐의 지침서』가 바로 뮤지컬 「캣츠」의 바탕이 되었다는 것을 아는 사람은 의외로 많지 않습니다. 잘 기억해두면 어디 가서 아는 척하면서 써먹을 수 있겠지요?

엘리엇의 시 제목인 '황무지'는 일종의 은유입니다. 그러나 황폐한 땅을 가리키는 게 아니라 1차 세계대전 이후 현대인들이 당면한 황폐한 정신적인 상태를 의미하지요. 뿐만 아니라 시인 자신이 시를 쓸 당시에 가졌던 삶에 대한 회의를 나타내는 것이기도 합니다. 이렇게 시 제목은 직접적인 의미보다 비유적인 의미, 주로 은유적인 의미를 지닐 때가 많아요. 가령 "나두야 간다/나의 이 젊은 나이를/눈물로야 보낼 거냐/나두야 가련다"로 시작되는 박용철의 시 제목은 '떠나가는 배'입니다. 이 시의 제목 '떠나가는 배'는 실제의 배가 아니라, 시인 혹은 시의 화자를 비유한 거예요. '어딘가로 떠나고 싶은' 화자 자신의 욕망을 '떠나가는 배'로 표현한 겁니다.

20) T.S.엘리엇(Thomas Stearns Eliot, 1888~1965)은 미국 태생의 영국 시인·평론가·극작가이다. 자기 자신을 문학적으로는 고전주의자, 정치적으로는 왕당파, 종교적으로는 영국 국교도로 규정했다. 1948년에 노벨 문학상을 받았다. 작품에 시 「황무지」, 시극 「칵테일파티」, 시론(詩論) 『비평론집』 등이 있다.

T. S. 엘리엇(©Wikimedia Commons)

다음으로 알아볼 '환유법'은 보통 '제유법'과 한 쌍으로 엮입니다. 그만큼 둘이 비슷하기 때문이에요. 실생활에서는 둘을 구분하기 어려운 경우도 많습니다. 여기서는 환유법을 중심으로 설명할게요. 환유법은 영어로 'metonymy'라고 합니다. 은유가 '유사성'에 기반을 둔다면 환유는 '인접성(contiguity)'의 원칙을 따릅니다. 인접성이란 두 사물 간 밀접한 관계가 있거나 거리가 가까운 것을 뜻하는데요. 조금 헷갈리지요? 원래 국어 시간에도 은유와 환유를 구분하는 데서 애를 먹는 학생들이 많아요. 예시를 통해 환유적 표현에 대해 차근차근 살펴봅시다.

환유는 원인으로 결과를, 부분으로 전체를, 그릇으로 내용을 표현합니다. 예를 들면 "청와대가 문제야"라는 푸념에서 보통 청와대는 건물이 아닌 대한민국 정부를 의미해요. 이때도 환유법을 사용한다고 볼 수 있어요. 또 군대에서 "별이 출동했다"라고 할 때, 여기에서 말하는 별이란 밤하늘에 떠 있는 별이 아니라 '군대의 장성'을 가리킵니다. 군대에서 소장 이상의 장성급이 되면 계급장에 별을 달거든요. 따라서 이들을 별이라고 부르지요. 이렇게 어떤 사물이나 사람의 부분을 가지고 그 사물이나 사람을 표현하는 것을 환유라고 합니다. 여러분 대부분은 이 동요를 알고 있을 거예요.

> 이슬비 내리는 이른 아침에/우산 셋이 나란히 걸어갑니다/빨간 우산 파란 우산 찢어진 우산/좁다란 학교 길에/우산 세 개가/이마를 마주대고 걸어갑니다.

여기서 나오는 빨간 우산, 파란 우산, 찢어진 우산은 각각 그 우산을 쓴 사람을 가리키는 환유적 표현입니다. 이런 환유적 표현의 예는 우리 주위에 무척 많아요. "오늘 우리 집에 손이 많이 필요하다"에서 '손'은 '일할 사람'을 가리키는 환유적 표현이고요. "나는 셰익스피어를 좋아해"라는 문장에서 '셰익스피어'는 16세기를 풍미하던 실제 작가를 가리킬 수도 있지만, 그의 작품들을 나타내는 환유적 표현일 수도 있어요. 또 "펜은 칼보다 강하다"도 펜은 언론을, 칼은 무력을 가리키는 환유법입니다.

이제 '풍유법'으로 넘어갈게요. 아마도 여러분에게는 풍유법(諷喩法)보다 '알레고리(allegory)'라는 단어가 더 익숙할 거예요. 알레고리는 암시하고자 하는 어떤 추상적인 내용이나 사상을 구체적인 다른 사건이나 이야기로 바꾸어 표현하는 방법입니다. 즉 겉으로 드러난 이야기의 뒷면에 진짜 메시지나 교훈 등을 담아서 전달하는 것이지요. 우리가 잘 아는 이솝 우화나 크릴로프 우화, 라퐁텐 우화, 그리고 종교적인 우화들이 이런 기법을 사용합니다.

여러분 모두 이솝 우화에 나오는 '여우와 신포도' 이야기를 잘 알고 있을 거예요. 한 배고픈 여우가 포도밭에서 잘 익은 포도를 따 먹으려고 합니다. 하지만 포도는 너무 높은 나뭇가지에 있었기에 여우는 결국 포도를 따는 데 실패해요. 그러자 여우는 포도가 너무 시어서 먹을 수 없다고 변명하지요. '여우와 신포도'는 자기합리화를 풍자한 우화입니다. 만약, 작가가 '자기합리화는 어리석다'라는 교훈적인 메시지를 직접 전달하면 얼마나 뻔하고 재미없겠어요? 그러나 메시지를 재미있는 이야기 뒤에 감춘다면 듣는 사람이 자연스럽게 받아들이겠죠. 다시 말하면 우화는 교훈이라는 '약'을 이야기라는 '당분'으로 둘러싸고 있는 일종의 '당의정(糖衣錠)'이라고 할 수 있습니다.

이러한 알레고리는 때로 정치적인 탄압을 피하는 수단이 되기도 합니다. 독재정권 아래서 정부를 직접 비판했다가는 감옥에 잡혀가거나 모진 꼴을 당하곤 했거든요. 그래서 작가들은 하고 싶은 이야기를 문학 속에 조심스럽게 숨겨왔습니다.

이제 좀 더 어려운 표현법으로 들어가볼게요. '반어법'과 '역설법'입니다. 반어법은 영어로 'irony'라고 하는데, 화자의 실제 의도와 다르게 표현하는 수사법을 말해요. 즉, 겉으로 드러난 표현이 속의 내용과 상반되는 표현법입니다. 가령 우리가 잘 아는 김소월 시의 구절 "죽어도 아니 눈물 흘리오리다"는 절대 눈물을 안 흘리겠다는 것이 아니라 화자의 절절한 슬픔을 나타내는 반어적인 표현이지요. 이런 예는 곳곳에서 찾아볼 수 있습니다. 누군가 멍청한 짓을 했을 때 옆에서 "정말 자알~했다!"라고 비꼬는 것도 그중 하나지요. 물론 글로 쓴 것만 보아서는 반어적인 표현인지 아닌지 잘 구분되지 않을 때도 있습니다. 하지만 사람이 하는 구체적인 발화에는 억양과 뉘앙스가 스며들어 있기에 대화 도중이라면 대개 눈치로 구별할 수 있어요.

다음으로 역설법을 소개할게요. 역설법은 겉으로 보기에는 자기 모순적이고 불합리한 것 같지만, 실제로는 진실을 말하고 있는 기법입니다. 역설법의 대표적인 예는 "지는 것이 이기는 것"이라는 말이에요. 언뜻 보기에는 말도 안 되는 것 같지만, 인간관계를 겪다 보면 종종 공감하게 되는 구절이지요. 이렇듯 역설법은 우리에게 삶의 지혜를 가르쳐줍니다. 예시를 몇 개 더 들어볼까요? "바쁠수록 돌아서 가라", "높아지고자 하는 자는 낮아질 것이요, 낮아지고자 하는 자는 높아질 것이다", "군중 속의 고독", "어린이는 어른의 아버지다", "사람은 죽기 위해 태어났다" 등이 대표적인 역설법의 예[21] 입니다.

이런, 여러분! 오늘은 여기까지 하자고요? 비유법의 종류에 대해서는 전부 설명했습니다. 그렇지만 시간이 조금 남았으니, 유명한 언어학자 야콥슨의 이론을 소개하고 강의를 마무리할게요. 아까 은유와 환유를 설명했지만, 야콥슨의 설명을 통해 두 개념을 조금 더 이해해보도록 해요.

21) 이순신 장군이 남긴 말, 즉 "죽고자 하는 자는 살 것이고, 살고자 하는 자는 죽을 것이다"도 역설법의 예로 곧잘 인용된다. 한문으로 쓰면 '필사즉생, 필생즉사(必死則生, 必生則死)'이다. 이 문장 역시 표면적인 의미 그대로 읽으면 안 되고, 이면의 2차적인 의미를 읽어야 한다. 명량해전을 앞두고 왜군보다 절대적으로 열세인 처지에서 싸움에 임하는 충무공의 각오와 부하들에 대한 신뢰가 담겨 있는 선언인 동시에 극도로 불리한 전투에서 부하들이 도망치지 않도록 용기를 불어넣는 말이기도 하다.

그 (궁성)은 도시 근처에 위치하고 있었다.

(동물원)

(빵집)

(여자의 집)

(학교)

(…)

이 문장이 보이나요? 소쉬르의 설명에 따르면, 가로축을 따라 그, 궁성, 은, 도시, 근처, 에, 위치하고, 있었다 등의 기호들이 배열되어 하나의 단위(문장, 절 등)를 만든 것을 '통합체(syntagm)'라고 합니다. 'syntagm'은 우리말로 다양하게 번역되지만, 저는 통합체라는 번역을 좋아해요. 그래서 앞으로도 이렇게 부르겠습니다. 여러분은 복잡하게 생각하지 말고 가로축이라고 기억하면 돼요. 자, 가로축이 있으면 세로축이 있겠죠. 위의 문장에는 '궁성'이라는 단어, 즉 구성 요소가 있습니다. 그런데 그 자리에는 '궁성'이라는 단어 대신 '동물원', '빵집', '여자의 집' 등 수많은 다른 단어들이 올 수도 있어요. 이 세로축에 놓일 수 있는 요소들의 집합이 '계열체'입니다. 계열체는 'paradigm'을 번역한 것인데, 그냥 세로축으로 기억하면 됩니다. 이제 이 가로축과 세로축이 어떻게 상호작용하는지 볼까요?

기호학자 소쉬르는 통합체에서 구성 요소들이 만드는 관계를 '현재적

(in presentia) 관계'라고 정의했습니다. 통합체의 가로축에 있는 구성 요소들이 '현재' 우리 눈앞에 다 드러나 있잖아요. 한편, 계열체에서 구성 요소들을 선택하는 것은 '부재적(in absentia) 결합 방식'이라고 정의했습니다. 세로축에서 우리가 선택할 수 있는 요소들은 아직은 우리의 눈앞에 보이지 않으니까요. 그저 잠재적으로 숨어 있을 뿐이죠.

아까부터 계속 생소한 용어만 나오고, 이게 다 뭐냐고요? 어렵게 여기지 말고 이렇게 생각해봅시다. 우리가 하나의 문장을 머릿속에서 생각해서 만드는 과정을 떠올려보세요. 가령 다음과 같은 소설의 첫 문장이 있어요. "어느 날 아침, 그레고르는 이상한 꿈에서 깨어나자마자, 자신이 침대에 누운 거대한 벌레로 변해 있다는 것을 발견했다."[22] 작가가 이 문장을 머릿속에 구상할 때, 주인공 이름 자리에 '레옹', '루카스', '펠릭스' 등 여러 경우를 고민하다가 결국 '그레고르'를 선택했을 것입니다. '벌레' 자리도 마찬가지예요. 세로축을 따라 여러 경우를 생각했겠지요. '코끼리', '쥐', '달팽이' 등등…. 그리고 최종 선택을 해서 위의 문장을 만들었을 테지요. 이런 식으로 우리가 일상적으로 사용하는 문장은 세로축, 즉 계열체에서 선택한 것들을 가로축에 배열하고 결합하여 통합체로 만든 것입니다.

그런데 이런 것들은 우리가 앞에서 본 '은유', '환유'와 관계가 있어요. 무슨 이야긴지 궁금하죠? 다음 학자의 이론을 함께 볼게요. 로만 야콥슨

22) 독일 작가 프란츠 카프카의 소설 『변신』의 첫 문장이다.

의 설명에 따르면, 위의 두 축 중 세로축, 즉 계열체는 '선택(selection)'과 '대체(substitution)'의 축입니다. 세로축에 잠재적으로 있는 여러 항 중 하나를 선택하거나 다른 것으로 대체하기 때문이에요. 이는 유사성(similarity)의 축인 동시에 은유의 축이기도 해요. 앞에서 설명했듯이, 은유는 유사성, 즉 닮음에 기반을 두는 비유법입니다. "내 마음은 호수다"에서 '마음'과 '호수' 사이에 유사성이 존재해야 은유로서 성립이 가능하니까요.

다음으로 가로축, 즉 통합체는 '결합(combination)'의 축입니다. 여러 기호가 순서대로 배열되고 결합해서 의미를 만들어내는 축이지요. 이는 인접성의 축인 동시에 환유의 축이기도 합니다. 환유는 인접성(contiguity)에 기반하고 있는 비유법이잖아요? 가령 "영화계에 새 얼굴이 나타났다"라는 문장에서 '얼굴'은 '사람'을 뜻하는 환유적 표현이에요. 이처럼 원래 지시하는 것 대신 인접한 것을 통해 원래의 의미를 드러내는 것이 환유였지요. 정리하면 아래와 같아요. 이 두 축을 잘 이해해두면 많은 도움이 될 겁니다.

세로축 = 계열체 = 은유 = 유사성 = 선택과 대체

가로축 = 통합체 = 환유 = 인접성 = 결합과 배열

로만 야콥슨은 소쉬르가 처음 정의한 통합체와 계열체 개념을 다양한 분야에 적용하면서 발전시켰습니다. 그는 이 두 축이 환유와 은유 같은 비유법뿐만 아니라 실어증, 예술 사조 등과도 관련 있다고 보았어요. 야콥슨은 실어증(aphasia)을 위의 두 축을 기반으로 새롭게 분류했습니다. 선택상의 결함으로 인한 실어증, 그리고 결합상의 결함으로 인한 실어증, 이렇게 두 가지로 말이죠. 그렇담 선택상의 결함은 세로축과 가로축 중에 어디에 문제가 생겼다는 걸까요? 선택이라면 세로축, 즉 계열체의 축이겠죠. 이 종류의 실어증에 걸린 사람은 유사성 장애를 앓고 있어서 한 단어를 대체하거나 대신할 수 없는 단어를 찾아내지 못합니다. 그리고 은유를 제대로 만들 수가 없어요. 대신, 가로축 쪽이 정상이기 때문에 환유는 정상적으로 만들 수 있습니다. 그리고 단어들을 정상적으로 결합할 수도 있고요. 반면에 언어 결합상의 장애를 가지고 있는 사람은 인접성 장애를 앓고 있습니다. 이 장애를 지닌 사람의 경우, 문장 요소들 사이의 결합 능력이 떨어지기 때문에 문장이 짧아집니다. 심지어 문법적 요소인 접속사·전치사·대명사·관사가 먼저 사라지고 전보문 같은 짧은 문장만 남기도 해요. 심해지면 한 단어를 문장으로 대화하기도 합니다. 그러나 세로축은 살아 있기에 유사성을 가진 단어를 선택할 능력은 지니고 있죠. 저도 이 분야를 깊게 공부하지 않아서 정확히는 모르겠지만, 야콥슨이 인용한 자료를 보면 이미 19세기부터 이런 실어증 사례들이 소개되기 시작한 모양입니다. 그 자료를 바탕으로 야콥슨은 새로운 해석을 한 거고요.

마지막으로 하나만 더 이야기할게요. 야콥슨은 환유와 은유와 관련된

이 두 가지 축을 예술 사조와 연계시켜서 설명해요. 문학 사조 중 사실주의에는 환유적 표현을, 낭만주의와 상징주의에는 은유적 표현을 쓰는 경우가 압도적으로 우세했다는 것입니다. 그리고 회화사에서도, 피카소로 대표되는 입체파는 환유적인 기법을, 살바도르 달리 등의 초현실주의는 은유적인 기법을 통해 자신들의 예술 세계를 표현했다고 보아요. 물론 그렇게 도식적으로 나눌 수 있는 것은 아니지만, 이 두 가지 축을 문학 사조 등 문화 현상을 이해할 수 있는 하나의 이론적인 틀로 참고하면 될 것입니다.

여러분, 이것으로 비유법의 세계에 대한 기본적인 개념 정리를 모두 마쳤습니다. 오늘은 까다로운 내용이 많았는데 끝까지 경청해주셔서 감사합니다. 정말 수고하셨어요!

오늘의 키워드	**은유, 직유, 환유, 풍유, 역설**

8강

상징은 의미의 바다

지난 시간에 여러 가지 비유법에 대해서 알아보았는데요. 한 가지 빼먹은 것이 있어요. 바로 '상징'입니다. 흔히 "비둘기는 평화의 상징이다"라고 말합니다. 그런데 이 명제에 의구심을 품어본 적이 있지 않나요? 도시에서 만나는 비둘기는 공격적이고 더럽잖아요. 비둘기의 배설물은 공공장소를 관리하는 사람들의 골칫덩어리기도 하고요. 그런 걸 떠올리면 비둘기가 어쩌다가 평화의 상징이 되었는지 괜히 궁금해져요. 이번 강의에서는 상징의 정의에 대해서, 그리고 상징이 어떻게 만들어지는지 알아보겠습니다.

상징은 기호의 한 종류입니다. 비유법의 종류이기도 하고요. 상징은 여러 학자에 의해 여러 가지 방식으로 정의되었는데요. 일단 국어사전에서는 "추상적인 관념을 구체적인 사물로 나타내는 일"이라고 나와요. 가령 거북이가 장수(長壽)를, 학이 고고함을 상징하는 것처럼요. 그런데 상징에서 기표와 그것이 지시하는 기의(의미)가 어떤 관련을 맺고 있는지는 학자마다 의견이 갈립니다.

여기서 잠깐, 2강에서 배웠던 내용을 복습하고 갈게요. 기표와 기의라는 개념을 처음으로 만들었던 학자가 누구죠? 예, 스위스의 언어학자 페르디낭 드 소쉬르입니다. 기표는 눈에 보이는 글자나 그림, 귀에 들리는 소리 같은 물리적인 것이고, 기의는 그 의미나 개념 같은 것이라고 했죠? 이 둘이 결합해서 하나의 기호를 이루고요. 이번 시간에는 그의 이론을 좀 더 심화해서 살펴볼 건데요. 내용이 좀 어려울 수 있으니 가능한 한 쉽게 설명해드리겠습니다.

소쉬르는 상징에서 기표와 기의가 유연(有緣)적인 관계를 맺는다고 보았습니다. 얼핏 단어가 어려워 보이지만 한자를 풀면 쉽게 뜻이 나와요. '있을 유(有)', '관계 연(緣)', 즉 관계가 있다는 말입니다.[23] 그렇지만 소쉬르는 기표를 상징으로 지칭하는 것에 반대했습니다. 왜냐하면 기표와 기의의 관계가 자의적(임의적)인 '기호'와 달리, 상징은 기표와 기의가 완전히 자의적이지는 않기 때문입니다. 즉, '기호'에서 기표와 기의의 관계는 제멋대로 변할 수 있어요. 하지만 '상징'에서는 둘 사이에 어느 정도 필연적인 관계가 있습니다. 차근차근 볼게요. 가령 저울은 정의(正意)의 상징입니다. 이는 균형을 잡는다는 저울의 쓰임새 때문이에요. 그래서 정의를 추구해야 할 법의 상징은 저울을 들고 있는 디케(dike) 여신으로 종

23) 영어로 모티베이션(motivation)이라 하고, '동기화(動機化)'라고 번역하기도 한다.

디케 여신(©Wikimedia Commons)

종 나타나지요.

사진을 보면 디케 여신은 오른손에 칼을 들고 있습니다. 그것은 공권력의 힘이나 엄격한 법 집행을 의미해요. 또 그녀는 천으로 눈을 가리고 있습니다. 이것은 법을 집행할 때 상대가 누구든 편견을 품지 않겠다는 뜻을 의미합니다. 왼손에는 저울을 들고 있는데, 저울이 정의를 상징하게 된 것은 저울과 정의 사이에 어느 정도 관계가 있기 때문이에요. '어느 한쪽에 치우치지 않고 균형을 잡는다'는 저울의 성질이 정의의 조건인 '공정함'과 관련되기 때문이지요. 이렇듯 저울의 균형에서 정의를 끄집어내는 것이 유연성이고, 동기화이자 모티베이션입니다. 그래서 소쉬르는 정의의 상징을 저울에서 마차로 대체할 수 없다고 보았어요. 왜냐하면, 마차와 정의는 유연성이 없기 때문입니다. 한마디로 딱히 관련이 없다는 거예요.

그럼, 비둘기와 평화의 관계는 어떻게 봐야 할까요? 만약 비둘기가 평화롭게 노는 모습에서 평화라는 의미를 끄집어낼 수 있다면, 비둘기와 평화 사이에 유연적인 관계가 성립된다고 볼 수 있겠죠. 반면, 다른 견해도 있습니다. 우리는 기호학자 퍼스가 기호의 세 가지 유형을 도상(icon), 지표(index), 상징(symbol)으로 나누었다는 것을 앞에서 배웠어요. 그런데 퍼스가 생각한 상징의 정의는 소쉬르의 것과 다릅니다. 소쉬르가 상징에서 기호와 대상이 유연적인 관계를 지닌다고 보았다면, 퍼스는 둘 사이가 우연적이고 임의적인 관계에 있다고 보았어요. 예를 들어, 비둘기가 평화라는 상징적인 의미를 지니게 된 것은 둘 사이에 어떤 관계나 유사성이 있어서가 아니라, 일종의 약속이나 관례에 의해서라는 것입니다.

발 디딜 곳을 찾지 못하고 돌아온 비둘기를 노아가 두 손으로 받아주고 있다(©Wikimedia Commons).

올리브나무 가지를 물고 온 비둘기 그림으로 성 안나 성당의 천장화이다(©Wikimedia Commons).

『성경』의 창세기에는 '노아의 방주' 이야기가 나옵니다. 대홍수를 피해 방주 안에 있던 노아는 지상에 땅이 다시 드러났는지 알아보기 위해 비둘기를 날려요.[24] 처음 방주에서 나갔을 때는 그냥 돌아왔던 비둘기가 그 다음 번에는 신과 인간의 화해를 상징하는 올리브 가지를 물고 돌아옵니다. 그 후부터 올리브 가지를 입에 문 비둘기가 평화를 상징하게 되었다고 해요. 비둘기가 평화의 상징이 된 것은 둘이 유사성과 닮음을 가지고 있어서가 아니라, 이런 문화적 전통 때문이라는 겁니다.

그래서 비둘기가 평화의 상징이 된 원인이 뭐냐고요? 위에서 설명한 두 가지 내용 모두 설득력이 있습니다. 학자들은 우리가 일상에서 당연히 받아들이는 것들에 질문을 던지고 그 원인을 탐구하는 사람들이잖아요? 그런데 상징을 연구한 학자들은 하나의 상징이 만들어지는 메커니즘을 위와 같이 다르게 설명하고 있습니다. 즉, 기호와 대상 사이에 유연성을 가진 상징이 있을 수 있는 한편, 기호와 대상 사이에 어떤 유사성을 찾을 수 없는 상징도 있다는 것이지요. 다시 말해, 상징은 두 대상 사이에 아무런 유사성이 없어도, 문화적인 관례나 약속으로 만들어지기도 한다는 뜻입니다.

24) 그가 또 비둘기를 내놓아 지면에서 물이 줄어들었는지를 알고자 하매(창 8:8) 온 지면에 물이 있으므로 비둘기가 발붙일 곳을 찾지 못하고 방주로 돌아와 그에게로 오는지라 그가 손을 내밀어 방주 안 자기에게로 받아들이고(창 8:9) 또 칠 일을 기다려 다시 비둘기를 방주에서 내놓으매(창 8:10) 저녁 때에 비둘기가 그에게로 돌아왔는데 그 입에 감람나무 새 잎사귀가 있는지라 이에 노아가 땅에 물이 줄어든 줄을 알았으며(창 8:11)

'물고기'를 예로 들어볼게요. 물고기는 문화마다 종교마다 다양한 상징적 의미를 지닙니다. 가령 기독교에서는 물고기를 예수로 해석합니다. 그 이유가 재미있어요. 그리스어로 물고기는 'ICHTHUS'입니다. "Iesous Christos Theou Huios Soter"의 약자인데요. 이 라틴어 구절을 한국어로 번역하면 "예수 그리스도, 신의 아들, 구세주"라는 뜻입니다. 한편 동양에서 물고기는 서구 기독교 문화권과는 상징하는 바가 사뭇 달라요. 가령 일본에서는 잉어가 사랑을 뜻하고, 중국에서는 물고기가 풍요와 부(富)를 나타낸대요.

여기서 여러분 중 누군가는 이런 질문을 던질 수 있을 거예요. "상징은 한 가지 의미만 지니는 것이 아니냐?"고요. 물론 한 가지 상징적 의미만을 지니는 사물도 있지만, 대부분은 여러 개의 상징적 의미와 연관됩니다. 특히, 우리가 일상에서 쉽게 접할 수 있는 존재일수록 그래요. 예를 들어 원, 삼각형, 사각형, 나무와 같이 우리 삶과 밀접하게 관련된 존재들은 다양한 의미를 지닙니다. 원은 둥글다는 직접적인 뜻 이외에 완전성, 전체성, 무한, 영원을 나타내요. 그래서 결혼반지의 기원 중에 영원한 사랑을 간직하기 위해 동그란 반지를 끼게 되었다는 이야기도 있답니다.

사각형에도 상징적 의미가 있습니다. 어떤 의미일까요? 점이 네 개 있으면 어떤 느낌이 드나요? 보통 안정감을 느낍니다. 예를 들어 테이블의 발이 세 개 있을 때보다 네 개 있을 때 쉽게 넘어지지 않잖아요. 그래서 사각형은 정적인 완전함, 항상성, 통합 등을 의미합니다. 인도와 중국의 상징체계에서도 지구를 사각형으로 나타내거든요. 원이 생명과 운동을 의미하는 동적인 상징인 것과 반대로 사각형은 고정된 죽음의 상징이기

초기 기독교인들이 부적처럼 지녔던 물고기 그림이다
(©Wikimedia Commons).

도 합니다. 사각형은 그리스 로마 신화에서는 아프로디테 여신의 '어트리뷰트(attribute)'이기도 합니다. 어트리뷰트란 어떤 대상이나 존재의 속성(屬性), 특징을 뜻해요. 흔히 속성으로 번역되지요.[25] 그리스 신화를 보면, '시간의 신' 크로노스는 낫을 들고 다닙니다. 그래서 우리는 그리스 신화 관련 그림이나 조각 등을 볼 때, 이 낫을 통해 누가 크로노스인지 알

25) 그 이외에 부수물, 표시물로 번역되기도 한다.

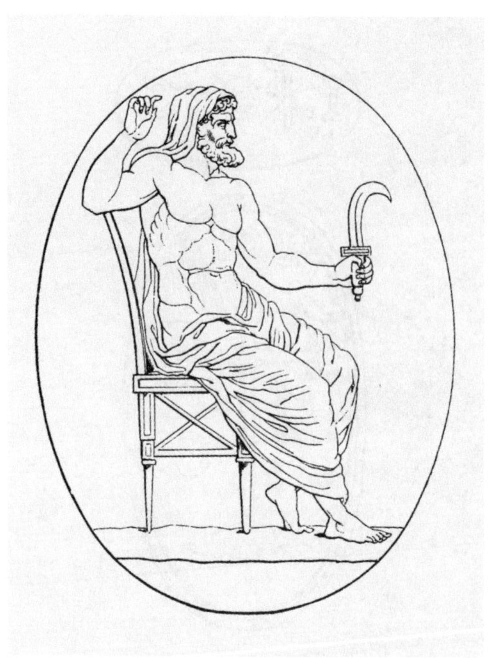

크로노스(©Wikimedia Commons)

수 있어요. 이때 크로노스를 표시해주는 부속물을 어트리뷰트라고 부릅니다.

이처럼 상징은 종교나 신화에 의해 탄생하곤 합니다. 한편으로 시나 소설 같은 문학 작품에 의해 생겨나기도 하고요. 주로 작품이 유명해지고 사람들에게 많이 읽히면서 그 제목이나 등장인물의 이름만으로도 사람들이 똑같은 무언가를 떠올리게 될 때가 그렇습니다. 예를 들어 영국의 시인 T. S. 엘리엇이 지은 시 「황무지」의 제목도 하나의 상징이 되어 버렸잖아요? 우리가 4월이 되면 이 시의 첫 구절인 "4월은 잔인한 달"을 떠올리는 배경이지요. 나라의 경제·정치적 상황이 좋지 않거나, 자신의 인생이 황량해지거나, 정신이 피폐해질 때 '황무지'라는 단어가 머릿속에 맴도는 것도 같은 맥락이고요. 그래서 글을 쓰는 많은 이들이 이 제목과 구절을 자주 인용하나 봅니다. 그 외에도 인류 문화사에서 일종의 상징이 된 문학 작품의 등장인물들이 있습니다. 셰익스피어의 희곡 『햄릿』의 햄릿, 세르반테스의 소설 『돈키호테』의 주인공 돈키호테가 다 그런 인물들이에요. 이들은 문학 작품의 주인공을 넘어서, 어떤 유형의 인간을 나타내는 상징이 되었습니다. '햄릿'은 어떤 선택을 할 때 고민하고 갈등하는 우유부단한 사색형 인간으로, '돈키호테'는 생각이나 판단보다 먼저 물불 가리지 않고 저돌적으로 행동하는 사람으로요. 그 뿐인가요? 역사상의 위인이나 유명인이 상징이 되기도 합니다. '발명왕 에디슨', '성웅 이순신'처럼요. 에디슨 하면 떠오르는 유명한 말도 있잖아요. "천재는 99%의 노력과 1%의 영감(inspiration)으로 이루어진다." 에디슨은 이 말 덕분에 노력형 천재로 우리에게 각인되었습니다. 또한 이순신은 위기에 처한 나라를 살신성인의 정신으로 구하는 영웅의 상징으로, 이율곡의 어머니 신사임당은 우리나라를 대표하는 현모양처의 상징이 되었지요. 물론 이율곡과 이황은 학자의 상징이고요.[26] 대중문화 등 다양한 분야에서 상징적 인물이 탄생하기도 합니다. 제가 대학에 다닐 때 신세대 문화의 상징은 가수 '서태지와 아이들'이었어요. 요즘 젊은 세대는 어쩌면 그의

26) 이들은 모두 우리나라 지폐에도 그려져 있는데, 이는 한 국가를 대표하는 상징적인 인물이기 때문이다.

노래를 기억하지 못할 수도 있지만, 한때는 그야말로 새로운 문화의 상징이자 아이콘이었습니다. 애플사의 창립자이자 CEO였던 스티브 잡스도 마찬가지 경우입니다. 잡스는 2011년에 세상을 떠났는데요. 많은 세계인이 그의 죽음을 슬퍼했고, 우리나라에서도 그를 주인공으로 한 영화가 개봉되었으며, 전기가 번역·출판되어 베스트셀러가 되기도 했어요. 잡스는 아이폰 등의 새로운 발명품으로 우리의 일상을 완전히 바꿔놓았습니다. 그래서 전 세계에서 '혁신의 상징'으로 통하지요.

인류는 이렇게 끊임없이 상징을 만들어왔습니다. 또 오랜 기간 상징이라는 기호를 통해 다양한 의미를 차곡차곡 쌓아왔지요. 사물, 동물, 식물, 위인, 문학 작품 등 다양한 대상들에 의미를 부여해온 것입니다. 『문화상징사전』을 뒤적여 보면, 하나의 사물에 인류가 얼마나 다양한 의미를 부여해왔는지 알 수 있어요. 상징을 안다는 것은 인류가 그동안 쌓아온 다양한 의미의 층을 이해하는 과정이기도 합니다.

그럼, 상징을 공부하려면 어떡해야 할까요? 문학 작품, 예술, 종교 등 다양한 문화를 많이 접하면 됩니다. 기독교 성경을 읽다 보면 다양한 상징적 의미를 알게 돼요. 가령 '백합(lily)'은 기독교에서 청순함, 순결, 성모 마리아를 의미하고, '3'이라는 숫자는 삼위일체, 동방박사 세 사람, 그들이 예수에게 바친 세 가지 선물(유향, 황금, 몰약) 등과 연결됩니다. 이렇듯 여러 나라와 지역의 문화를 이해하려면, 그 문화가 오랫동안 축적해온 상징의 의미를 알아야 합니다. 한 문화를 이해하는 지름길 중 하나가 상징이거든요. 나아가 다른 문화뿐만 아니라 우리 문화를 이해하기 위해서도 상징을 알 필요가 있어요. 우리 옛날 민화에 잉어, 연꽃, 까치, 원앙

등이 곧잘 그려지는데요. 민화에 등장하는 동물과 식물은 각각 나름의 의미를 품고 있어요.[27] 이 존재들의 상징적 의미를 알아야만 이를 통해 당시 우리 조상들이 어떤 가치를 중요시했는지 알 수 있겠지요. 지금은 그 같은 의미를 담는 대상이나 사물이 예전과 달라졌지만 말입니다.

지팡이를 감고 오르는 뱀의 형상이 수놓인 기장(旗章)(©Wikimedia Commons)

이제 하나의 상징이 가지는 복잡한 의미들을 살펴볼게요. 오른쪽 이미지를 보세요. 여러분 대부분은 한두 번쯤 이 로고를 보았을 것입니다. 이 기장은 미국 군의관의 군복 깃에 달린 것인데, 이렇듯 지팡이를 감고 오르는 뱀은 의술을 상징해요. 그래서 비슷한 이미지를 세계보건기구나 의과대학 등 의학과 관련된 여러 단체에서 자주 찾아볼 수 있지요. 이러한 상징의 기원은 무엇일까요? 이를 이해하려면 상징의 문화사를 알아야 합니다.

이 상징은 그리스 신화와 관련이 있습니다. 그리스 신화에 나오는 아폴론을 기억하시죠? 아폴론은 의술의 신인데, 그에게는 아스클레피오스

27) 원앙은 부부간의 금실을 의미하고, 잉어는 등용문, 출세를 의미한다. 물고기는 두 눈을 뜨고 있으므로 항상 부지런하고 경계하라는 의미이며, 두 마리의 물고기는 금슬 좋은 부부를 나타낸다. 까치는 기쁜 소식을 전해주는 길조로 여겼다.

▲아스클레피오스
(©Wikimedia Commons)

◀아담과 이브. 인간의 얼굴을 한 뱀
(©Wikimedia Commons)

라는 아들이 있었습니다. 아폴론은 자기 아들의 교육을 당대의 명의이자 현인이었던 케이론에게 맡겼어요. 그 결과 아스클레피오스는 훌륭한 의사가 되었습니다. 얼마나 용하던지 "아스클레피오스는 죽은 사람도 능히 살려낸다"라는 소문까지 돌 정도였대요. 실제로 그는 죽은 사람을 살려내기도 했어요. 그러자 제우스가 이승과 저승의 법칙을 깨는 행위를 경고한다는 의미로 그에게 불벼락을 던져 죽입니다. 그 후로 사람들은 이와 같은 상징을 통해 위대한 의사를 기리게 되었지요. 앞의 이미지에 나오는 지팡이는 아스클레피오스의 지팡이고, 뱀은 아스클레피오스의 전령인 흙빛 뱀입니다. 이런 것들이 서양의학을 상징하는 이미지로서 오늘날까지 내려오는 것이지요.[28]

한편 기독교에서 뱀은 정반대의 의미를 지닙니다. 아담과 이브를 꼬드겨 선악과를 따먹게 하고 에덴동산에서 추방당하게 만든 주범이니까요. 따라서 여기서 뱀은 사악하고 부정적인 이미지를 지녀요. 하지만 다른 문화에서는 신성한 상징적 의미를 품을 때도 많습니다. 인도 신화에서 뱀의 몸체를 한 '나가(nagas)'는 아름다운 물속 궁전에 사는 존경받는

28) 이 로고가 오늘날 널리 퍼진 데에는 오해로 생긴 일화가 있다. 근대에 들어와 이러한 상징을 처음으로 다시 사용하기 시작한 것은 1902년 미국 육군 의무병 부대이다. 이때 미 육군 의무병 부대는 실수로 헤르메스의 지팡이인 카두세우스와 아스클레피오스의 지팡이를 혼동하여 잘못 사용했다. 원래 카두세우스는 지팡이를 오르는 뱀이 두 마리 그려져 있고, 아스클레피오스의 지팡이는 뱀이 한 마리 그려져 있어야 하기 때문이다. 그렇지만 이러한 착각은 고쳐지지 않았고, 오히려 훗날 이를 모방한 여러 단체로 인해 두 마리 뱀이 오르는 지팡이가 의술의 상징으로 굳어졌다.

신이에요. 아프리카에서 뱀은 왕의 상징이며 불사의 용기이자 죽은 자의 혼이 되살아난 존재이고, 아메리카 인디언들에게 뱀은 번개와 비를 부르는 신이자 영원의 상징이며 죽음을 예고하는 존재였습니다. 이외에 뱀은 허물을 벗고 다시 태어난다는 데서 영원한 젊음이나 원초적인 본능과 관련되기도 하지요. 하나의 상징이 의미하는 바가 참 다양하지요? 뱀은 인류와 가장 오랫동안 함께해온 동물인 만큼 지역과 문화에 따라 여러 가지 의미를 지니게 된 것입니다.

오늘 공부는 여기까지! 모든 상징에 관해 설명하다가는 끝이 없을 테니까요. 그만큼 상징의 세계가 넓고 다양하다는 것만 알아두면 좋겠습니다.

오늘의 키워드	의미, 사회·문화·역사적 맥락

9강

시(詩) 공부는 정말 괴로워!

여러분 가운데엔 분명 이런 질문을 던져본 친구들이 있을 겁니다. "시는 왜 이렇게 어려울까? 교과서에 나온 해설엔 공감이 잘 되지 않고, 은유니 환유니 온통 암기해야 할 것들 천지고, 아무리 읽어도 의미가 선명하게 와 닿지 않고, 작가의 의도를 파악해야 한다는데 그것도 무슨 소리인지 도무지 모르겠어. 나는 정말 하나도 이해가 안 되는데 왜 다들 좋다고 감탄하는 건지! 소설이나 수필은 읽을 때 재미있잖아? 이야기가 있고 주인공도 누군지 금방 알 수 있고. 그런데 시는 진짜 모르겠어. 도대체 왜 이런 걸까?" 하면서요.

오늘은 그런 친구들을 위해 시 읽는 방법을 배워보겠습니다. 시를 감상하는 방법은 여러 가지인데요. 그중에서 이번 시간에 집중적으로 배울 것은 구조주의와 기호학을 도구로 활용하여 시를 해독하는 방법입니다. 기호학이 성립되는 데에는 '구조주의(structuralism)'라는 학문적 사조의 영향이 컸습니다.[29] 구조주의란 시, 소설뿐만 아니라 집이나 자전거 등 우리가 일상에서 접하는 사물들이 어떤 구성 요소[30]들로 이루어졌는지 그 구조를 분석하고 연구하는 학문입니다. '가족'을 예로 들어볼게요. 아버지, 어머니, 아들, 딸이라는 구성 요소들이 서로 관계를 맺으면서 가족이라는 구조를 이루고 있어요. 이때 구조 속의 각 항들은 대립적인 관계를 맺기도 하고, 같거나 다르다는 관계를 보여주기도 합니다.

가족에서 아버지와 대립적인 사람은 누구일까요? 생각나는 대로 답하자면 어머니일 수 있겠지요? 이 대답은 어떤 기준에 따라 대립항을 구성하느냐에 따라 달라질 수 있습니다. 가령 '아버지 대 어머니'라는 대립항 이외에 '부모 대 자식'이라는 대립항을 설정할 수도 있어요. 그럴 경우, 아버지에게 대립적인 사람은 아들과 딸이 되겠지요. 또한 '남자와 여자'라는 기준으로 대립항을 설정할 수도 있습니다. 이럴 때엔 아버지의 대립항이 어머니와 딸일 테지요.

한편 동일성, 즉 같은 특성을 기준으로 묶어볼 수도 있어요. 성별을 기준으로 하면 아버지와 아들, 어머니와 딸이 하나로 묶입니다. 그러면 '아버지와 아들 대 어머니와 딸' 간의 차이를 비교해볼 수 있겠지요. 이렇듯

29) 기호학의 창시자 중 한 명인 소쉬르를 보통 구조주의의 시조 중 한 사람으로 여긴다. 그래서 기호학과 구조주의를 같은 학문으로 오해하는 사람들도 있지만, 구조주의는 기호학뿐만 아니라 인류학, 사회학 등 다양한 분야에 학문적 방법론의 기초를 제공했다. 기호학이 구조주의 방법론에 바탕을 두고 있다고 해도 구조주의자들이 전부 기호학자인 것은 아니다.

30) '요소'나 '항'이라고 부르기도 한다.

바둑판 위의 돌들은 다른 돌과의 '관계' 속에서 자신의 기능과 역할, 의미를 지닌다.
체스는 16개의 말에 각각의 기능과 역할이 미리 정해져 있다.

어떤 기준을 설정하느냐에 따라 각 항들 사이의 동일성과 차이, 대립관계가 다르게 나타납니다. 예를 들어 남녀라는 기준을 설정하면, 부부인 아버지와 어머니 사이에 대립적인 차이(=다름)가 생깁니다. 아버지와 딸, 어머니와 아들 사이에도 차이가 생기지요. 반면, 아버지와 아들, 어머니와 딸은 하나의 동일성으로 묶입니다.

우리는 보통 하나의 구성 요소가 고정된 기능, 역할, 의미, 가치를 가지고 전체 속에 들어간다고 생각합니다. 서양장기인 체스(chess)를 생각해볼까요? 체스에서 16개의 말에는 기능과 역할이 미리 정해져 있습니다. 체스를 두는 내내 '킹'은 왕의 역할을 하고, '나이트'는 말[馬]의 역할을 합니다. 반면, 같은 종류의 놀이라 해도 바둑은 다릅니다. 바둑의 각 '돌'에는 정해진 역할이나 기능이 없어요. 흑이냐 백이냐에 따라 내 편과 상대편만 구분할 뿐이지요. 즉, 바둑판 위에서 하나의 돌은 다른 돌과의 '관계' 속에서 자신의 기능과 역할, 의미를 지닙니다. 하나의 돌이 아무짝에도 쓸모없이 바둑이 끝날 때까지 구석에서 조용히 있을 수 있는가 하면 어떤 착점에 놓이는 순간 상대편의 바둑돌을 따먹는 역할을 할 수도 있지요. 전자가 실체론적 사고방식이라면, 후자는 관계론적 사고방식입니다. 구조주의는 관계론적인 사고방식에 속해요.

이런 내용이 시 읽기와 어떤 관련이 있냐고요? 지금부터 설명해드릴게요. 시를 이해하고 해석하려면 세 가지를 알아야 합니다.

첫 번째, 시에 사용되는 시어의 의미는 사전적인 의미와 다르다는 점입니다. 시는 직접적으로 뭔가를 말하지 않습니다. 한 단어가 시의 구조에 들어오면 그 단어의 일상적인 의미가 바뀌거든요. 이때 그 단어는 우리가 사전에서 확인할 수 있는 그런 의미가 아니라 전혀 새로운 의미를 지니게 됩니다. 이성부 시인이 쓴 “기다림마저 잃었을 때도 봄은 온다”라는 구절을 볼까요? 사전에는 ‘사계절 중 하나’라고 기재된 ‘봄’이라는 단어가 그의 시에서는 ‘희망’, ‘새로운 시대’ 혹은 ‘민주주의’라는 뜻으로 변합니다. 하나의 구성 요소가 구조 속에서 각각의 역할을 가지는 것처럼, 한 단어는 구조와 체계 속에서 다른 단어들과 맺는 관계에 따라 다른 의미를 품게 됩니다. 즉, 같은 단어라 할지라도 시에 쓰이면서 사전적 의미가 아닌 다른 의미를 지닐 수 있다는 뜻이에요. 가수 김현철의 노래 ‘달의 몰락’ 가사를 일부 읽어보세요.

> 나를 처음 만났을 때도 그녀는 나에게 말했지/탐스럽고 이쁜 저 이쁜 달//(…) 그녀가 좋아하는 저 달이/그녀가 사랑하는 저 달이 지네/달이 몰락하고 있네//나를 무참히 차버릴 때도 그녀는 나에게 말했지/탐스럽고 이쁜 저 이쁜 달(…)

여기서 달은 하늘에 뜬 달이 아니라 다른 것을 의미합니다. 김현철 씨가 방송에 나와서 이 노래를 자신의 이별을 배경으로 만들었다는 사연을 털어놓은 것을 보면, 아마도 좋아하던 여인이 아니었을까 싶어요. 노래 가사를 자세히 살펴보면, 제목 ‘달의 몰락’이 뜻하는 것은 물리적으로

'달이 지는 것'이 아니라 연인이 나를 떠나가는 것, 사랑이 끝난 것을 의미함을 알 수 있습니다.

두 번째로 알아둘 것은 은유, 환유, 직유, 알레고리 등 비유법입니다. 시는 소설, 희곡, 수필 등 다른 문학 장르보다 비유법을 많이 사용해요. 비유법에 대해서는 지난 강의에서 충분히 설명했습니다. 자, 여기까지 잘 따라오고 있지요? 정리하자면, 시에서는 단어들이 일상에서와 다른 의미로 사용됩니다(물론, 시 속의 모든 요소가 그런 것은 아니고요).

세 번째로 알아두어야 할 점은 모든 예술 텍스트는 자기만의 구조와 체계를 가지고 있다는 사실입니다. 시, 소설, 희곡, 영화, 전래동화, 광고, 회화, 연극, 뮤직비디오, 음악, 패션, 발레 등 모든 장르는 각각 자기 나름의 일정한 구조를 지니고 있으며, 또 그 구조를 구성하는 단위/요소들을 가집니다. 가령 희곡은 막과 장, 무대 지시문, 대사 등의 단위와 요소로 구조를 이룹니다. 또한 시라는 예술 텍스트는 음운, 음절, 단어, 구, 문장, 연, 전체 시 단위로 구성(구조화)되어 있어요. 한편 각 장르의 하위 장르들도 다른 구조들을 지니는데요. 예를 들어 영화의 하위 장르인 범죄 영화, 멜로 영화는 서로 다른 구조를 지닙니다. 하나의 장르를 제대로 이해하고 해석하려면 그 장르의 구조와 문법을 알아야만 해요.

왜 이렇게 복잡하게 나누는 걸까요? 그냥 딱 읽어보면 그 작품의 의미를 알 수 있을 것 같은데 말입니다. 저 역시 예전에는 그렇게 생각하면서 시나 소설을 읽었어요. 그렇지만 기호학을 알고 나서 텍스트를 읽으니 더 정확하게 의미를 찾아낼 수 있더라고요. 앞에서 저는 "기호학은 의미에 관한 학문이다"라고 이야기했습니다. 다시 말해, 기호학은 텍스트에서 의미가 어떻게 생겨나는지, 구조 속에서 각 항들의 의미가 어떻게 발생하는지 탐구하는 학문이지요. 그러므로 어떤 텍스트가 담고 있는 의미를 제대로 이해하려면 반드시 구조를 파악해야 합니다. '구조'란 여러 단위가 위계적, 조직적으로 이루어진 총체를 뜻해요. 말이 어렵죠? 하지만 복잡하게 생각할 필요 없어요. 위에서 말했듯이 시라는 텍스트는 음운, 음절, 단어, 구, 문장, 연, 전체 시 단위로 구성(구조화)되어 있습니다.

류시화 시인의 '그대가 곁에 있어도 나는 그대가 그립다'라는 시에는 "물속에는/물만이 있는 것이 아니다"라는 구절이 나오는데요. 일반적으로 의미는 단어 단위에서 발생한다고 생각하지만, 실은 단어 아래 차원인 음운, 음절 단위도 의미를 만들어낼 수 있어요. "물속에는/물만이 있는 것이 아니다"라는 구절에서 중요한 부분은 '만'이라는 음절이에요. 이를 좀 더 분명히 알아보기 위해 이 구절을 "물속에는/물이 있는 것이 아니다"로 바꾸어보면 의미와 분위기가 확 달라지는 걸 알 수 있어요. '만'이라는 음절이 들어간 원래 문장은 "물속에 다른 것도 있을 수 있다"라는 암시를 만들어내는 동시에 강조하는 느낌을 불러일으킵니다. 또 연이어 나오는 "하늘에는/그 하늘만 있는 것이 아니다"라는 구절에서는 시인이 지시형용사 '그'를 '하늘' 앞에 붙임으로써 강조하는 느낌을 불러일으키지요.

다음으로 알아둘 것은 '이항대립(binary opposition)' 개념입니다. 인간이 세상을 기호로 분절하는 기본적인 방식은 이분법이고, 세계를 인식하는 기본적인 틀은 이항대립이라고 할 수 있는데요. 어렵지요? 우선 이항대립이 뭔지 설명할게요. 이분법은 여러분도 잘 알듯이 음과 양, 동과 서,

남과 여, 오른쪽과 왼쪽, 안과 밖, 위와 아래 등 두 가지 범주로 나누어서 세상을 보는 방식입니다. 이항대립은 이분법과 비슷한 의미로 '두 가지 항이 서로 대립하는 것'을 말해요. 가령 남자 대 여자와 같이 말이에요.

그런데 중요한 것은 이항대립에서 두 개 항의 가치가 고정적이거나 미리 정해져 있지 않다는 거예요. 예를 들어, O와 X라는 이항대립이 있다고 쳐요. 우리는 보통 O는 '맞다', X는 '틀리다'라고 인식합니다. 하지만 상황에 따라서는 반대로 'O=틀리다', 'X=맞다'라는 규칙이 만들어질 수도 있어요. 다시 말해 어떤 구조와 체계 내에서, 한 기호에 부여되는 값(=가치)은 매우 임의적이고 관례적입니다. 즉, 우리는 어떤 약속으로 그 기호에 특정한 가치를 부여하는 것이지 원래부터 그 기호의 가치가 미리 정해져 있던 것은 아니라는 뜻입니다. 가령 '남자 대 여자'라는 이항대립은 지금도 존재하고 있습니다. 하지만, '남자'와 '여자' 각각의 항에 부여되는 가치는 사회나 역사, 조직마다 달라요. 조선시대에는 남자=높음, 여자=낮음이라는 가치가 매겨져 있었어요. 그래서 "남자는 하늘이고, 여자는 땅이다"라는 남존여비 사상이 사람들의 일상을 지배했는데요. 우리는 보통 이런 사회를 남성우월주의 사회, 가부장제적 사회라고 부릅니다. 그렇지만 지금은 시대가 바뀌어서 예전보다 여자의 권리가 많이 향상되었습니다. 물론 일부 가부장적인 사람의 의식은 아직도 변하지 않았지만, 지금은 '남자=높음, 여자=낮음'이라는 기호적인 가치 매김을 이전보다 사회적으로 잘 받아들이지 않습니다.

지금까지 설명한 것을 정리할게요. 이항대립의 가치, 즉 값은 그 이항대립이 자리 잡은 구조나 체계에 따라 다릅니다. 이항대립에서 각 항에

내재한 가치, 의미, 역할, 기능 등은 구조나 체계에 따라 달라진다는 뜻이에요. '학교 대 집'이라는 이항대립이 존재한다고 가정해볼게요. 사람마다 두 항이 지니는 의미를 다르게 받아들이겠지요. 어떤 사람은 학교를 긍정적으로, 집을 부정적으로 생각할 수 있는 반면, 또 다른 사람은 학교를 부정적으로, 집을 긍정적으로 생각할 수 있겠지요. 이제, 오늘 배운 몇 가지 개념을 바탕으로 다음 시를 분석해봅시다. 나눠드린 종이를 보세요.

하늘

우리 세 식구의 밥줄을 쥐고 있는 사장님은
나의 하늘이다

프레스에 찍힌 손을 부여안고 병원으로 갔을 때
손을 붙일 수도 병신을 만들 수도 있는 의사 선생님은
나의 하늘이다

두 달째 임금이 막히고
노조를 결성하다 경찰서에 끌려가
세상에 죄 한번 짓지 않은 우리를
감옥소에 집어넌다는 경찰관님은
항시 두려운 하늘이다

죄인을 만들 수도 살릴 수도 있는 판검사님은
무서운 하늘이다

관청에 앉아서 흥하게도 망하게도 할 수 있는
관리들은
겁나는 하늘이다

높은 사람, 힘 있는 사람, 돈 많은 사람은
모두 하늘처럼 뵌다
아니, 우리의 생을 관장하는
검은 하늘이시다

나는 어디에서
누구에게 하늘이 되나
대대로 바닥으로만 살아온 힘없는 내가
그 사람에게만은
이제 막 아장걸음마 시작하는
미치게 예쁜 우리 아가에게만은
흔들리는 작은 하늘이겠지

아 우리도 하늘이 되고 싶다
짓누르는 먹구름 하늘이 아닌

서로를 받쳐 주는
우리 모두 서로가 서로에게 푸른 하늘이 되는
그런 세상이고 싶다

박노해, 「하늘」, 『노동의 새벽』(느린걸음,2014) 중에서

이것은 박노해 시인의 유명한 시집 『노동의 새벽』 맨 처음에 실린 시입니다. 이 시에서 하늘은 사전적인 의미로 사용되고 있지 않아요. 대신 어떤 높은 존재를 가리키지요. 게다가 이 시에서 하늘은 일반적인 이미지와 달리 부정적인 시어로 사용되고 있습니다. 이는 "높은 사람, 힘 있는 사람, 돈 많은 사람은/모두 하늘처럼 뵌다/아니, 우리의 생을 관장하는/검은 하늘"이라는 구절을 통해 알 수 있어요. 시인은 시의 전반부에서 '항시 두려운 하늘', '무서운 하늘', '겁나는 하늘' 같은 구절에서 명사 '하늘'을 공포와 두려움의 형용사들로 수식하고 있습니다. 이런 하늘과 동등한 가치를 지닌 것은 '사장님', '의사 선생님', '경찰관님', '관리들'이에요. 이런 관계를 '등가(等價)'관계라고 합니다. 동등한 가치를 지닌 관계라는 뜻이지요. 그렇다면 시에서 이 사람들은 누구와 대립관계에 있을까요? 예, 나와 내 가족들입니다. 도식화시키면 이런 이항대립이 성립해요.

나 + 그 사람(=아내) + 우리 아가

vs.

하늘 = 사장님 = 의사 선생님 = 경찰관님 = 관리들

앞의 항에는 '약자', 뒤의 항에는 '강자'의 의미가 부여되어 있습니다. 전자에게 후자는 운명을 좌지우지하는 '하늘' 같은 존재예요. '죄인을 만들 수도 살릴 수도 있는' 존재이자 '흥하게도 망하게도 할 수 있는' 존재지요. 사실 현실에서는 의사든 경찰이든 판사든 상황에 따라 악한 존재가 되기도 선한 존재가 되기도 합니다. 그렇다면 이 시에서는 이들에게 어떻게 의미 부여를 하고 있나요? 경찰은 두려운 존재로, 의사는 나의 신체를 마음대로 하는 존재로 그리고 있네요. 어쨌거나 긍정적인 의미로 그리지는 않아요. 이렇듯 시에서는 구조 내의 관계를 통해 단어에 새로운 의미를 부여합니다. 여러 가지의 의미와 뉘앙스를 지닐 수 있는 하늘이, 이 시에서는 사장님, 의사 선생님, 경찰관님, 관리들과 동일한 의미망에 놓이면서 부정적인 의미를 지니게 된 것처럼요.

그런데 시의 후반부에 가면 '하늘'의 의미가 달라집니다. 부정적인 의미가 아니라 긍정적인 의미의 하늘이 등장해요. 그러면서 마지막 연에 '먹구름 하늘 대 푸른 하늘'이라는 이항대립이 새롭게 설정됩니다. 나와 내 가족이 지향하는 하늘은 서로를 돕는 좋은 하늘입니다. 이 하늘은 기존의 하늘에 저항하고 대립하는 새로운 의미를 지녀요.

여기까지 해석했을 때, 시의 제목인 '하늘'은 어떤 의미인 걸까요? 답은 정해져 있지 않습니다. 시에서 다양한 의미로 나타난 하늘을 굳이 하나의 의미로 고정해서 해석할 필요는 없으니까요. '하늘'의 의미는 시가 진행되면서 조금씩 달라집니다. 마지막 2연을 통해 의미의 변화가 점진적으로 일어나잖아요? "나는 어디에서/누구에게 하늘이 되나/대대로 바닥으로만 살아온 힘없는 내가/그 사람에게만은/이제 막 아장걸음마 시작하는/미치게 예쁜 우리 아가에게만은/흔들리는 작은 하늘이것지"라는 구절을 보면 '하늘'의 의미가 앞의 구절들에서 나오는 '하늘'들과 조금 달라진 것을 알 수 있어요. '흔들리는 작은'이라는 수식구가 의미를 고정해주기는 하지만, 아직은 긍정적인 의미가 확실하게 드러나지 않아요. 그러다가 마지막 연에 이르면, '긍정적이고 희망적인 의미의 하늘'이 뚜렷이 드러납니다.

이렇듯 이 시의 제목 '하늘'의 의미는 단순하지 않아요. 그러면 긍정적인 의미의 하늘은 현재에 존재하는 걸까요, 미래에 존재하는 걸까요? 예, 미래입니다. 시의 마지막 연을 통해 그런 정보를 얻을 수 있지요. "아 우리도 하늘이 되고 싶다/짓누르는 먹구름 하늘이 아닌/서로를 받쳐 주는/우리 모두 서로가 서로에게 푸른 하늘이 되는/그런 세상이고 싶다." 이러한 구절을 통해 시인이 긍정적인 새로운 하늘을 갈망한다는 것을 알 수 있는데요. 부정적인 의미의 하늘이 현재의 시간에 존재한다면, 긍정적인 의미의 하늘은 미래에 존재하게 될 거예요. 따라서 다음과 같은 도식이 가능합니다.

부정적인 의미의 하늘, 현재의 시간

VS.

긍정적인 의미의 하늘, 미래의 시간

이렇듯 시의 의미는 시의 구조 속에서 맺고 있는 관계 속에서 드러납니다. 각각의 요소들은 때로는 대립적인 관계를, 때로는 유사한 관계를 이루면서 시의 의미를 만들어나가요. 즉, 단어들이 처음부터 명확한 의미를 지닌 채 구조 속에 삽입되는 것이 아니라는 뜻입니다. 그러므로 시를 읽을 때엔 구성 요소들 사이의 관계를 찾아내야만 정확한 의미를 알 수 있겠지요. 시인은 자신만의 가치관이나 세계관을 가지고 단어나 문장을 배열하여 시라는 구조물을 만듭니다. 어떤 작가가 "아이는 어른의 스승"이라고 썼을 때, 그 문장 속에는 작가의 시각이 담겨 있습니다. 어른보다 아이를 긍정적으로 보는 가치관이나 관점이지요. 이렇듯 시인이 시에서 사용하는 단어나 문장의 의미를 통해 우리는 그의 가치관을 엿볼 수 있는 겁니다. 가령 우리가 함께 읽은 시 '하늘'을 통해 시인이 당시의 사장님, 경찰관, 의사, 판검사, 관리들을 부정적이고 비판적으로 보았음을 읽어낼 수 있었던 것처럼요.

그런데 이러한 지적도 해볼 수 있어요. 지금까지의 설명은 "시는 객관적인 의미를 지닌 구조다"라는 전제를 깔고 있습니다. 하지만 사람마다 시를 다르게 읽을 수도 있잖아요? 여태껏 설명했던 대로라면 시의 의미는 시의 구조 속에서 각 요소들이 맺고 있는 관계 때문에 생겨나지만, 다른 한편으로 시의 의미는 외부에 있는 여러 존재와 커뮤니케이션하면서 발생하기도 합니다. 이 외부의 존재들은 시를 읽는 독자일 수도 있고, 다양한 시공간 속의 문화나 사회일 수도 있어요. 시 '하늘'이 수록된 박노해 시인의 『노동의 새벽』이 1980년대 중반에 출판되었을 때, 이 시의 독자들은 큰 충격과 감동을 받았습니다. 그 당시까지 노동자의 현실을 이렇게까지 구체적으로 시로서 표현한 예는 없었거든요. 이 시집 이후에 노동자의 현실과 노동 문제를 다룬 노동시가 시의 한 갈래로 자리를 잡았고, 많은 노동시가 쏟아졌습니다. 그런데 요즘 독자들은 이 같은 노동시에 특별한 감동이나 느낌을 받지 않는 듯합니다. 많이 접해본 탓에 이미 그 형식이나 내용에 식상해진 것이지요. 노동자의 현실을 경험해보지 못한 사람이라면 이 시를 읽어도 딱히 느낌이 오지 않을 테고, 시인이 전달하고자 하는 의미도 구체적으로 이해하지 못할 겁니다. 반면, 구조조정의 위험에 시달리거나 산업재해의 경험을 겪어본 사람, 혹은 해고의 위협에 놓인 노동자 특히 한 가정을 책임지는 가장에게는 이 시가 절절하게 다가올 거예요. 그렇다면 우리나라보다 노동자의 권익이 많이 보장된 선진국 노동자들이 이 시를 읽으면 어떤 느낌을 가질까요? 아마 여러분이 조선시대의 시조를 읽을 때 경험하는 느낌을 갖겠네요. 이렇듯 시의 의미는 시의 구조 외부에서 독자와의 커뮤니케이션을 통해 만들어지기도 합니다.

한편, 독자의 해석을 통해 지금까지 시에 보이지 않았던 의미들이 드러나는 경우도 많아요. 대표적인 사례가 한용운의 '님의 침묵'입니다. 중고등학교에서 배우는 우리나라의 유명한 시 중 하나인데요. 이 시의 구조 내부에 존재하는 관계들만 분석해서 읽어보면, 이 시의 '님'이 지니는 의미는 사랑하는 연인이 분명해 보여요. 하지만 시 텍스트 외부에서 이 시와 커뮤니케이션을 시도해보면, '님'의 의미가 다양하게 드러난다는 것을 알 수 있지요. '님'은 불교에서 말하는 부처일 수도 있고, 빼앗긴 조국일 수도 있습니다. 이 시를 쓸 당시에 한용운은 불교 승려였고, 식민지

조국을 지배하던 일제에 저항하던 항일 운동가였으니까요. 독자의 경험에 따라서도 시의 의미는 달라질 것입니다. 팔에 부상을 입고 어쩔 수 없이 야구를 그만두게 된 투수에게 이 시의 '님'은 야구일 테고, 부모님 때문에 컴퓨터 게임을 하지 못하게 된 고등학생에게 '님'은 컴퓨터 게임이겠지요? 그런 만큼 이 시도 지난 강의에서 보았던 윤상의 노래 '달리기' 가사처럼 외부와의 커뮤니케이션을 통해 다양한 의미를 자아낼 수 있습니다. 잠재적인 의미를 많이 감추고 있는 구조지요.

자, 여러분! 이제 시 읽는 방법을 조금이나마 이해할 수 있겠죠? 그런 의미에서 오늘 여기까지만 하자고요? 예, 좋아요. 마지막 하나만 더 이야기하고 마무리하겠습니다. 제가 좋아하는 시인 중 한 사람인 이성복은 '그해 가을'이라는 시 마지막 부분에서 '아버지 씹새끼'라는 표현을 써요. 당시에는 굉장히 충격적인 시어였죠. 만약 시의 구조 밖, 현실에서 이 구절을 내뱉으면 어떨까요? 그 사람은 불효자로 손가락질을 받게 될 것입니다. 그러나 시인 이성복이 기획했던 시의 전체적인 구조상에서 이 구절에는 다른 의미가 깃들어 있어요. 시인은 아버지로 상징되는 당시의 억압적인 상황에 대한 저항의식을 '아버지 씹새끼'로 표현한 겁니다. 보통 우리는 고상하고 아름다운 표현만이 시어가 될 수 있다고 생각하지만, 시의 표현 방식에 따라 이런 비속어를 사용할 수도 있답니다. 이성복 시인이 이 시를 발표했을 때는 폭력적인 군사독재정부가 우리나라를 지배하던 시기였어요. 가부장제가 지금보다도 사회 전반을 지배하고 있던 시기였지요. 당시 이 시를 읽던 독자들은 이 구절을 읽으면서 다양한 해석을 떠올렸을 것입니다. 그중 누군가는 기존의 고리타분한 문학 전통과 관습에 대한 저항으로 받아들여 공감했을 테고요.

여러분, 이처럼 시 읽기를 '여러 가지 다양한 의미를 찾는 놀이'라고 생각하면 어떨까요? 시에 정해진 고정된 의미는 없어요. 물론 우리가 무조건 마음대로 해석할 수 있다는 소리는 아닙니다. 시가 지닌 일정한 구조는 우리가 시에 의미를 부여할 때 한계로서 기능하니까요. 그렇지만 동시에 그 한계 내에서 자유롭게 해석할 가능성을 우리에게 열어주지요. 이 시간을 통해 여러분을 괴롭히던 '시'가 조금이나마 만만해졌길 바라면서, 오늘 강의를 마칩니다.

오늘의 키워드	구조, 관계, 다양한 해석 가능

10강

소문(所聞)의 탄생

여러분도 한 번쯤 예상치 못한 소문에 시달려본 경험이 있을 거예요. 다른 사람들이 고의로 흘린 말 때문에 피해를 볼 수도 있고, '고의'까지 아니더라도 본인은 괜찮다고 생각했던 말이 다른 사람에게 피해를 주었던 경우도 있을 겁니다. 그렇다고 해서 아예 말을 하지 않고 살 수는 없겠지요? 생각해보세요. 대화가 없으면 우리 삶이 얼마나 삭막해지겠어요? 말은 단순한 정보 전달에만 필요한 게 아닙니다. 친구들과 수다를 떨면서 정서도 공유하고, 스트레스를 풀기도 하니까요. 이렇듯 말은 긍정과 부정이라는 양면성을 지닙니다. 즐거움을 주기도 하지만 오해나 편견을 불러일으키기도 하죠. 우리가 살아가면서 대화를 통해 커뮤니케이션을 하는 이상 우리는 결코 말이 가지는 이러한 양가성의 덫을 빠져나올 수 없어요.

'양가성(兩價性)'은 두 가지 가치를 지닌다는 뜻입니다. 말의 양가성이란 말이 긍정적이고 부정적인 두 가지 가치를 동시에 품을 수 있다는 소리고요. 저 같은 학자들은 쉬운 내용도 어려운 단어로 말하는 나쁜 버릇이 있으니 이해해주세요. 그러면 말이란 본디 양가성을 지니고 있으니 나쁜 소문이 퍼지더라도 그냥 두고 보기만 하라는 뜻이냐고요? 그럴 수는 없겠지요. 오늘 수업에서는 소문이 어떻게 해서 누군가에게 잘못된 이미지를 덧씌우는지, 그리고 이를 벗어나려면 어떤 해결책을 써야 하는지 기호학적인 관점에서 공부해볼 것입니다.

본격적인 강의로 들어가기 전에 질문을 하나 던져볼게요. 여러분, 나쁜 소문이 한 번 퍼지면 이를 해결하기가 쉽지 않은 건 어째서일까요? 그 이유를 이해하려면 언어의 본성에 대해 좀 더 탐색해야 합니다. 지난번에 커뮤니케이션 모델 배운 것 기억나지요? 그때도 설명했지만, 송신자(메시지를 보내는 이)가 기호를 통해 수신자(메시지를 받는 이)에게 정보를 보낼 때, 내용이 100% 그대로 전달되지 않아요. 기호 전달 과정에서 '채널'과 '코드' 등이 존재하고, 송신자와 수신자의 이해도가 서로 다르기에 의사소통 과정에서 반드시 정보의 불일치와 오해가 생겨나게 마련입니다. 우리가 상대에게 하는 말이, 전달하고 싶은 내용 그대로 전해지지 않는 것처럼 말이에요. 상대는 자기 나름의 이해 방식대로 우리의 말을 받아들이니까요.

오락 프로그램을 보면 옆 사람에게 말을 전달하는 놀이가 자주 나오는데요. 거기에서도 최초의 메시지가 몇 사람을 거치다 보면 완전히 왜곡되는 것을 볼 수 있어요. 우리가 보내려는 메시지는 전달 과정에서 왜곡될 위험에 항상 노출됩니다. 그것이 바로 우리가 커뮤니케이션을 하면서 늘 부딪치게 되는 어려움이에요. 이때 오해를 가져오는 중요한 요인 중 하나가 우리 뇌 속에 존재하는 '틀', 즉 '프레임(frame)'입니다. 오늘 수업의 핵심 키워드가 드디어 나왔네요. 영어 '프레임'은 우리말로 '틀', '액자', '테두리'로 번역할 수 있는데요. 인지과학과 인지언어학에서 말하는 프레임은 "사람들이 어떤 이미지나 의제를 인식하고 파악할 때 일정한 사건과 사실(진실) 사이를 결정하는 직관적인 틀을 의미"합니다. 간단히 말해 우리 뇌에 존재하는 사고방식의 틀이지요.

말이 어렵나요? 이해하기 쉬운 예를 들어볼게요. 여러분은 '병원'이라는 단어를 들으면 어떤 것들이 떠오르나요? 의사, 간호사, 하얀 옷, 병실, 링거, 주사 등을 먼저 떠올리는 분이 있을 겁니다. 주삿바늘의 고통과 가루약의 쓴맛을 떠올리는 친구도 있을 거고요. 그런 분에게 '병원'은 일단 '가서는 안 되는 곳'입니다. 반대로 병원을 좋게 생각하는 사람도 있을 거예요. 병원에 갔을 때 간호사와 의사에게 친절한 대접을 받았다거나 장래 희망이 의사나 간호사인 사람은 그럴 수 있겠지요. 이런 모습들이 바로 '병원'을 둘러싸고 사람들 각자가 가지고 있는 '프레임', 즉 대상을 바라보는 틀입니다. 이처럼 하나의 대상을 둘러싼 프레임은 각각 다릅니다. 병원과 관련되었다고 해도 그 사람이 의사인지 간호사인지, 환자로 드나드는지, 의무과 직원인지에 따라 병원에 대한 프레임은 각자 다를 수 있어요. 우리는 모두 각자의 경험을 통해 어떤 대상에 대한 나름대로의 프레임을 형성하니까요.

몇 년 전에 극우 성향 단체의 회원들이 군복을 입고 절의 종무원과 경내에 들어가 욕설을 한 사건이 있습니다. 그런데 이들의 욕설이 제법 흥미로워요. 이들은 '빨갱이'라는 욕을 퍼부었다고 합니다. 이는 공산주의자를 비하하는 욕설인데요. 정부의 정책에 반대하는 사람들에게 보수 단

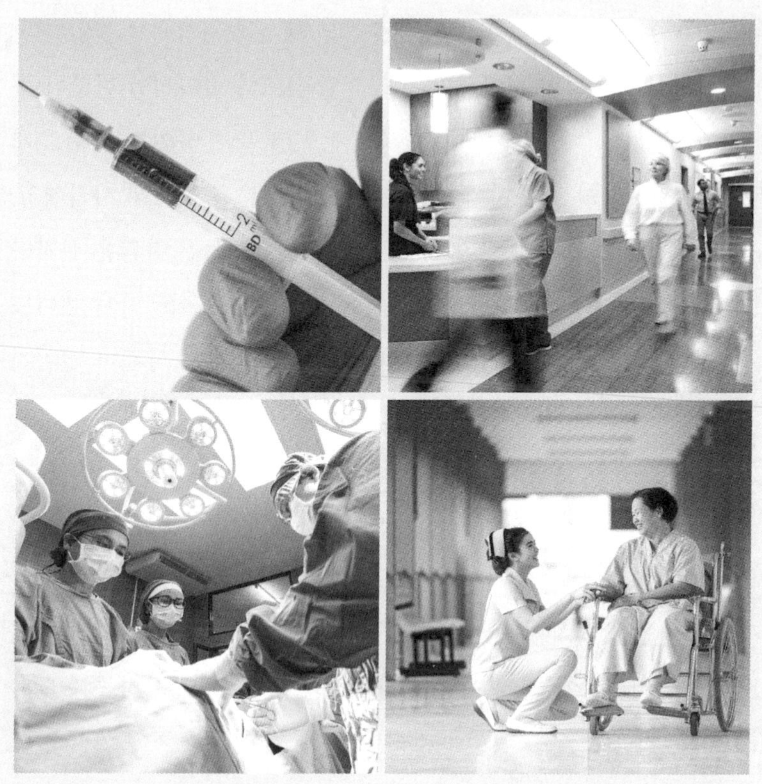

'병원'이라는 말을 듣는 순간 떠올리는 다양한 이미지들

체들은 왜 굳이 “빨갱이 같은 X들”이라는 욕을 사용할까요? 이는 방금 말한 프레임과 관련이 있습니다. 보수 단체의 관계자들은 프레임 효과를 잘 알고 있어요. 그래서 누군가 정부의 정책에 비판적인 의견을 제시하면 그를 “빨갱이”라고 부름으로써 “정부 비판자=빨갱이”, “빨갱이=종북주의자”라는 프레임을 만들어 한국 보수층의 정서를 자극하는 것입니다. 이런 프레임이 작동하기 시작하면, 논리적인 사고나 합리적인 판단이 들어설 자리가 없습니다. 정부의 종교 정책에 어떤 문제가 있는지, 불교계가 무엇 때문에 화가 났는지에 대한 기본적인 질문은 어느새 사라지고, 추측과 억지만이 난무하게 되지요. 한국의 극우 세력들은 수많은 선거나 사건에서 이 같은 ‘빨갱이 프레임’ 효과를 정치적으로 이용하여 재미를 톡톡히 봐왔습니다. 선거 때에 북한이 남한을 도발하는 사건이 벌어지면, 항상 보수 후보에 유리하게 되어 있는데요. 6·25전쟁을 체험하고, 독재정권 시절에 레드 콤플렉스[31]에 시달려온 나이 많은 세대들은 머릿속에 ‘북한 도발=빨갱이가 한 일’, ‘빨갱이=진보세력=정부 비판 세력’으로 이어지는 희한한 프레임을 가지고 있으니까요. 이런 분들은 답을 정해놓고 거꾸로 원인을 찾아냅니다. 즉, ‘정부에 대한 비판적 시각=빨갱이’라는 프레임이 머릿속에 자리 잡은 상태에서 본인이 필요로 하는 원인을 갖다 붙이는 거예요.

31) 공산주의를 지나치게 경멸하거나 두려워한 나머지 진보주의 자체를 혐오하는 극단적인 반공주의를 뜻한다. 이러한 왜곡된 공포심은 독재를 수용하거나 인권에 대한 탄압을 방관하도록 하는 기반이 되기도 한다.

이런 분들의 편견을 깨려면 어떻게 해야 할까요? 논리적이고 합리적인 설명이나 지속적인 교육을 하면 이분들의 생각이 바뀔까요? 유감스럽게도 그렇지 않습니다. 프레임 이론이 나오기 전까지, 많은 사람들은 납득할 수 있는 설명을 통해 다른 사람들의 편견, 즉 프레임을 변화시킬 수 있다고 보았어요. 그런데 프레임 이론에 따르면 한 번 뇌 속에 형성된 프레임은 연상 고리를 따라 움직이기 때문에 상대방이 합리적인 반론을 제시하더라도 더욱 강화될 뿐이라고 합니다.

미국에서 있었던 재미있는 사례를 이야기해볼게요. 1970년대에 미국의 맥도널드 햄버거는 "쇠고기가 아니라 벌레를 으깨어 패티(patty)를 만든다"라는 이상한 소문에 시달렸어요. 경영진들은 처음에 대수롭지 않게 생각했지만, 괴담이 전국적으로 퍼져나가자 매출에 타격을 입게 되었습니다. 이에 맥도널드 사는 식재료 준비에 사용되는 소고기의 가공 과정을 TV 광고로 보여주었습니다. 그런데도 상황은 점점 나빠졌어요. 마침내 그들은 논리적인 설득 방법을 사용하기로 마음먹고 맥도널드 사처럼 햄버거를 대량으로 생산하는 회사가 벌레를 재료로 쓰려면 그냥 포획해서 되는 게 아니라 공장 내에서 길러야 하는데, 계산해보면 벌레 사육비가 소 사육비보다 훨씬 비싸다는 것을 광고로 설명했지요. 하지만 이 방법도 효과가 없었습니다. 더욱 놀라운 것은 맥도널드에 가지 않는 사람의 99%가 그 소문에 대해 믿지 않지만 꺼림칙한 느낌을 떨쳐버릴 수 없다고 답했다는 사실이에요. 이런 비합리적인 현상이 일어나는 것은 우리의 뇌가 '동시에 알게 된 것들'을 무조건 연결하려는 경향이 있기 때문입니다. 맥도널드라는 말을 듣는 순간, 맥도널드와 벌레라는 이미지가 연결되어버리는 것이죠. 특정 연예인에 대해 안 좋은 소문이 돌고 나면, 그 소문이 거짓으로 밝혀지고 난 뒤에도 그에 대한 시선이 예전과 같지 않은 것도 이런 프레임 현상 때문입니다.

그러므로 선입견을 품고 있는 사람에게는 어떤 논리적이고 합리적인 설명을 해도 소용없어요. 그들에게 "그건 진실이 아니다"라고 설명하면 할수록 그들의 뇌 속의 프레임은 더 강화될 따름입니다. 메탈리카의 노래 제목처럼, 이것은 '슬프지만 진실이야(sad but true)'라고나 할까요? 미국의 인지언어학자인 조지 레이코프[32]는 인지언어학과 인지과학에서 사용되는 프레임 개념을 현실 정치 영역에 활용했습니다. 조지 레이코프는 미국의 진보주의자들이 보수주의자들에게 프레임 전쟁에서 밀리면서 선거에서 지고 있다는 흥미로운 분석을 했는데요. 우리나라에 소개된 『프레임 전쟁』[33]은 그런 내용을 담고 있습니다. 레이코프에 따르면, 예전에 미국 민주당이 미국 공화당에게 선거에서 패한 이유가 공화당이 만든 프레임을 벗어나기 못했기 때문이라고 해요. 같은 논지에서 레이코프는 『코끼리는 생각하지 마!』[34]라는 책을 썼습니다. 여기서 코끼리는 미국 공화당의 상징인데요. 그의 이론에 따르면 일단 주도권을 획득한 프레임은

32) 미국의 인지언어학자이자 인지언어학의 창시자이다. 1941년 태어났으며, 현재 캘리포니아대학교 버클리캠퍼스의 교수로 재직하고 있다. 저서로 『프레임 전쟁』, 『코끼리는 생각하지 마』, 『자유 전쟁』, 『삶으로서의 은유』 등이 있다.

33) 나익주 역, 창비, 2007.

34) 유나영 역, 와이즈베리, 2015.

각종 미디어와 소문 등을 통해 확대 재생되며, 그러한 프레임을 반박하려는 모든 노력은 오히려 기존의 프레임을 강화하는 데 기여합니다. 사람들에게 "코끼리를 생각하지 마"라고 요구할 때, 사람들이 오히려 '코끼리'라는 이미지를 먼저 떠올리면서 '코끼리' 프레임이 강화된다는 것입니다. 다시 말해 공화당을 비판하면 우선 공화당이 내걸었던 공약을 떠올리게 되고, 그것만으로 그들이 설계한 프레임에 갇히게 되며, 결국 그들이 주장하는 사상을 홍보하는 꼴이 된다는 것이지요.

예를 들어 미국의 보수 정권들은 보통 '부자 감세'를 추진합니다. 하지만 그들은 교묘하게 '부자 감세'라는 용어를 '세금 구제'로 슬그머니 바꾸어놓아요. '부자 감세'라는 단어가 당연히 내야 할 세금을 내지 않는 느낌을 준다면, '세금 구제'는 불합리하게 많이 내는 세금을 정당하게 감면해준다는 느낌을 줍니다. 또 다른 예로 '낙태'를 들 수 있습니다. 보통 미국의 진보주의자는 낙태 찬성을, 미국의 보수주의자는 낙태 반대를 외쳐요. 미국에서는 전자를 '프로초이스(선택 찬성)'로, 후자를 '프로라이프(생명 찬성)'로 부릅니다. 여러분은 어느 쪽을 선택하겠습니까? 아마 생명 옹호적인 후자의 기호에 더 끌릴 것입니다. 이미 가산점을 따고 들어가는 것이죠. 더 자세히 알고 싶은 분은 조지 레이코프의 저서가 국내에 많이 번역되어 있으니 한번 찾아서 읽어보세요. 적극 추천합니다.

이 프레임 이론은 미국의 정치뿐만 아니라 한국의 정치에도 적용됩니다. 저나 요즘 젊은 세대는 6·25 전쟁이나 독재 정권 당시의 레드 콤플렉스를 겪지 않았기 때문에 북풍이 불어도 표심에 비교적 영향을 덜 받는 편입니다. 나이 든 사람들과 젊은 세대들은 북한이나 남북문제를 바라보는 프레임이 서로 다른 것이지요. 그리고 당시를 살아가던 분들이 국가나 학교가 제공하는 한정된 정보를 통해 사물이나 사태를 단면적으로 파악한 것과 반대로, 요즘 세대는 다양한 매체가 제공하는 정보를 통해 사물이나 사건을 입체적으로 받아들이고 해석합니다. 이전 시대의 분들은 다양한 프레임을 접할 기회가 없어 하나의 프레임을 통해 세상을 봤다면, 요즘 젊은이들은 다양한 프레임을 만날 기회가 많아진 거예요. 이제 프레임은 정치학뿐만 아니라 커뮤니케이션, 광고, 마케팅에서 중요한 개념적 도구로 자리 잡았습니다.

이제 왜 오늘 프레임 이야기를 하는지 알 것 같지요? 앞에서 말했듯이 이렇듯 한 번 프레임이 형성되고 나면 그 고정관념을 바꾸기란 쉽지 않습니다. 누군가에 대한 나쁜 소문이 퍼졌을 때 처음에 해결이 쉽지 않다고 말한 것도 그 때문이지요. 그렇다면 시간이 흘러서 소문이 없어지기를 기다리는 수밖에 없느냐고요? 그건 너무 가혹하지요. 일단은 안 좋은 소문을 퍼트리는 원천을 찾아내어 정리할 필요가 있습니다. 그렇지만 위에서 맥도널드 사의 햄버거 벌레 사건처럼, 그 사건에 대한 설명이나 자신에 대한 변명이나 해명을 자꾸 하는 것은 생각보다 효과가 별로 없어요. 그러면 오히려, 자신에 대한 소문을 사람들의 머릿속에 다시 불러일으키게 될 뿐이니까요. 한 프레임을 제거하거나 억누르기 위해서는 다른 프레임을 만들어야 합니다. 그러기 위해선 말로만 해결하려 들지 말고 실제 행동이 필요해요. 가령 누군가가 새로운 특기를 만들거나 공부나 운동을 잘하면 사람들이 그 사람을 새롭게 보게 되고, 뇌 속에 새로운 프레임을 구축하겠지요. 사회적 물의를 일으키는 스캔들이 있었던 연예인들이 잠시 휴식시간을 가진 뒤 새로운 이미지를 가지고 컴백하는 것도 이런 원리입니다. 새로운 이미지를 가지고 열심히 활동하면, 사람들은 예전의 이미지 대신 새로운 이미지로 그 연예인을 바라보게 되니까요. 현재의 프레임이 과거의 프레임을 누르고 승리하는 것이죠. 인간은 기억과 망각을 동시에 가지고 있기에 이런 일이 가능합니다. 물론, 모든 사람의 편견을 다 제거할 수 있는 건 아니에요. 한 번 프레임으로 형성된 것은 뇌 속에 잠재되어 있으므로 언제든지 튀어나올 수 있습니다. 그렇더라도 과거나 주위의 시선에 얽매이지 말고, 당당하게 행동할 필요가 있어요. 그래야, 사람들의 편견을 이길 수 있을 겁니다.

마지막으로 잘못된 프레임을 깨는 아주 중요한 방법을 하나 알려드릴게요. 대상과 직접 마주치고 만나는 경험과 체험이 사람의 프레임을 바꿀 수 있습니다. "가령 동성애자는 문란할 것이다"라는 고정관념을 지닌 사람이 있다고 칩시다. 그런데 그 사람이 우연히 자신과 가까운 친구가 동성애자라는 걸 알게 되면 편견을 버릴 수도 있잖아요? 아니면 외국에 대한 막연한 편견을 품었던 사람이 직접 그 나라에서 잠시 살아보고 생각이 바뀔 수도 있고요. 이렇듯 소문은 어떤 대상에 대한 허상에 불과합니다. 그 허상을 이기기 위해서는 그 대상의 참모습을 보여주는 수밖에 없지요. 자, 오늘 강의는 여기서 마칩니다.

오늘의 키워드	양가성, 프레임, 뇌

11강

매체는 기호의 전달 수단이다

오늘은 기호학의 관점에서 대중매체를 설명해볼 거예요. 텔레비전이나 잡지, 책, 인터넷 등 여러 매체를 통해 정보가 어떻게 전달되고 해석되는지 공부해봅시다.

여러분, 혹시 '미디어 리터러시(media literacy)'라는 단어를 들어본 적 있나요? 이는 문자 그대로 직역하면 '매체 문해력'이라는 뜻입니다. 영어 단어 'literacy'는 글을 해석하는 능력을 가리킵니다. 이것은 단순히 문자를 알고 읽는 능력하고는 달라요. 비판적이고 논리적으로 글을 이해하고 해석하는 능력을 말하지요. 예를 들어볼게요. 인터넷 댓글에서 누군가 반어적인 농담을 던졌는데, 이를 눈치 채지 못하고 문장 그대로 이해하는 경우는 문해력이 떨어지는 겁니다. 문장이나 단어는 맥락에 따라 사전적인 의미와 다르게 사용할 수 있음을 알아채지 못한 것이지요.

한글이 쉬워서 그런지 우리나라 사람들의 문맹률은 낮은 편입니다. 이는 한글을 읽을 줄 아는 사람들이 많다는 이야기예요. 반면, 우리나라 성인의 문해력(literacy)은 OECD 국가 중 하위권에 속합니다. 의미가 복잡하거나 약간 뒤틀린 문장을 이해하지 못하는 사람들이 많다는 뜻이지요. 농담을 던졌는데 진담으로 알아듣거나, 비유적인 표현을 이해하지 못하는 사람들이 주변에 많은 배경이랍니다.

'미디어 리터러시', 즉 매체 문해력은 매체를 제대로 읽고 해석할 수 있는 능력을 말해요. 책, 신문, 라디오, TV, 컴퓨터 등 다양한 매체들이 지금까지 인류 역사에 등장했습니다. 스마트폰 같은 새로운 매체도 계속 나오고요. 매체를 영어로 'media'라고 하는데, 이러한 단어가 생긴 데에는 나름대로 이유가 있습니다. 영어 'immediately'는 '직접적으로'라는 뜻입니다. '간접적으로'라는 뜻의 영어 단어는 'immediately'에서 접두사 'im-'을 뺀 'mediately'이고요. 여기에 접미사 '-ly'를 뺀 형용사 'mediate'는 '간접적인'이라는 뜻이고, 또 여기에서 어미 '-te'를 빼면 'media'라는 단어가 나와요. 따라서 'media'는 '직접적이지 않음', '간접화'라는 의미를 지닙니다. 또한 'media'는 'medium'의 복수형이기도 해요. 'medium'은 '중간', '중개', '매체'라는 뜻을 지니며, 이때 매체는 한자로 '媒體'라고 써요. '중개할 매'자에, '몸 체'입니다. 이제 감이 잡히죠? 매체는 일종의 중개자입니다. 만약 여러분이 상대방과 얼굴을 마주보고 직접 대화를 하면 이는 직접적인 거예요. 하지만, TV나 인터넷 등의 매체를 통해 화상 채팅을 하면 간접적인 것이 됩니다.

인류의 역사는 매체의 역사와 아주 밀접한 관계가 있어요. 원시시대의 사람들은 어떻게 의사소통을 했을까요? 오늘날 우리가 보고 듣는 텔레

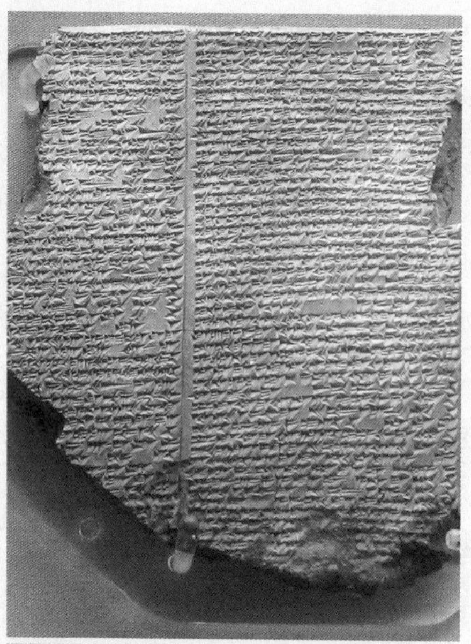

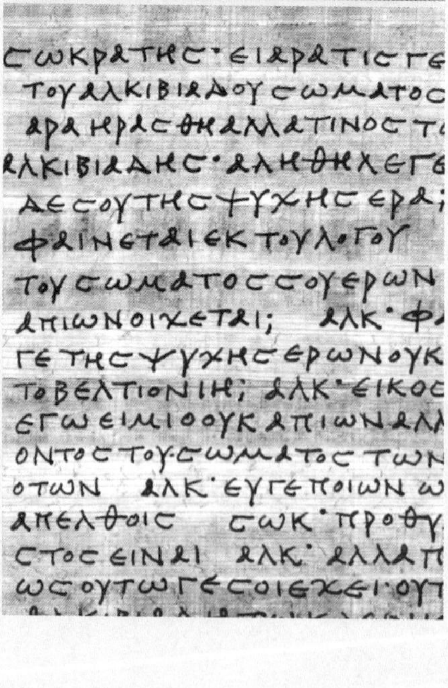

ΣΩΚΡΑΤΗΣ· ΕΙ ΑΡΑ ΤΙΣ ΓΕ
ΤΟΥ ΑΛΚΙΒΙΑΔΟΥ ΣΩΜΑΤΟΣ
ΑΡΑ ΗΡΑΣΘΗ ΑΛΛΑ ΤΙΝΟΣ Τ
ΑΛΚΙΒΙΑΔΗΣ· ΑΛΗΘΗ ΛΕΓΕ
ΔΕ ΣΟΥ ΤΗΣ ΨΥΧΗΣ ΕΡΑ;
ΦΑΙΝΕΤΑΙ ΕΚ ΤΟΥ ΛΟΓΟΥ
ΤΟΥ ΣΩΜΑΤΟΣ ΣΟΥ ΕΡΩΝ
ΑΠΙΩΝ ΟΙΧΕΤΑΙ; ΑΛΚ· ΦΑ
ΓΕ ΤΗΣ ΨΥΧΗΣ ΕΡΩΝ ΟΥΚ
ΤΟ ΒΕΛΤΙΟΝ ΙΗ; ΑΛΚ· ΕΙΚΟΣ
ΕΓΩ ΕΙΜΙ Ο ΟΥΚ ΑΠΙΩΝ ΑΛΛ
ΟΝΤΟΣ ΤΟΥ ΣΩΜΑΤΟΣ ΤΩΝ
ΟΤΩΝ ΑΛΚ· ΕΥ ΓΕ ΠΟΙΩΝ Ω
ΑΠΕΛΘΟΙΣ ΣΩΚ· ΠΡΟΘΥ
ΣΤΟΣ ΕΙΝΑΙ ΑΛΚ· ΑΛΛΑ Π
ΩΣ ΟΥΤΩ ΓΕ ΣΟΙ ΕΞΕΙ· ΟΥΤ

▲길가메시 서사시의 일부가 기록되어 있는 점토판. 대홍수와 방주의 건조에 관한 내용이 들어 있다.

◀플라톤의 알키비아데스
(©Wikimedia Commons)

비전이나 인터넷 등의 미디어 매체가 없었을 테니, 당시의 사람들은 전부 직접 소통할 수밖에 없었을 것입니다. 입으로 내는 소리, 즉 음성기호, 그리고 몸짓과 손짓 같은 동작기호를 주로 사용하여 다른 사람들에게 의사를 전했을 거예요. 그러다가 인류가 문자를 발명하면서 저장과 기억의 방식도 달라지기 시작합니다. 굳이 힘들게 머릿속에 저장해서 기억할 필요가 없어진 거죠. 동굴 벽, 점토판, 파피루스, 양피지 등에 기록해서 필요할 때 찾아볼 수 있게 된 것이지요.

지금 여러분은 정보를 어떻게 기억하나요? 기억력이 좋은 분이라면 머릿속에 저장해둘 테고, 어떤 분은 스마트폰 애플리케이션에 메모해두기도 하겠지요. 저 역시 수첩에 적어가며 하루 일정을 관리합니다. 이렇게 글로 적어서 저장할 수 있는 것은 문자 덕분이에요. 문자의 발명은 인류의 기억 방식에 획기적인 변화를 가져왔습니다. 문자로 기록해두면, 까먹을 때마다 언제든지 찾아볼 수 있으니까요. 또한, 문자가 있기에 우리 인류의 역사적 기억이 영구 보존될 수 있게 되었고요. 그런데 철학자 플라톤은 『파이드로스』에서 문자의 발명을 부정적으로 보았습니다. 그는 사람들이 갈수록 문자에 의존할 뿐, 스스로 기억하려고 하지 않는다며 이를 비판했어요. 이러한 비판은 최근에도 들어본 것 같군요. 예전에는 지인의 전화번호를 외우고 다니는 사람들이 많았는데, 휴대폰이 전 국민적으로 보급되면서 전화번호를 외우는 사람이 거의 없어졌다는 뉴스를 본 적이 있거든요. 휴대폰에 다 저장되어 있어서 필요할 때 찾아 쓰면 되니 굳이 외울 필요가 없어졌잖아요.

여하튼 플라톤의 주장에도 불구하고, 인류는 지금까지 문자를 사용하여 수많은 정보를 저장해왔습니다. 물론 기억에 의지하여 입에서 입으로 전하는 구술 전승의 기억 방식도 계속 사용하고 있고요. 우리가 살아가면서 배우는 지식 중 많은 부분은 문자화되지 않은 것들입니다. 또한, 생각보다 많은 조직이나 단체에서 문자화된 매뉴얼을 지니고 있지 않고요. 그런 경우, 우리는 다른 사람에게 구두(口頭)로 정보를 얻을 수밖에 없습니다. 이렇게 우리는 두 가지 기억 전달 방법을 사용합니다. 하나는 문자를 통한 기억의 전달 방법, 다른 하나는 구두를 통한 기억의 전달 방법이지요.

기술의 발달로 기억을 보조하는 기기들이 새롭게 발명되면서 인류가 기억을 저장하는 방법과 그 용량은 새로운 단계로 접어들게 되었습니다. 가령 녹음기를 통해 음성을 기록할 수 있을 뿐만 아니라, 이미지들도 저장할 수 있게 되었어요. 사진기가 발명되면서 찰나처럼 스쳐 갔던 과거의 이미지들이 인류의 기억 창고에 저장되기 시작했고요. 나아가 캠코더 덕분에 움직이는 영상도 기록할 수 있게 되었지요. 이렇게 기억을 보조하는 저장 기구들이 과학기술의 발달로 생겨나면서 인류의 기억은 완전히 다른 국면을 맞게 됩니다. 인류가 경험한 온갖 사건들이 기술과 기기의 도움에 힘입어 다양한 방식으로 우리의 기억 속에 살아남게 된 것입니다. 제가 사용하고 있는 노트북에도 많은 양의 사진 이미지와 문서 데이터가 저장되어 있어요. 또 오늘날에는 스마트폰의 보급 덕에 더욱 손쉽게 여러 정보를 기록하고 공유할 수 있고요.

이렇듯 우리는 여러 기기에 저장된 막대한 기호들과 커뮤니케이션하면서 자신의 머릿속에 새로운 의미와 기억을 구성해냅니다. 노트북을 정

varia bestiaꝝ genera et omniū pecoꝝ
et creatura beluarū. Propter ipsum
cōfirmatus est itineris finis: et in ser-
mone eius cōposita sunt omīa. Mul-
ta dicemus et deficiemus verbis: con-
summacio autem sermonū: ipse est in
omnibus. Gloriantes ad quid vale-
bimus? Ipse enī omnipotens super
omīa opera sua. Terribilis dominus
et magnus vehementer: et mirabilis
potentia ipsius. Glorificantes domi-
num quantūcumqz potueritis supva-
lebit adhuc: et ammirabilis magni-
ficencia eius. Benedicētes dominum
exaltate illū quantum potestis: maior ē
enī omī laude. Exaltātes eū replemini
virtute. Ne laboretis: nō enī compre-
hendetis. Quis videbit eū sicut est ab
inicio? Multa abscondita sūt maio-
ra hiis. Pauca enī vidimꝰ opeꝝ eius.
Omnia autem dominus fecit: et pie
agentibus dedit sapientiā. XLIIII
Laudemꝰ viros gloriosos et pa-
rentes nostros in generatione
sua. Multā gloriā fecit dn̄s magnifi-
centia sua a seculo. Dominātes ī po-
testatibus suis: homines magni vir-
tute ⁊ prudentia sua p̄diti: nūciantes
in ꝓphetis dignitatem ꝓphetaꝝ et im-
perantes in p̄senti ꝑplo et virtute pru-
dentie ꝑplis sanctissima verba. In pu-
ericia sua requirētes modos musicos:
⁊ narrātes carmina scripturaꝝ. Homi-
nes diuites in virtute: pulcritudinis
studiū habentes: pacificantes in domi-
bus suis. Omnes isti in generationi-
bus gentis sue gloriā adepti sunt: et
in dieb; suis habentur in laudibus.
Qui de illis nati sunt: reliquerūt no-
men narrandi laudes eoꝝ. Et sūt quo-
rum nō est memoria. Perierūt quasi
qui nō fuerint: et nati sunt quasi non
nati: et filii ipoꝝ cū ipis. Sed illi viri
misericordie sunt: quoꝝ pietates non de-
fecerūt. Cū semine eoꝝ ꝑmanēt bona:
hereditas sancta nepotes eoꝝ. Et in
testamētis stetit semē eorū: et filii eorū
propter illos usqz ineternū manēt. Se-
men eoꝝ et gloria eoꝝ nō derelinquet.
Corpora ipoꝝ ī pace sepulta sunt: et
nomen eorum viuet in generationē ⁊
generationē. Sapientiā ipoꝝ narrēt
ppli: et laudem eorum nunciet ecclesia.
Enoch placuit deo: et translatus est ī
paradisum ut det gentibus sapiētiā.
Noe inuentus est ꝑfectus iustus: et in
tēpore iracūdie factus est recōciliacio.
Ideo dimissum est reliquum terre: cū
factum est diluuiū. Testamenta seculi
posita sūt aput illū: ne deleri possit di-
luuio omīs caro. Abraham magnꝰ
pater multitudinis gentiū: et non est
inuentꝰ similis illi ī gloria. Qui con-
seruauit legem excelsi: et fuit ī testamen-
to cū illo. In carne eiꝰ stare fecit testa-
mentū: et in temptatione inuentus est
fidelis. Ideo iureiurando dedit illi glo-
riam in gente sua: crescere illū q̄si ter-
re cumulū et ut stellas exaltare semen
eius: ⁊ hereditare illos a mari usqz ad
mare et a flumine usqz ad terminos
terre. Et ysaac fecit eodē modo: ꝓpter
abraham patrem eius. Benedictionē
omniū gentiū dedit illi dominus: et te-
stamentū suū confirmauit sup caput
iacob. Agnouit eū ī benedictionib; su-
is: et dedit illi hereditatē: et diuisit illi
partem ī tribub; duodecī. Et cōserua-
uit illi hoīes misericordie: inuenientes graci-
am ī cōspectu omīs carnis. XLV
Dilectus deo et hominibus moy-
ses: cuiꝰ memoria ī benedictione
ē. Similē illū fecit in gloria sanctoꝝ:
⁊ magnificauit eū ī timore inimicoꝝ:

구텐베르크의 바이블(©Wikimedia Commons)

리하다 문득 옛날 사진들을 보게 되면 저는 여러 가지를 떠올려요. 그 시절에 가족이나 친구들과 나누던 대화가 떠올라 추억에 잠기기도 하고요.

과학기술의 발전은 대중매체(매스미디어)의 탄생을 가져왔어요. 책이라는 매체가 대중에게 널리 읽히게 된 것은 구텐베르크가 1438년 활판 인쇄술을 발명하면서입니다. 그 전까지만 해도 책이란 직접 종이에 내용을 적는 필사본을 뜻했어요. 그래서 책 제작에 시간이 많이 소요되었고 비용도 많이 들었기 때문에 특권층만이 책을 접할 수 있었습니다. 그러다가 '구텐베르크 성서'가 보급되면서 일반 사람들도 성경을 읽을 수 있게 되고, 이는 종교개혁으로 이어졌지요. 또한 인쇄술 발명으로 서적이 대중화되면서 새로운 사상과 지식이 퍼지게 되었고요. 그 결과 중세 봉건사회가 붕괴되고 과학혁명이 일어났습니다. 이러한 일련의 사건은 교양 있는 독자층을 탄생시켰고, 민주주의를 발전시켰지요. 이렇게 책이라는 대중매체는 사회적으로 큰 변동을 일으켰습니다. 다른 매체들이 등장하여 위세를 떨치는 오늘날에도 책은 인류의 대표적인 대중매체 중 하나라 볼 수 있습니다. 대부분의 학교에서 아직도 교과서라는 책으로 공부를 하고 있는 것만 보아도 알 수 있지요.

책, 그리고 신문과 잡지는 인류의 커뮤니케이션 방식을 크게 바꾸었어요. 즉, 정보를 전달하고 수용하는 방식을 완전히 뒤집어버렸습니다. 여기서 잠깐 질문을 던져볼게요. 책, 신문, 잡지는 주로 어떤 기호로 되어 있나요? 예, 문자 기호입니다. 책 이전의 커뮤니케이션 방식은 음성이나 몸짓 기호를 통했습니다. 새롭게 부상한 매체인 책, 신문, 잡지는 문자 기호를 사용했고요. 이 같은 새로운 매체들 덕에 대중은 새로운 커뮤니케이션 방식에 적응해야 했습니다. 이전의 커뮤니케이션 방식이 쌍방향적이었다면, 새로운 커뮤니케이션 방식은 일방향적이었으니까요.

쌍방향, 일방향. 무슨 말인지 이해가 잘 안 되지요? 쉽게 설명해드릴게요. 책이 대량으로 보급되기 이전에는 이야기가 현장에서 구술로 사람들에게 전달되었습니다. 판소리를 생각해보세요. 이때, 이야기 텍스트는 활자화되어 있지 않기 때문에 고정되어 있지 않았습니다. 현장에 있는 관객의 반응이나 말하는 사람의 생각에 따라 조금씩 변할 수 있었지요. 따라서 쌍방향적이었습니다. 현장에서 관객의 반응이나 무대 분위기를 봐서 얼마든지 이야기를 바꿀 수 있었다는 뜻이에요. 그런데 이야기를 책으로 적으면 이런 가변성(可變性)과 유연성을 제거하고 텍스트를 확정지어야 합니다. 한 번 출간된 책은 내용을 바꿀 수 없잖아요? 활자화된 텍스트는 일방적으로 우리에게 정보를 전달해줄 뿐이니까요. 책뿐만 아니라, 활자화된 신문, 잡지 역시 마찬가지입니다. 하지만 이런 매체들은 기존의 매체들과 달리 큰 장점이 있어요. 대량 생산과 대량 보급이 가능하다는 점입니다. 그렇기에 다양한 계층들이 정보를 얻을 수 있게 되었지요. 도시뿐만 아니라 시골에 사는 사람들도 문화를 누릴 수 있게 되었고요. 이전까지의 커뮤니케이션이 직접적인 대면을 통해 이루어졌다면, 책의 보급으로 얼굴을 마주하지 않는 커뮤케이션도 가능해진 것입니다. 동시에 이야기를 감상하는 방식도 달라졌어요. 단체로 모여서 이야기를 듣는 방식에서, 홀로 조용히 이야기를 읽는 방식으로요. 이렇듯 책, 잡지, 신문이라는 매체의 등장은 기호 생산 방식, 기호 전달 방식, 기호 저장 방식, 기호 수용 방식 등을 전부 변화시켰습니다. 사람들의 감성과 지각도 새로운 매체에 맞게 바뀌었고요.

베네딕트 앤더슨이라는 학자는 『상상의 공동체』라는 책에서 책, 신문, 잡지 등의 매체가 근대 민족국가를 가능하게 했다고 주장했습니다. 그전까지 제각기 다른 정체성으로 흩어져 있던 사람들이 하나의 민족이라는 단일한 정체성으로 묶일 수 있었던 것은 이런 매체들이 주는 정보들 때문이라는 거예요. 책 중에서도 근대 문학이 이런 통합의 기능을 했다고 합니다. 그리고 이후 표준어의 성립도 이런 매체들 덕분에 가능하게 된 거고요. 그 전까지는 지역에 따라 제각기 사투리를 사용했지만, 표준어로 통일된 책을 읽으며 자연스럽게 이에 익숙해지게 되었다는 것이지요.

다음으로 등장한 매체가 영화, 라디오, 텔레비전입니다. 이 매체들은 어떤 방식으로 우리에게 메시지를 전달해주고 있을까요? 영화와 텔레비전은 영상 기호, 음성 기호, 문자 기호를, 라디오는 음성 기호를 통해서지요. 이전의 매체들이 주로 문자 기호를 통해 메시지와 정보를 전달했다면, 새롭게 등장한 매체들은 영상 기호, 음성 기호, 문자 기호를 골고루 사용하여 메시지와 정보를 전달합니다. 매체가 담고 있는 기호 형태가 다르기에 커뮤니케이션 방식 또한 달라질 수밖에 없고, 따라서 우리의 감성과 지각도 변하게 되는 겁니다.

그렇다면 이 두 번째 단계의 매체들은 쌍방향적일까요, 일방향적일까요? 맞아요. 일방향적입니다. 여러분이나 제가 영화, 텔레비전 제작에 영향을 끼칠 수는 없잖아요? 그런데 컴퓨터와 인터넷 환경이 조성되면서 라디오나 텔레비전의 경우 게시판 등 시청자나 청취자가 참여할 수 있는 통로가 늘어났어요. 드라마의 경우, 시청자들의 항의와 요구로 중간에 줄거리가 바뀌는 일도 벌어지고요. 또 요즘은 유튜브 등 여러 동영상 사이트를 통해 개인 방송을 제작해 올리는 사람들도 늘어났는데요. 원래 일방향적이던 두 번째 단계의 매체들 역시 갈수록 쌍방향적인 측면이 추가되고 있다는 것입니다.

지금까지 이야기한 책, 잡지, 신문, 영화, 텔레비전, 라디오 등을 불특정 대중에게 정보를 전달하는 매체라는 뜻으로 대중매체(매스미디어)라고 부릅니다. 최근까지 이 매체들은 일방향적이었어요. 그리고 기호와 메시지, 콘텐츠의 생산자는 대부분 그 분야의 몇몇 전문가뿐이었지요. 또 대부분 재력이 있는 주체들만이 이런 미디어를 보유하고, 이를 통해 정보를 생산하고 메시지를 전달할 수 있었습니다. 따라서 개인이 잡지를 발간하고 신문을 발행하고 라디오 방송을 하는 것은 거의 불가능했지요. 그런데 인터넷, 소셜 미디어와 미디어 융합의 시대가 열리면서 상황이 달라지기 시작했습니다.

'소셜 미디어'라는 용어는 여러분도 자주 들어보았을 것입니다. 영어인 'Social Network Service'를 줄여서 보통 'SNS'라고 부르거나 '사회관계망 서비스'라고도 합니다. 이러한 SNS를 통해 지금까지와 다른 방식의 커뮤니케이션 채널이 열리기 시작했어요. 이제 사람들은 인터넷, 미디어를 통해 관계 맺기나 관계 유지 등 사회적 네트워크를 형성하고 유지하게 되었습니다. 예전 사람들은 오직 현실에서 직접 관계를 맺었습니다. 그런데 이제는 가상공간에서도 미디어를 통해 간접적으로 관계를 맺게 된 거예요. 트위터, 페이스북, 카카오스토리 등 자신의 네트워크를 기반으로 정보를 공유하고 의견을 나누고 관계를 유지하는 다양한 공간들

오늘날의 커뮤니케이션은 SNS가 자배적이다.

이 생겨난 덕분입니다.

컴퓨터, 인터넷, 스마트폰을 기반으로 하는 이런 SNS 환경은 기존 매체의 수동적인 수용자를 능동적인 참여자로 만들었습니다. 예전에는 소수의 사람만이 기호와 메시지를 생산했다면, 지금은 다수의 대중이 기호와 메시지를 생산합니다. 이들은 새로운 단어(신조어, neologism)들을 만들어내고, 새로운 이미지들을 창조해요. 즉, 이제 사람들은 기존의 대중매체가 생산한 기호나 메시지의 수용자가 아니라 생산자로 바뀐 겁니다. 포털 뉴스 창에 뜬 신문기사를 읽는 대신 SNS에서 누군가 공유한 신문기사를 읽지요. 그리고 그 기사에 대해 누군가는 논평하고, 누군가는 댓글을 달아서 자신의 생각을 밝힙니다. 이렇듯 대중은 이제 대중매체가 공급하는 정보를 능동적이고 비판적이며 분석적으로 수용하게 되었습니다. 뿐만 아니라 이 과정에서 우리 사회의 중요한 사회적 의제들이 만들어지기도 해요. 그리고 이것들은 다양한 정보가 흐르는 통로 역할을 합니다. 물론 이런 일들을 개인이 혼자서 할 수 있는 것은 아니에요. SNS라는 집단의 관계망이 있고, 그 관계망 속에 다양한 사람들이 있어서 가능한 것이지요. SNS는 전통적인 대중매체보다 정보의 발신자와 수용자의 상호작용이 활발하므로 기호의 생산과 소비 역시 더욱더 증가할 수밖에 없습니다.

최근에 나온 매체일수록 매체 수용자의 참여도가 커지는 셈인데요. 참여도가 크기 때문에 대중매체가 발신하는 기호를 능동적으로 해석하고 수용하며, 또 그런 기호들을 능동적으로 생산 및 재생산할 수 있는 것입니다. 그러므로 우리는 대중매체가 주는 정보를 수동적으로 받아들이지 말고, 적극적으로 소통하고자 노력해야 합니다. 이러한 시대에 걸맞은 문해력을 업그레이드하는 한편 기호를 해석하는 센스도 길러야 하지요. 우리가 지금 기호학을 배우는 이유도 다 그런 목적 때문이잖아요? 오늘 수업도 잘 따라와주셔서 감사합니다. 다음 시간에 만나요!

오늘의 키워드	미디어, 일방향, 쌍방향, 커뮤니케이션

12강

왜 대중매체에는 미남미녀만 나올까?

TV나 영화, 잡지에 나오는 남자, 여자들은 하나같이 잘 생긴 데다 몸매도 좋아요. 뚱뚱하고 못 생긴 사람은 찾아보기 힘듭니다. 여자들의 경우엔 그 정도가 더 심해서 다들 이슬만 먹고사는 것처럼 보여요. 잘 때도 화장할 것처럼 보이고요. 오늘 나눌 주제의 키워드는 '대중문화, 신화, 이데올로기'인데요. 우선 다음 사진을 한번 보세요.

이 조각상은 발굴된 후 '빌렌도르프의 비너스'라는 이름이 붙었습니다. 기원전 1만 5천 년에서 1만 년 사이의 작품인데, 이 조각상 덕분에 당시에는 가슴과 엉덩이가 큰 체형의 여인을 미인이라고 생각했다는 설이 생겼지요. 에이! 설마, 어떻게 저런 절구통이 미인일 수 있냐고요? 지금과 달리, 유아 사망률이 높고 생산성이 낮던 당시에 여성에게 중요한 기준은 아이를 잘 낳고 일을 잘하는 것이었습니다. 다산성(多産性)의 여자를 선호했던 이유지요. 우리나라에서도 예전에는 아이를 잘 낳을 것처럼

빌렌도르프의 비너스
(©Wikimedia Commons)

보이는 하체 튼튼형을 며느릿감으로 선호했답니다. 또한 불세출의 미녀로 알고 있는 양귀비도 실제로는 통통한 체격이었다고 해요. 당나라 시대에는 미녀의 기준이 지금과 달랐던 거죠. "클레오파트라의 코가 조금만 낮았더라면 역사가 바뀌었을 것이다"라는 말로 유명한 클레오파트라도 지금 기준으로 보면 미인이 아닐 수 있습니다. 이 때문에 "미의 기준은 역사적으로 달라진다"는 주장이 고개를 들기도 했지요.

외국에 나가보면 재미있는 사실을 하나 알게 됩니다. 나라마다 문화권마다 미의 기준이 조금씩 다르다는 점인데요. 한국에서 평범해 보이던

아가씨가 외국 어학연수를 가서 많은 외국 남자들의 러브콜을 받는 경우가 있어요. 제 친구도 한국에서는 여자들에게 별로 인기가 없었는데, 유럽 여행을 가서는 인기가 대단했다고 합니다. 이런 것을 "미적인 기준은 사회·문화적으로 다르다"라고 표현합니다.

미학과 달리 기호학에서는 미의 기준을 신화, 대중문화, 이데올로기와 관련해서 이야기해요. 가령 "미녀는 쭉쭉빵빵이다"라는 명제가 있다고 쳐요. 롤랑 바르트[35]라는 프랑스의 기호학자는 이런 것을 신화라고 보았습니다. 그리스 로마 신화 같은 신화냐고요? 아뇨, 바르트가 말하는 신화는 제우스와 헤라 등이 나오는 그리스 로마 신화나 치우가 등장하는 중국 신화와 같이 오래된 이야기가 아니라, 한 사회나 문화가 만들어낸 일종의 이데올로기를 뜻합니다. 바르트는 신화를 "사회적 통념이나 가치, 신념, 이데올로기 등과 같이, 한 문화가 그것이 갖는 사회적 현실을 이해하고 설명하는 방식"이라고 정의했습니다. 이에 따르면 대중문화와 매체에서 만들어내는 신화에는 현대 사회의 이데올로기가 담겨 있어요.

많이 들어본 단어이긴 한데, '이데올로기'라는 말이 선뜻 와 닿지 않지요? 사람들은 흔히 이데올로기를 공산주의, 자본주의 같은 이념으로 생각하는데, 그게 아니랍니다. 쉽게 이야기하면, 이데올로기는 "무엇이 좋고 무엇이 나쁘다" 같은 일종의 가치 체계를 뜻합니다. 예를 하나 들어볼

35) 프랑스의 문학 비평가이자 기호학자(1915~1980). 문학, 사진, 문화의 영역에서 비평 활동을 전개하여 구조주의의 선구자가 되었다. 저서로 『모드의 체계』, 『텍스트의 즐거움』 등이 있다.

게요. 제 어린 시절에 TV에서 미국 서부 영화를 자주 틀어주곤 했어요. 영화에서는 인디언들이 미국 백인들을 위협하고 살해하는 악당으로 그려졌습니다. 영화의 결말은 언제나 착한 미국 백인들이 나쁜 인디언들을 이기는 것이었고요. 그래서인지 저는 어린 시절에 인디언들은 야만적이고 폭력적인 부족이라 생각했습니다. 그런데 나중에 역사책을 보니 정반대였어요. 원래 지금의 미국 땅에는 인디언들이 먼저 살고 있었어요. 이후에 유럽에서 대서양을 건너온 유럽인들이 인디언들이 사는 땅을 폭력으로 야금야금 강탈한 것이지요. 그전까지 인디언 부족들은 자연과 함께 소박하고 욕심 없이 살고 있었는데, 최신 무기를 앞세운 백인들에게 터전을 빼앗긴 것입니다. 이런 슬픈 역사가 미국사예요. 제가 어릴 적 영화에서 본 내용과 달리, 미국 백인들은 참 나쁜 짓을 많이 저질렀어요. 그래서 미국인들은 자신들이 저지른 과거의 폭력을 은폐하기 위해서 대중문화를 통해 하나의 신화를 만들어 사람들에게 이데올로기를 유포한 겁니다. 그 신화가 바로 '서부 영화'이고, 그 신화의 이데올로기는 "백인은 선량하고, 인디언은 폭력적이다"입니다. 이처럼 영화, 소설 등 모든 이야기에는 이데올로기, 특정한 가치관, 세계관이 담겨 있어요. TV드라마, 광고, 영화, 로맨스 소설 등 다양한 대중문화에도 이런 신화들과 특정한 이데올로기가 아주 많이 담겨 있고요. 롤랑 바르트는 자신의 문화비평집 『신화들』에서 이런 신화들을 분석하고, 이 신화들이 담고 있는 가치와 이데올로기를 폭로합니다. 한마디로 적나라하게 까발리지요. 바르트의 책에 소개된 예를 하나만 소개할게요.

오른쪽 사진은 바르트가 이발소에서 본 《파리 마치》라는 잡지의 표지

《파리 마치》의 표지
(©Wikimedia Commons)

입니다. 이 이미지가 무엇을 나타내는 것 같아요? 프랑스 군복을 입은 어린 흑인이 프랑스 국기를 향해 경례하는 거예요. 방금 제가 말한 것은 이 이미지의 '1차 의미'[36]에 불과합니다. 이 표면적인 의미 아래에 숨겨진 '2차 의미'는 무엇일까요? 경례하는 것을 보니, 국가에 충성하라는 의미 아니냐고요? 비슷하게 맞췄습니다. 바르트는 이렇게 설명해요. "프랑

36) 'denotation'을 번역한 단어로, 지시적 의미, 명시적 의미, 외연(外延), 외시(外示)로 번역하기도 한다.

스는 위대한 제국이라는 것, 프랑스의 모든 아이들은 피부색과 관계없이 프랑스 국기 아래서 충실히 복무한다는 것, 그리고 식민주의를 비방하는 사람들에게 이른바 압제자들에게 충성하는 이 흑인의 열정보다 더 훌륭한 대답이 없다는 것이다"라고 말입니다. 즉, 잡지의 표지는 흑인도 같은 프랑스 국민으로서 국가에 충성하고 있다는 것을 표면적으로 보여줍니다. 이렇게 겉으로 드러난 이미지 뒤에는 프랑스가 아프리카 국가 알제리를 식민지로 지배하고 있는 제국주의 국가라는 사실이 감춰져 있어요. 이 또한 일종의 이데올로기적 장치이고 신화인 셈이지요. 롤랑 바르트의 이 글이 실린 『신화들』은 1957년에 출간되었습니다. 당시에 알제리는 프랑스의 식민지였어요. 이후 1962년이 되어서야 알제리는 프랑스로부터 독립합니다. 이렇듯 신화는 1차 의미 외에 '2차 의미'[37]를 가지고 있어요. 기호학자로서 롤랑 바르트는 신화의 2차 의미를 드러내서 많은 사람이 당연하게 여겨오던 신화의 자명성을 폭로합니다.

그러면 오늘 던져볼 질문과 이 개념들을 연관시켜볼까요? 이에 따르면 '쭉쭉빵빵한 몸매를 지닌 사람이 미인'이라는 공식도 하나의 이데올로기고 신화일 수 있다는 겁니다. 40년 전에 그려진 한국의 미인도와 지금 한국의 아이돌 사진을 한번 비교해보세요. 많이 다르죠? 종종 '한국형 미인'이라거나 '서구형 미인' 같은 표현을 쓰기도 하지만, 결과적으로 한국 사람이 미인으로 인식하는 얼굴형은 지난 몇 십 년 동안 변해왔습니다.

37) 'connotation'를 번역한 용어로, 내포(內包), 함축, 암시, 숨은 의미 등으로 번역하기도 한다.

한마디로 한국 사람들이 미를 바라보는 기준이 바뀐 거예요. 대중문화가 그 기준이나 가치를 변화시켰다는 뜻입니다. 대중문화가 신화와 이데올로기를 만들어내고, 이를 계속해서 주입받은 사람들은 그렇게 믿게 되는 것이지요. 재미있는 에피소드를 하나 소개할게요. "침대는 가구가 아닙니다. 과학입니다"라는 광고가 유행한 적이 있었어요. 그런데 당시에 초등학교에서 "다음 중 가구가 아닌 것은?"이라는 시험 문제가 나왔는데, 적지 않은 아이들이 침대를 정답으로 찍었다고 해요. 대중매체를 통해 지속적으로 특정한 정보를 주입받은 아이들은 그렇게 생각하게 되는 거예요.

아이들이 초등학생이라 그런 게 아니냐고요? 꼭 그렇지만은 않습니다. 비슷한 사례가 종종 보이거든요. 잘 생긴 대학생들이 주인공으로 나오는 청춘 드라마를 보던 아이들은 으레 대학교에 들어가면 드라마 주인공처럼 멋있게 연애하고 재미난 사건들을 자주 경험할 것으로 생각하는데요. 막상 대학교에 들어가 보니 현실은 밋밋하고 재미없는 경우가 압도적이라는 게 한 예이지요. 또한 많은 청춘들이 사랑을 로맨스 소설이나 만화, 드라마, 영화를 통해 배웁니다. 하지만 현실의 연애는 대중문화에 등장하는 것처럼 낭만적이지 않죠. 나의 데이트 상대도 그렇게 아름답거나 잘 생긴 사람인 경우는 드물고요. 특정 직업에 대한 선호도 역시 대중문화나 매체를 통해 형성되곤 합니다. 뉴스에서 늘 정치인들의 무능과 비리, 혹은 부정에 대해 듣다 보면 "모든 정치인은 썩어빠졌다"라는 인식을 갖게 되고, 결국 정치에 무관심해지는 것처럼 말입니다. 특정 국가나 인종에 대한 이미지도 이런 식으로 형성되곤 해요. 우리는 대개 국제 뉴스를 통해 접한 사건·사고를 통해 그 나라를 이해하는 경우가 많으니까요.

한마디로 정리하면, 우리는 대중문화나 대중매체가 생산해낸 신화들의 이데올로기 속에 갇혀 있다는 것입니다. 이런 이데올로기를 철학자 베이컨은 '동굴의 우상'이라고 불렀습니다. 우리가 대중문화나 매체가 만들어낸 선입견과 오해에 사로잡혀 있다는 뜻이지요.

이 같은 오해와 선입견은 왜 생기는 걸까요? 답은 "기호는 순수하게 정보만을 전달하지 않는다"는 데 있습니다. 예를 들어 "A는 연예인이다"라는 단순한 정보가 있어요. 어떤 사람은 이 정보를 이렇게 해석할 수도 있겠죠. "연예인=텔레비전에 자주 나오는 사람, 고로 돈 많이 버는 사람?" 하고 말입니다. 그러나 연예인이 되어도 인기를 얻는 이는 상위 1%에 불과할 뿐, 나머지는 무명 생활을 하면서 궁핍에 시달리는 경우가 더 많습니다. 그저 일부 성공한 이들이 선망의 대상이 되는 것이지요. 하지만 언론 등을 통해 연예인에 대한 일부의 긍정적인 이미지만 강조되므로 보통 사람들은 "연예인은 동경의 대상인 직업"이라고 생각하게 됩니다. 이처럼 반드시 그렇지 않은데도 많은 사람이 몇 가지 사례를 가지고 전체가 모두인 것처럼 말하는 것을 '일반화의 오류'라고 합니다.

일반화의 오류라니, 말이 좀 어려워요. 쉽게 설명하면 이렇습니다. 여러분을 누군가는 외향적인 사람으로, 또 다른 사람은 다가가기 힘든 사람으로 평가할 수 있어요. 하지만 오직 그것만이 여러분의 모습일까요? 아니겠지요? 그들은 어느 한순간에 드러난 여러분의 모습만 본 겁니다. 여러분이 유독 기분이 나쁘던 어느 하루의 모습만 본 사람은 여러분을 '신경질적인 사람'으로 낙인찍을 텐데, 그러면 본인은 얼마나 억울하겠어요? 사람은 누구나 장소와 시간에 따라 우울하기도 하고, 즐겁기도 하고, 슬프기도 해요. 남의 말을 잘 듣기도 하고 고집을 피우기도 하고요. 문제는 사람들이 누군가의 다양한 모습 중 한 부분만을 보고 그것을 전부인 것처럼 침소봉대하는 데 있습니다. 이러한 것을 '일반화의 오류'라고 부르는 거예요.

여러분도 엄마가 자꾸 공부 안 한다고 잔소리를 하면 짜증을 낸 적이 있을 거예요. 학원에서는 열심히 공부하는데, 어쩌다 집에서 빈둥거리는 모습만 보고 그러면 정말 화가 나잖아요? 이처럼 상당수의 사람들은 어느 누군가의 한 면만 보고 그 사람을 평가하곤 합니다. 어떤 사건이 벌어졌을 때도 한 가지 측면만 보면서 전체를 단정 짓기도 하고요. 따라서 우리는 사람이나 사건을 입체적으로 보는 눈을 키워야 합니다. 기호학 공부가 필요한 이유지요.

이야기를 좀 더 진행시켜볼게요. 기호는 객관적이고 중립적인 정보를 담고 있지 않습니다. 아니, 담을 수가 없어요. 기호에는 특정한 이데올로기, 가치관, 세계관 등이 투영되어 있습니다. 기호는 항상 사회적이고 역사적이기 때문이지요. 이 말이 아직은 이해하기 어려울 거예요. 예를 들어 "김철수는 대학생이다"라는 문장이 있습니다. 얼핏 객관적으로 보이는 정보를 담은 문장 같지만, 이것이 50년 전의 누군가가 쓴 거라고 생각해보세요. 요즘 대한민국 사람들은 누군가를 '대학생'이라고 하면 평범한 젊은 사람이겠거니 짐작할 겁니다. 50년 전에는 어땠을까요? 당시 대학에 진학하는 학생은 열 명 중 한 명도 되지 않았으니 대학생이라 하면 굉장한 엘리트로 인식했을 것입니다. 이처럼 기호는 역사적으로 다른 이데올로기, 가치관, 세계관을 담고 있어요. 옛날 사람은 '여자'라는 기호를 "암탉이 울면 집안이 망한다", "삼종지례(三從之禮)나 삼종지도(三從之道)[38]를 따라야 한다" 같은 이데올로기를 통해 이해했어요. 이런 생각들은 봉건사회에서 여성을 남성에 종속된 존재로 보고 여성의 권리를 억압하는 이데올로기로 작동했습니다. 만약 요즘 남성들이 여성을 이런 식으로 대한다면 어떻게 될까요? 끔찍한 사람으로 취급할 것입니다.

19세기에 '흑인'이라는 기호는 '노예'라는 의미를 지니고 있었는데요. 이때 노예라는 의미는 인간이 아니므로 함부로 해도 되는 존재라는 2차적인 의미를 품고 있었지요. 그래서 19세기 미국에서는 백인 여자들이 흑인 남성 앞에서 수치감 없이 옷을 갈아입을 수 있었다고 합니다. 흑인은 사람이 아닌 노예, 즉 짐승이나 가구에 불과하다고 생각한 탓이지요. 하지만 오늘날은 어떤가요? 우리는 흑인이 세계의 최고 권력자인 미국 대통령을 역임한 세상에 살고 있습니다. 요즘 누군가 '흑인=노예'라는 인종차별적인 사고방식을 지녔다가는 정신 나간 사람이라고 업신여김을 받겠지요.

나아가 같은 기호라도 사회적 맥락 속에서 다른 의미를 지닐 수 있습니다. 같은 '정치인'이라는 기호라 해도 우리나라와 북유럽에서는 다른 의미로 받아들여집니다. 우리나라의 경우엔 정치 문화가 개판이다 보니

38) 여자가 따라야 하는 세 가지 예절 혹은 도리. 첫째, 여자는 결혼을 하기 전 어릴 때는 아버지의 뜻을 따라야 하고, 둘째, 성장하여 결혼을 하면 남편에게 순종해야 하고, 셋째, 남편이 죽은 뒤에는 아들의 뜻을 따라야 한다는 의미이다.

정치인은 거의가 도둑놈이나 거짓말쟁이라고 여기는 사람이 많습니다. 반면, 정치인에 대한 신뢰도가 굉장히 높은 북유럽에서는 대중이 정치인이라는 기호를 매우 긍정적으로 받아들여요. '노동자'라는 기호도 마찬가지입니다. 나라와 지역, 역사마다 다른 뉘앙스와 의미를 지녀요. 이렇듯 모든 기호의 의미는 사회적이고 역사적인 맥락 속에서 결정되며, 특정한 이데올로기에 따라 오염됩니다.

이데올로기에 오염되지 않은 순수한 기호는 없습니다. 그 어떠한 기호도 완벽하게 중립적이지 못해요. 사람들은 영화, 소설 등 이야기와 대중매체, 언론, 학교 교육을 통해 일정한 선입견, 신화를 주입받게 되거든요. 그러니, 마르크스의 말처럼 자기 스스로 자기가 가지고 있는 가치관을 항상 의심하는 수밖에 없겠지요? 그것이 바로 철학자, 인문학자, 기호학자의 태도입니다. 그렇게 항상 의심하면 피곤하지 않느냐고요? 그러게 말이에요. 매일 의심의 눈초리를 곤두세우다 보면 일상생활이 힘들겠지요. 하지만, 우리가 진정 자기 자신의 주관을 지니고 자유롭게 살려면 기존의 사회 체계가 내 가치관에 어떤 영향을 미쳤는지 한번쯤 의심해보는 것도 나쁘지 않습니다. 현대 사회 같이 다양한 가치들이 공존하는 시대일수록 우리는 스스로 가치관과 세계관을 만들어가야 해요. 그러기 위해서 기존의 신화들, 이데올로기에 의문을 던져야 하고요.

여러분이 기호학을 공부하고 책을 읽는 이유는 무엇일까요? 물론 지식을 얻기 위해서라는 목적도 있지만, 저는 그보다 중요한 것이 '자기 나름의 가치관과 세계관을 만드는 것'이라고 생각합니다. 그래야만 한 명의 성숙한 개체로서 중심을 잡을 수 있을 테니까요. 그러면 어떻게 해야 하느냐고요? 다양한 가치관, 세계관을 많이 접해보아야 합니다. 특히 기존의 주류 신화들과 반대되는 신화들을 알아야 하고요. 가령 남성주의의 신화가 우리 사회의 주류라면, 한 번쯤은 여성주의를 공부해볼 필요도 있겠지요. 그리고 다양한 채널을 통해 여러 정보를 듣는 수밖에 없습니다. 다양한 가치관과 세계관을 가진 사람들을 많이 만나서 그들과 대화해보는 것도 좋고요. 그러면서 그 가치들과 세계관, 이데올로기를 논리적으로 판단하는 훈련을 해야 합니다. 그러기 위해서는 우선 선입견을 없애야 해요. 이런 과정을 여러 번 거치면서 자기 나름의 가치관이나 세계관을 구성하게 되는 겁니다.

저의 가치관과 세계관도 이런 과정을 통해 만들어졌어요. 저 역시 젊었을 때 방황을 많이 했습니다. 다양한 사람도 만나봤고, 이곳저곳 기웃거리기도 하고, 다양한 책도 탐독했는데요. 그러다 보니 대중매체, 책, 종교, 학교에서 주입하는 이데올로기를 맹목적으로 받아들이지 않게 되더라고요. 이런 식으로 조금씩 자기 주관을 세워가는 것입니다.

여러분의 외모나 능력이 대중매체에서 요구하는 기준과 다르다고 해도 자기 나름의 주관만 확고하다면 누가 뭐라 하든지 여러분이 흔들릴 일은 없을 거예요. 오히려 자신이 드러내는 몸과 마음에 긍지를 가질 수 있을 것입니다.

오늘의 키워드	대중문화, 신화, 이데올로기

13강

전학 온 탈북 학생과 친해지는 방법

흔히 "21세기는 세계화 시대다"라고 말합니다. 익숙하다 못해 진부한 관용구가 된 표현인데요. 이 말은 곧 우리가 다양한 문화적 차이와 마주칠 가능성이 더욱 커졌다는 뜻입니다. 유학이나 이민, 해외여행 등이 예전에 비해 훨씬 수월해졌음은 물론이요, 다른 문화에서 살던 사람이 갑자기 여러분의 이웃이 되는 경우도 많아졌다는 건데요. 살아가면서 마주하게 되는 다양한 문화적 차이는 색다른 경험을 가능하게 해주지만 그만큼 어색함과 낯섦을 불러일으키기도 합니다.

가령 여러분의 반에 탈북 학생이 왔다고 생각해봅시다. 여러분은 그 아이랑 친해지고 싶은데 어떻게 해야 할지 방법을 모를 수 있어요. 같이 어울려 놀고 싶어도 그게 생각보다 쉽지 않을 겁니다. 그가 생활해온 문화는 여러분이 경험한 것과 다를 테니까요. 우리처럼 스마트폰이나 인터넷 문화에 익숙하지 않을 테고, 쓰는 단어들도 낯설 거예요. 그 친구 역시 한국 문화에 적응하는 데에 시간이 걸릴 겁니다. 그러면 오늘은 '문화기호학'에 대해 이야기해보기로 해요.

그전에 잠깐 기호학의 분류부터 살펴볼게요. 기호학은 크게 일반기호학과 개별기호학으로 나뉩니다. 일반기호학은 기호의 성질이나 종류처럼 기호학의 일반적인 내용을 다루는 분야입니다. 개별기호학은 개별적인 학문 분야들에 기호학을 응용하면서 만들어진 분야고요. 그 덕에 사진기호학, 건축기호학, 공간기호학, 광고기호학, 춤기호학, 동물기호학, 생명기호학 등등 다양한 학문이 탄생했지요. 그중에서 문화기호학은 문화를 기호학의 관점에서 설명하고 해석하는 분야입니다.

이야기를 듣다 보면, 도대체 기호학이 안 건드리는 분야가 있기나 한 건지 잘 모르겠지요? 기호학은 이처럼 너무나 다양한 분야에 적용되기 때문에, 혹자는 이런 현상을 '기호학의 제국주의'라고 불렀습니다. 20세기 초반 제국주의 국가들이 여러 나라를 침탈하여 식민지로 만들듯이 기호학도 여러 학문 분야에 침투하여 자신의 세력을 확대하고 있다는 뜻이지요. 그만큼 기호학이 여러 분야에 적용될 가능성이 큰 학문이며, 우리의 삶이 기호 및 언어와 밀접한 관련을 맺고 있다는 것을 보여주는 반증이기도 해요.

문화기호학은 문화적 현상의 발생 및 변화 등을 기호학적 관점에서 접근하고 있는 기호학의 한 분야입니다. 문화의 발전과 변화를 이끄는 요인은 여러 가지예요. 경제적인 발전일 수도 있고, 시대의 흐름을 바꾸려는 창조적인 개인의 노력과 헌신일 수도 있고, 왕이나 군주 같은 권력자의 개인적 욕망이나 취향 때문일 수도 있습니다. 또한 사회의 밑바탕에 자리한 민중의 자발적인 힘 때문에 만들어지기도 하지요. 가령 프랑스의 베르사유 궁전이나 이집트의 피라미드는 절대 군주의 개인적 욕망으로 만들어진 것입니다. 반면, 모차르트의 클래식 음악과 한국의 인디 음악은 자신이 하고 싶은 음악을 하려는 창조적인 개인의 욕망과 노력으로 창조되었어요. 윷놀이와 같은 민속놀이, 구전가요 등은 민중의 자발적인 힘으로 만들어져서 지금까지 우리에게 전해지고 있고요. 이렇게 문화를 생성하고 변화와 발전을 부르는 요인은 다양합니다.

문화기호학에서 어떤 내용을 배우게 될지 영리한 친구들은 슬슬 감이 잡힐 거예요. 바로 문화를 기호의 관점에서 보는 것입니다. 문화기호학자들은 문화가 생성되고, 변화하고, 발전하는 데 '기호'가 큰 역할을 맡고 있다고 봅니다.

우리가 어떤 문화에 흥미와 호기심을 느끼고, 그 문화를 배우고 싶은 마음이 드는 것은 무엇 때문일까요? 저는 그것이 TV, 광고, 영화 등 매체에서 비춰주는 모습이라고 생각합니다. 한류 드라마를 보고 한국어를 공부하는 해외의 팬들처럼요. 제 어린 시절에는 고고학자가 주인공으로 나온 「인디아나 존스」라는 영화가 유행했어요. 덕분에 제 또래 중에 그 모습에 반해서 대학 입시 때 고고학과에 진학한 친구들이 꽤 있었답니다.

이렇듯 대중매체가 발산하는 다양한 기호들은 사람들의 문화적 취향이나 선택에 큰 영향을 미칩니다. 물론 모든 사람이 그 흐름을 따라가지는 않아요. 사람마다 선호하는 바가 다르므로 각자 자극을 받는 기호 역시 다르거든요. 예를 들면, 저는 이십 대에 문학이나 철학을 좋아해서 그쪽 방면의 책들을 많이 읽었어요. 문학가나 철학자가 누군가에게는 어려운 말만 하는 고리타분한 사람으로 비칠지 모르지만, 적어도 제게는 굉장히 멋있어 보였거든요. 마치 어떻게 살아야 제대로 사는 것인지에 대한 답을 알고 있는 사람들처럼 보였습니다. 그래서 지금까지 제가 인문학을 공부하고 있는지도 몰라요. 어쨌든 기호, 특히 대중매체가 내보내는 기호가 문화의 발전을 이끄는 원동력 중 하나인 것은 확실합니다.

그런데 오늘 수업의 포인트는 각각의 문화마다 기호를 해석하는 방식이 다르다는 점입니다. 즉, 국가, 민족, 지역 등 단체마다 기호를 해석하는 나름의 코드를 가지고 있다는 점인데요. 예를 들어 공식적인 모임에서는 욕이 금지되지만, 친구들끼리의 사적인 모임에서는 욕이 허용될 수 있습니다. 만약 제가 대학교에서 강의하다 말고 갑자기 욕을 하면 큰일이 나겠죠? 많은 학생들이 제가 욕하는 모습을 보고 부정적으로 생각할 것입니다. 학교라는 공식적인 문화 체계에서 욕은 부정적인 기호니까요. 하지만 친구들끼리 모인 술자리에서는 비교적 경박한 말도 허용됩니다. 이런 집단 안에서는 욕이 친밀함의 기호가 될 수 있거든요. 십 대끼리 모이기만 하면 욕을 하는 것도 자기들만의 문화 체계 속에서 그것이 허용되기 때문입니다. 문화기호학의 창시자인 러시아의 기호학자 유리 로트만[39]에 따르면, "문화는 금지와 규정의 일정한 시스템으로 표현되는 어떤

39) 유리 미하일로비치 로트만(1922~1993)은 소비에트 연방의 중요한 문학 연구자, 기호학자, 문화 역사학자이다. 모스크바-타르투 기호학파의 창시자이자 '바흐친과 함께 20세기 소련을 대표하는 인문학자'로 평가받고 있다. 인쇄된 그의 작품은 800개 이상으로 현재 탈린 대학(University of Tallinn)에 그의 기록 보관소가 있다.

집단의 비(非)유전적 기억"입니다. 이 말을 쉽게 풀자면, 각각의 문화는 나름의 일정한 금지와 규정의 시스템을 가지고 있다는 뜻입니다. 위에서 말한 것처럼, 일반적인 문화 체계는 그곳에서 '하지 말아야 할 것', 즉 금지와 '해도 되는 것', 즉 규정을 정해놓고 있거든요.

유리 로트만(©Wikimedia Commons)

간단한 예로, 우리는 남의 집에 발을 들여놓았을 때 가장 먼저 그 집에서 '하지 말아야 할 것'과 '해도 되는 것'을 살피게 됩니다. 또한, 결혼 이후 아내와 남편이 살면서 부딪히게 되는 큰 난관 중 하나도 가족 간의 문화적 차이지요. 제가 아는 어느 분은 시댁에 갈 때마다 문화적 차이 때문에 스트레스를 많이 받는다고 합니다. 그분은 남녀가 비교적 동등하게 대우받는 가족 문화에서 자랐는데, 남편 집의 가정 분위기는 많이 달랐대요. 남편이 설거지를 할 때마다 시댁 식구들이 못 하게 말리면서 "남자가 부엌에 들어가면 재수 없다"는 식으로 말한다는 거예요. 세상에, 요즘에도 그런 집이 있냐고 생각하지만, 아직도 제법 많은 듯합니다.

북한에서 온 탈북 학생의 예로 돌아갈게요. 그 아이는 얼마 전까지만 해도 북한 사회에서 살았습니다. 비록 같은 피부색을 가지고 같은 언어를 사용하는 한 민족이라고 해도 60년 넘게 분단된 채 살다 보니 남한과 북한은 문화가 다를 수밖에 없어요. 같은 언어를 사용하는 것 같지만 문화가 다르다 보니 사용하는 어휘들도 다릅니다. 축구의 '코너킥'을 북한에서는 '구석차기'로, 권투의 '잽'을 '톡톡치기'로 부른다고 합니다. 또한 같은 단어라도 거기에 담긴 의미가 다를 수 있고요. 이렇듯 두 사람이 살아온 문화가 너무 달라서 사용하는 단어와 기호가 다르고, 그 기호를 해석하는 방식도 많이 다른 겁니다. 여러분이 탈북 학생의 코드와 언어·문화적 습관을 이해하려는 것 못지않게 그 학생 역시 여러분의 코드와 언어·문화적 습관을 알려고 노력해야 합니다. 그래야만 그 아이도 이곳 사회에서 친구를 사귀는 등의 인간관계를 맺을 수 있게 되지요. 다시 말해 남한 사회의 문화에 적응하는 겁니다.

어떤 문화에 적응한다는 것은 그 문화의 사람들이 기호를 해석하는 방법을 익히는 과정입니다. 같은 기호라 해도 나라마다 문화마다 다르게 해석잖아요? 예를 들어 '엄지와 검지로 만드는 동그라미' 기호를 한국에서는 돈이나 'OK', '좋다'라는 의미로 해석하지만, 미국에서는 돈보다 'OK', '좋다', '위대하다'를 더 많이 가리키고, 프랑스에서는 '제로' 또는 '별 볼 일 없음'을, 몰타 섬에서는 '남색(男色)'을, 그리스에서는 외설적인 모욕을 나타내거든요. 다른 예를 하나 들어볼게요. 예전에 우리나라에 「개 같은 날」이라는 제목의 터키 영화가 개봉된 적이 있습니다. 알다시피 '개 같은 날'이라는 표현은 동양의 문화권에서는 보통 '재수 없는 날'을 가리킵니다. 그런데 터키에서는 이 말이 '재수 좋은 날'을 의미해요. 이 영화는 원제가 그대로 직역되어 「개 같은 날」이라는 타이틀로 개봉된 바람에 우리나라 사람들에게 정반대의 뜻으로 받아들여졌답니다. 외국 연극이나 영화, 소설, 시 등의 번역물을 보거나 읽을 때 그 나라 사람들과 달리 진한 감동을 느끼지 못하는 것도 문화 체계가 서로 다르기 때문일 가능성이 큽니다. 외국인 친구를 제대로 사귀려면 그 나라 언어만이 아니라 문화까지 이해해야만 하는 이유입니다.

우리가 다른 사람과 만나고 사귀기 위해서는 그 사람이 태어나서 자라난 문화적 토양을 익혀야만 해요. 그 문화라는 것은 아까 이야기했듯이 '금지와 규정의 체계'입니다. 다시 말해 하지 말아야 할 것과 해도 되는 것을 아는 과정이지요. 이를 아는 것은 한 사람의 문화적 코드와 기호 해석 방법을 아는 것이기도 해요. 어쩌면 세상의 모든 사람은 각자 다른 문화적 체계를 가졌는지도 모릅니다. 지금 이렇게 서로 한국어로 대화를 나누고 있는 저와 여러분도 제각기 다른 방식으로 세상을 바라보고 기호를 해석하고 있으니까요.

어떤 사회의 문화를 이해한다는 것은 그 사회가 무엇을 문화로 정의하는지 아는 일입니다. 군대 생활을 예로 들어볼까요? 제가 군대에서 신병 시절 선임에게 기합 받은 경험 중 이런 일이 있습니다. 선임이 화장실에 볼일을 보러 갔는데 마침 휴지를 안 들고 간 거예요. 당연히 신병인 제게 휴지를 좀 가져다 달라고 명령했지요. 그런데 아무리 찾아봐도 두루마리 휴지가 없는 겁니다. 궁여지책으로 신문을 잘라서 갖다 줬더니, 자기를 모욕했다며 화를 내고는 제게 얼차려를 시켰습니다. 제가 군에 갈 당시 우리 집에서는 두루마리 화장지가 떨어지면 신문지를 사용하곤 했어요. 요즘은 그런 경우가 거의 없겠지만, 당시엔 휴지가 좀 더 비쌌거든요. 그래서 제 어린 시절 저희 할아버지는 신문지를 잘라서 휴지 대용품을 만들어두곤 했답니다. 그걸 재래식 화장실에 비치해두는 게 제 역할이었고요. 지금 생각해보면, 그 선임과 제가 생각했던 문화의 기준이 달랐던 겁니다. 신문지를 화장실 휴지로 쓰는 것은 그 선임이 보기엔 '문화적이지 않은 행위'였던 거예요.

그렇다면 무엇이 문화적인 행위일까요? 기준은 나라나 조직, 사람마다 다릅니다. 문화기호학자 로트만에 따르면, "문화는 기술(記述) 행위, 즉 디스크립션(description)과 관련"됩니다. 문화는 무엇이 문화인지 아닌지를 서술하는 '기술(description)'에 의해 정의된다는 뜻입니다. 그렇게 기술된 정의를 우리는 자연스럽게 받아들이고요. 여러 사람 앞에서 방귀를 뀌는 것, 식사하다가 트림하는 것, 식사할 때 후루룩 소리를 내거나 쩝쩝거리는 것은 문화적인 행위일까요? 당연히 교양 없는 행동이겠죠. 물론 아주 친한 사이일 경우에는 괜찮지만, 처음 만난 사람과 식사 중에 저런 행동들을 하면 아주 매너 없는 사람으로 찍힐 겁니다. 그런데 이런 행동들은 처음부터 문화적이지 않은 행위로 정의된 게 아니에요. 어떤 시대에는 이런 행동들이 자연스러운 것으로 받아들여졌을 수도 있다는 겁니다. 하지만 어떤 행동이 문화적이고 어떤 행동은 그렇지 못하다는 기준이 생기면서 우리가 거기에 영향을 받아서 자신의 행동을 구별해서 인식하게 된 거죠.

구한말에 단발령이 시행될 때에 많은 사대부와 유학자들이 반대하고 나섰습니다. 그들에게 상투를 자르고 머리를 짧게 자르는 것은 부모와 조상을 욕되게 하는 행위였으니까요. 한마디로 반문화적인 오랑캐 짓이었지요. 그래서 그들은 "내 손발을 자를지언정 머리를 자를 수 없다"며 분개했습니다. 오늘날 사람들의 시각에서는 '그까짓 머리 자르는 걸 가지고 뭘 그러냐'라고 생각할 수 있지만, 이는 당시 사람들에게 굉장히 중

전통적인 신앙의 형식을 주장하는 사제 니키타 푸스토스비아트가
주교 요아킴과 신앙 문제로 논쟁하고 있다(©Wikimedia Commons).

요한 문화적인 관념이었어요. 물론 우리나라에서만 그랬던 건 아닙니다. 예전 러시아 정교에서는 수염을 기르느냐 마느냐, 성호를 두 손가락으로 긋느냐 세 손가락으로 긋느냐 같은 문제를 가지고 큰 논쟁을 치르기도 했답니다. 이것 때문에 종파가 갈라지고 종파 간에 싸움이 벌어지기도 했고요.

이렇듯 외부 사람들에게 사소해 보이는 것에 집단 내부의 사람들은 얼마든지 목숨을 걸 수 있습니다. 왜냐고요? 사소해 보이는 것에 기호적이고 상징적인 가치, 즉 의미를 부여하기 때문입니다. 즉, 비록 유치해 보일지라도 자기들 집단에서는 고유한 문화이며, 그것이 다른 집단과 자신들을 구별해주는 나름의 특징이 되는 까닭입니다. 대중음악인 중 록 음악에 열정을 바치는 분들을 예로 들어볼까요? 대부분의 록 가수들은 머리를 기르고, 가죽바지를 즐겨 입습니다. 공연장뿐 아니라 일상에서도 그렇게 차리고 다니는 경우가 많아서 쉽게 알아볼 수 있지요. 그러한 머리 스타일과 복장은 그 하위문화에서 올바른 문화적 행위입니다. 동시에, 다른 문화와 구별되는 문화적 행위이고요. 만약 록 가수가 깔끔한 정장 차림으로 무대에 서면 뭔가 어색할 거예요. 예전에는 록 밴드가 아무리 인기 있어도 공중파 방송에 출연시키지 않았습니다. 방송국 피디들이 미풍양속 등을 이유로 머리를 짧게 깎고 나오라고 요구했기 때문인데요. 당연히 록 가수들은 자기의 정체성을 훼손하는 그러한 요구를 거절했고, 아예 라이브 공연 중심으로 활동한 경우가 대부분이었습니다. 그렇지만 지금은 긴 머리와 가죽바지를 록 가수의 하나의 특성으로 인정하기 때문에 사람들이 이상하게 보지 않습니다. 방송에서도 자연스럽게 볼 수 있고요.

정리해볼까요? 타인과 친해지는 데 필요한 기본 과제는 그 사람이 살아온 문화를 아는 것입니다. 더 정확히 말해, 그 사람의 의식 체계를 구성하고 있는 문화를 들여다보는 것입니다. 여러분이 낯선 문화권에서 온 누군가와 친해지고 싶다면, 그에게 익숙한 문화를 공부함과 동시에 여러분 자신이 속한 문화에 대해서도 잘 소개하시기 바랍니다. 각자가 속해 있는 문화 체계를 양쪽에서 서로 이해하려고 노력할 때 좋은 관계가 맺어질 거예요. 서로 다른 문화 체계 속에 살던 제 아내와 제가 만나서 여러 오해와 우여곡절 끝에 가정을 이루고 잘 지내는 것처럼요.

오늘의 키워드 **문화기호학, 금지와 규정**

14강

베르테르 효과가 뭐지?

'베르테르 효과'라는 말을 들어본 적 있나요? 골수팬들이 자기가 좋아하는 연예인이 자살하면 따라 죽는 일이 생길 때마다 단골로 언급되는 용어가 베르테르 효과입니다. '베르테르 효과(Werther effect)'는 '카피캣 자살(copycat suicide)'이라고도 하는데요. 유명인이 자살한 뒤 유사한 방식으로 잇따라 자살이 일어나는 현상을 가리킵니다. 1974년 사회학자 데이비드 필립스가 독일의 문호 괴테의 소설 『젊은 베르테르의 슬픔』의 내용을 참고하여 정의한 용어지요.

『젊은 베르테르의 슬픔』은 괴테가 1774년 발표한 소설입니다. 과민한 감수성과 자의식을 가진 청년 베르테르가 친구의 아내 샬로테를 사모하다가 이루지 못하는 사랑을 비관하여 자살하는 내용이지요. 이 책은 당대 베스트셀러가 되면서 전설적인 인기를 끌었는데요. 소설에서 베르테르가 입은 파란 상의, 노랑 조끼, 노랑 바지가 사람들 사이에 유행했고,

소녀들의 「베르테르」 읽기(©Wikimedia Commons)

베르테르를 모방한 자살이 유럽 곳곳에 퍼졌다고 합니다. 그래서 유명인의 자살을 모방하는 것을 '베르테르 효과'로 부르게 되었지요. 이를 보면 200년 전에도 유명한 누군가를 따라하는 것은 요즘의 세태와 별반 다르지 않은 듯합니다. 다만 지금처럼 TV나 영화와 같은 시각적 매체가 발달하지 않았기에 연예인을 모방하는 대신 소설의 주인공들을 따라 했던 것뿐이지요.

오늘 강의 주제는 '역사기호학'입니다. 역사기호학이 뭘까요? 앞서 말했듯이, 기호학은 사물의 의미를 탐색하는 학문입니다. 그런데, 사물의 의미는 기호를 통해 드러나요. 따라서 기호학은 사물이나 사람을 대신하여 가리키는 기호의 의미, 혹은 기호화된 사물이나 사람의 의미를 연구 대상으로 삼습니다. 예를 들면, 고속도로 휴게소의 화장실 문에는 남녀를 나타내는 기호가 붙어 있습니다. 우리는 그 의미를 잘 알기에 다른 성별의 화장실에 들어가지 않아요. 이처럼 기호는 어떤 대상을 대신하여 의미를 나타냅니다.

한편, 사물이나 사람 자체가 어떤 것을 의미하는 기호가 되는 경우도 있습니다. 여기서 눈여겨볼 점은 시간이 지남에 따라 기호의 의미가 조금씩 변한다는 것인데요 청바지를 예로 들어봅시다. 예전에는 청바지를 주로 젊은 사람들이 많이 입었기에 청춘의 기호로 기능했어요. 청바지가 세대를 구분해주는 차별화된 기호의 역할을 한 거죠. 지금은 어떤가요? 요즘엔 청바지를 젊음의 상징으로 여기는 사람이 별로 없습니다. 그냥 남녀노소 편하게 입는 옷이라고 생각하지요.

이번에는 통기타를 떠올려보세요. 1970년대에는 통기타와 포크송이

통기타와 청바지, 포크송은 7080의 아이콘이었다.

최첨단 젊은이의 문화였어요. 당시 젊은 사람들은 너도나도 통기타를 배웠고, 곳곳에서 청년들이 통기타 반주에 맞추어 포크송을 부르는 것을 들을 수 있었답니다. 지금 십 대와 이십 대가 아이돌 음악에 몰두하는 것처럼요. 여러분이 보기에 통기타와 포크송은 어때요? "에이, 노래가 축축 늘어져서 재미없어" 하면서 엄마 아빠의 오래된 앨범에서나 볼 수 있는 음악이라고 생각할 것입니다. 이렇듯 젊음의 문화였던 포크송과 통기타는 7080이라는 말과 함께 추억의 문화가 되었어요. 포크송과 통기타 자체는 옛날이나 지금이나 변함없지만, 그것을 받아들이는 사람, 즉 수용자들이 품는 의미가 달라진 겁니다. 같은 것을 두고 세대마다 다른 의미를 품게 된 거예요. 그러니 요즘 젊은이들이 열광하는 음악과 패션도 머지않아 추억의 노인(?) 문화가 될지 모릅니다.

이제 슬슬 역사기호학의 바다에 본격적으로 머리를 적셔볼까요? 우선 질문을 하나 던질게요. '사랑' 하면 여러분은 무엇부터 떠오르나요? 연인끼리 장난치고 밀당하는 모습, 로맨틱한 장면, 키스하는 장면 등인가요? 어쩌면 자식이 아픈 부모님을 지극정성으로 간호하는 것도 사랑이 아닐까요? 맞아요. 그런 장면 모두를 사랑이라고 할 수 있습니다. 문제는 '사랑'이라는 기호는 사람마다 다른 의미와 이미지로 다가오기에 하나로 정의하기가 굉장히 어렵다는 겁니다. 어떤 사람은 사랑을 단순한 육체관계로 생각할 수 있고, 또 어떤 사람은 타인을 위해 헌신하는 태도로 생각할 수 있어요. 또한 사람들이 받아들이는 '사랑'이라는 기호의 의미도 역사적으로 변했고요. 현대의 사랑과 중세의 사랑은 그 모습이 다릅니다. 심지어 몇 십 년 전과 지금 사랑의 모습과 의미에도 분명한 차이가 있죠. 이처럼 시대의 흐름에 따라 의미가 변해온 기호들이 있습니다.

우리는 '사랑'이라는 기호를 통해 다른 사람들과 곧잘 소통합니다. 어느 자리든 '사랑'은 누구나 공감할 수 있는 안줏거리고, 나이가 많든 적든, 돈이 많든 적든 누구나 이야기 나누고 싶은 주제니까요. 이렇듯, 사랑은 누구와도 소통할 수 있는 일반적인 매체이자 기호입니다. 그리고 대중매체에서 수없이 쏟아내는 드라마와 영화의 뿌리도 대부분 남녀 간의 사랑이지요. 액션이든 호러든 장르 영화에서조차도 사랑의 코드는 빠지지 않습니다. 좀비 영화 「웜 바디스」(2012년)도 결국 사랑 이야기잖아요. 그 뿐인가요? 대중음악 가사들도 십중팔구 사랑 이야기죠.

이렇듯 우리 주위에는 사랑이 공기처럼 퍼져 있지만, '사랑'의 의미가 역사적으로 어떻게 변해왔는지 별로 생각해보지 않는 듯합니다. 일반적인 통념과는 달리 시간이 흐름에 따라 '사랑'의 의미 또한 달라졌고, 각 나라와 지역, 공동체의 문화에 따라 사랑의 모습이 다르게 나타나는데 말입니다. 중세에는 기사도적인 사랑이 존재했어요. 이 사랑은 기사들이 자신이 사랑하는 여인을 헌신적으로 묵묵히 지켜주는 데서 유래했습니다. 재미있는 것은 기사들이 사랑한 대상이 주로 자신이 도저히 넘볼 수 없는 군주의 아내였다는 점이에요. 그러니까 중세의 '기사도적 사랑'은 넘볼 수 없는 대상을 향한 헌신적인 사랑이었지요. 오늘날에도 영화나 문학 작품에서 이런 유형의 사랑이 종종 나옵니다.

미디어의 영향 때문인지 우리는 사랑을 고상하고 고귀한 어떤 것으로 생각하는 경향이 있어요. 여러분, '낭만적인 사랑' 하면 어떤 모습이 떠오르나요? 두 사람이 레스토랑에서 와인을 기울이는 모습, 신분의 차이를 무릅쓴 결혼 등이 생각나겠죠? 이 같은 낭만적인 모습은 보통 영화나 드라마에서 자주 볼 수 있는 것들입니다. 그래서 사랑에 빠진 사람들은 대개 상대방에게 로맨틱한 행동을 보여줘야 할 것 같은 조바심을 느낍니다. 그런데, 이런 낭만적 사랑은 개인의 개성이 두드러지면서 등장한 근대의 발명품이라고 해요. 이전 시기만 해도 여성은 '정복'의 대상일 뿐이었거든요. 고대 로마에서는 정열적인 사랑에 빠진 사람을 사회적 무능력자로 취급했으며, 불길한 병에 걸렸기에 치료가 필요한 사람으로 보았을 정도예요. 그러다 중세가 되어서야 지금 우리가 보는 낭만적인 사랑의 기초가 만들어집니다. 특히 라틴어로 번역된 아라비아 문학의 영향으로 사랑하는 여성을 숭배의 대상으로 보기 시작했다고 하는데요. 당시까지만 해도 아직 개인의 개성을 인정하지 않는 사회였기에 연애결혼이라는 개념은 상상조차 할 수 없었다고 합니다. 왜냐고요? 당시는 사랑을 바치는 대상이 어여쁜 신부나 멋진 신랑이 아니라 신(神)이어야 한다고 생각했대요. 그래서 13세기 카스티야의 왕 펠리페는 아내 후아나를 너무 낭만적으로 대했다고 하여 교회에서 비난을 받았다고 합니다. 이 두 사람은 당시 결혼 관습과 달리 처음에는 서로에게 반해 낭만적으로 지낸 모양이에요. 물론 그 후로는 펠리페가 바람을 피우는 바람에 후아나의 성격이 포악해졌다고 하지만요.

말도 안 된다고요? 결혼은 원래 사랑하는 두 사람이 만나서 하는 거라고요? 예, 오늘날 대부분의 사람들이 동의하는 바이지만, 예전에는 그렇지 않았습니다. 조선 시대만 해도, 결혼은 개인과 개인이 아닌 집안과 집안의 결합이었어요. 사실 지금도 집안의 조건을 보고 결혼하는 경우가

필리페와 후아나(©Wikimedia Commons)

많아요. 하지만 이런 관계에는 개인의 감정이 들어갈 자리가 없으므로 이들에게 부부란 진정한 사랑의 파트너가 아니라 각 집안의 대리자 역할을 하는 셈이지요. 여러분의 눈에 이상해 보일지 몰라도 요즘도 이렇게 사는 사람들이 의외로 많답니다. 이런 사람들은 진정한 사랑을 부부 관계 밖에서 찾기도 해요. 그렇다고 너무 이상하게 바라볼 필요는 없어요. 사랑에 대한 관념, 즉 의미는 옛날부터 지금까지 고정되어 있지 않으니까요. 일반적인 오해와 달리 이런 의식마저도 역사적으로 새롭게 생겨나며 변화해온 것이랍니다. 이를 두고 사회학자 루만[40]은 "사랑의 의미론이 역사적으로 변해왔다"고 말합니다.

정리하면, 사람들이 받아들이고 생각하는 사랑의 의미가 시대별로 다르다는 뜻입니다.

물론 역사적으로 의미가 변해온 기호에 '사랑'만 있는 건 아니에요. '돈', '문명', '문화', '죽음' 같은 개념도 계속 바뀌었지요. 우리는 오늘날의 개념을 기준으로 역사를 해석합니다. 즉, 우리가 현재 수용하는 기호의 의미를 통해 옛날의 상황을 바라보는 거예요. 예를 하나 들어볼까요? 현대인들은 '어린이'가 어른과 다른 존재라고 이해합니다. 어린이는 어른보다 미성숙하고 아직 성장해야 할 존재라고 받아들여요. 어른들한테

40) 니클라스 루만(Niklas Luhmann, 1927~1998)은 독일의 사회학자, 사회이론가이다. 움베르토 마투라나와 프란시스코 바렐라가 창안한 자기생산(autopoiesis)개념 등을 사회학 이론에 접목하여 독창적인 사회 체계 이론을 만들었다. 대표작은 『사회적 체계들』, 『사회의 사회』 등이 있으며, 이 책들은 20세기 사회학의 고전으로 평가받고 있다.

보호받을 대상이고요. 만일 요즈음 초등학교에 다녀야 할 아이들이 하루 종일 공장에서 노동한다면 어떻게 될까요? 난리가 나겠죠. 공장주도 부모들도 아동 학대 혐의로 법적인 처벌을 받고, 여론의 지탄도 피하기 어려울 겁니다. 왜냐하면 자녀를 성인이 될 때까지 학교에 보내 교육하고 바른 사람으로 자라도록 가정에서 돌보는 것이 현대 부모의 의무니까요. 제3세계의 가난한 국가들 외에 경제적으로 안정된 대부분의 문명화한 국가에서는 아동을 이렇게 대합니다. 그게 상식으로 통하고요. 그런데 저희 아버지 어머니 세대만 해도 친부모한테 맞고 자란 경우가 꽤 되었어요. 당시에는 아이를 올바르게 키우려면 매를 아끼면 안 된다는 인식이 주류였으니까요. 하지만 지금은 친부모라도 자기 자식한테 함부로 하면 안 됩니다. 이렇게 아동의 권리는 역사적으로 점점 늘어났고, 이것이 지금 우리가 받아들인 '아동'이라는 기호이자 개념의 의미입니다.

하지만 프랑스의 역사학자 필립 아리에스[41]가 『아동의 탄생』에서 설명했듯이 중세의 아동은 그냥 작은 어른일 뿐이었습니다. 우리가 지금 생각하는 아동이라는 개념은 당시에 존재하지 않았어요. 사랑의 의미가 역사적으로 바뀐 것처럼, 아동의 의미도 시간이 지나면서 변한 것이죠. 또는 아동이라는 개념이 새로 만들어진 것으로 볼 수도 있고요. 우리나라

41) 필립 아리에스(Philippe Aries, 1914~1984)는 소르본 대학에서 역사학과 지리학으로 학사 학위를 받은 후 열대 농업 연구소, 국립도서관, 플롱 출판사 등 아카데미즘 밖의 직업에 종사하면서 '일요일의 역사가'로 활동했다. 최근까지도 그의 생애와 학문 세계를 분석한 박사 학위 논문이 나올 만큼 프랑스 사학계를 비롯해 20세기의 인간 이해에 그가 미친 영향은 지대하다.

의 경우, 어린이라는 단어를 처음으로 만든 사람은 방정환 선생님입니다. 그분은 어린이날을 제정하는 등의 노력을 통해 어른과 차별화된 '어린이'라는 존재를 새롭게 부각했지요. 순수한 동심을 가진 존재로 말입니다. 그런데 요즘은 여기에 이의를 제기하는 시각도 있어요. 어린이도 어른과 똑같이 욕망을 가진 사람이기에 미움이나 사랑을 느낄 수 있고, 영악하고 잔인한 짓을 저지르기도 한다고 말입니다. 어른보다 덩치가 작을 뿐, 어린이 역시 다양한 욕망을 가진 하나의 사람이라는 시각이지요. 하지만, 그전까지 어른과 그리 다르게 취급되지 않던 존재를 '어린이'라고 이름 붙이고 '순수' 등과 같은 일정한 특성과 자질을 부여하면서 아동이라는 기호가 발생하고, 그 기호의 의미가 고착된 겁니다. 이렇듯 우리가 지금은 당연하게 받아들이는 단어나 기호들도 역사를 추적해보면, 원래부터 지금의 의미를 지닌 것이 아니라는 점을 알 수 있어요. 사실 그 개념이 지닌 의미는 이후에 만들어진 것인데, 익숙해지다 보니 우리에게 당연하게 받아들여지고 있을 뿐이지요.

역사적으로 기호의 의미가 변한 사례를 하나 더 소개할게요. 먼저 질문을 하나 드리겠습니다. 여기에 A와 B라는 두 사람이 있어요. A는 칼의 날카로운 부분으로 다른 사람을 찔렀고, B는 칼등으로 남에게 그다지 위험하지 않은 타격을 가했어요. 그렇다면 A와 B 중 누가 더 높은 벌금을 물어야 할까요? 대부분 당연히 A라고 대답할 겁니다. 지금의 사법적 관점으로 봐도 A가 B보다 더 큰 처벌을 받아요. 그런데 역사를 뒤져보면 신기하게도 B가 A보다 더 큰 벌금을 물어야 한다고 본 사례가 있습니다. 바로 『루스카야 프라브다』라는 러시아의 가장 오래된 법전에 그런 내용이

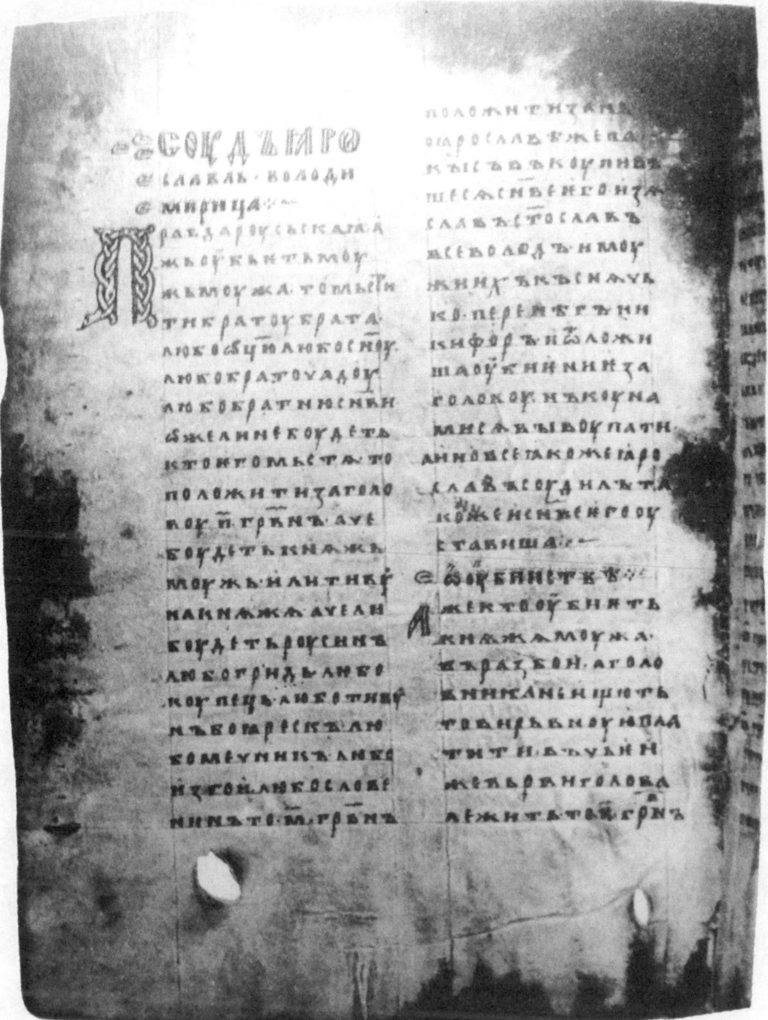

『루스카야 프라브다』의 복제본 첫 페이지(©Wikimedia Commons)

담겨 있어요. 이 법전은 11~12세기에 키예프 루시에서 제정된 법령들을 집대성한 러시아 최초의 법령집인데요. 이에 따르면 가해자가 무는 벌금은 피해자가 입은 물리적 피해, 즉 상처의 성격과 크기에 상응해야 한다고 되어 있어요. 그런데, 이 법은 시간이 지나면서 다른 방향으로 발전해 나갔습니다. 칼의 날카로운 부분으로 입힌 심한 상처에 대해 지급해야 하는 벌금이 칼집, 칼 손잡이, 연회용 술잔, 주먹의 손등으로 타격을 가한 자가 물어야 하는 벌금보다 더 적게 된 거예요. 이상하죠? 왜 그렇게 된 걸까요?

이는 당대 무사계급의 윤리와 관련 있습니다. 당시 기사도가 나타나면서 명예에 대한 개념도 함께 생겨났는데요. 전투용 칼과 흉기로 입은 상처는 고통스럽기는 해도 명예 훼손은 아니었습니다. 대등한 계급의 사람과 벌인 결투라면 상처는 오히려 명예로운 것이었죠. 반면, 칼집, 손잡이, 막대기 등 흉기가 아닌 것으로 타격을 가하는 것은 명예를 훼손하는 것이었습니다. 결국, 명예를 훼손하기 때문에 흉기가 아닌 물건으로 가볍게 타격을 가하는 사람이 흉기로 상처를 입히는 사람보다 더 큰 벌금을 물 수밖에 없었다는 논리예요. 당시 사람들에게는 물질적인 가치인 '신체'보다 기호적이고 문화적인 가치인 '명예'가 더 중요했습니다. 따라서 시기적으로 후대에 발간된 『루스카야 프라브다』에도 이런 사고관이 반영된 것입니다.

이러한 점을 이해하려면 시대적인 맥락을 읽어야 합니다. 당시 사람들이 어떤 가치를 더 선호했고, 그것이 기호에 어떻게 반영되었는지를 자세히 살펴보면 이해할 수 있는 일들이죠. 동시에 우리는 이러한 역사 기

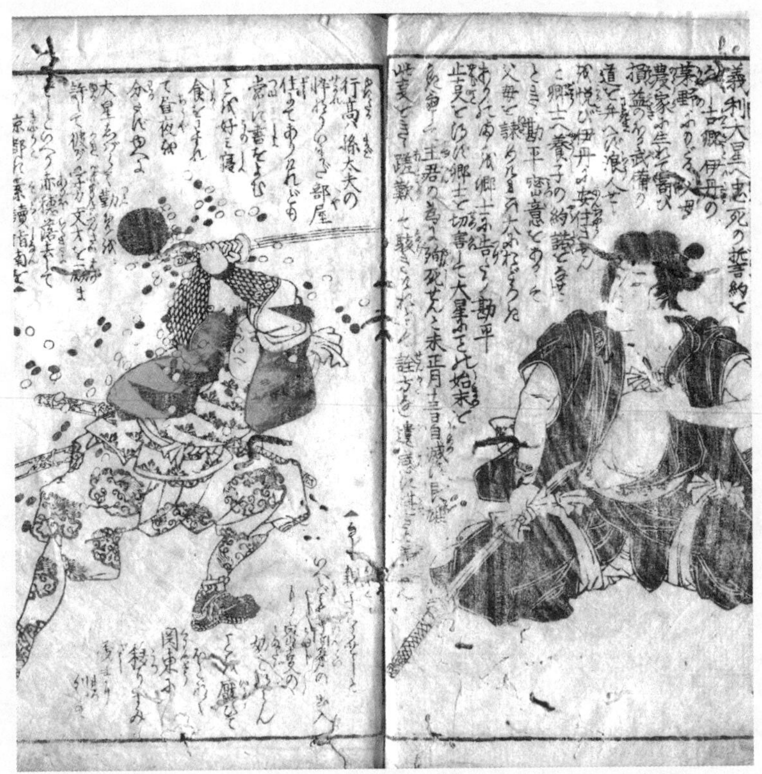

두 명의 사무라이(1760년경. ©Wikimedia Commons)

록을 통해 당시 사람들의 가치관과 세계관도 알 수 있습니다. 기호의 의미가 역사적으로 변했다는 것은 기호가 지시하는 대상의 가치가 달라졌다는 것을 뜻합니다. 예나 지금이나 여러분은 남을 칼로 찌를 수도, 그다지 위험하지 않은 물건으로 한 대 칠 수도 있어요. 하지만 두 행위의 가치와 의미는 역사적으로 변했습니다. 역사기호학은 이런 의미의 변화를 추적하는 학문이에요.

일본 사무라이의 할복(割腹)자살도 마찬가지 방식으로 이해할 수 있습니다. 일본어로 하라키리(はらきり)라고 불리는 할복(割腹)자살은 명예를 목숨보다 더 소중히 여기기 때문에 가능한 일입니다. 이는 죽음으로써 자신의 명예를 증명하겠다는 의미를 담고 있는데요. 비록 오늘날의 윤리관으로는 이해되지 않지만, 당시 사무라이들에게는 명예야말로 전부였던 것이지요. 소설 『금각사』로 유명한 작가 미시마 유키오도 할복자살로 생을 마감했습니다.

마지막으로 사회학자 노르베르트 엘리아스[42]의 『문명화 과정』에 있는 사례를 소개할게요. 철학자 볼테르의 애인인 후작부인 드 샤틀레는 목욕할 때 하인이 당황해할 정도로 자신의 알몸을 스스럼없이 드러냈다고 합니다. 그러면서도 전혀 개의치 않고 오히려 하인이 뜨거운 물을 제대로 붓지 않는다고 꾸중했대요. 어떻게 이런 행동이 가능할까요? 이는 지금과 사회적인 의미가 달랐기 때문입니다. 당시 높은 지위나 동등한 지위

42) 노르베르트 엘리아스(Norbert Elias, 1897~1990)는 유대계 독일인 사회학자로 나중에 영국으로 망명하였다. 저서로 『문명화 과정』이 유명하다.

의 사람에게 벗은 모습을 보이는 것은 예의범절에 어긋나는 불손한 행위였어요. 반면, 지위 낮은 사람들에게 알몸을 보이는 것은 선의의 표현으로 해석되었다고 합니다. 이후 모든 사람이 사회적으로 평등해지면서 다른 사람 앞에서 벗은 모습을 보이는 것은 일반적으로 금지된 행위가 되었습니다. 이제 사랑하는 연인 앞에서 아니곤 함부로 다른 사람에게 벗은 모습을 보이지 않지요.

방금 설명한 사례는 감정 중 '수치심'과 관련 있습니다. 사람들은 누구나 수치심을 가집니다. 그런데 수치심은 자신이 어떤 대상에 대해 가지는 의미와 관계가 깊어요. 가령 우리는 고양이가 보는 앞에서 하의를 내리고 오줌을 눈다고 해서 수치심을 느끼지 않습니다. 하지만 만약 내가 화장실에서 일을 보고 있을 때 다른 누군가 실수로 문을 연다면 수치심을 느끼겠죠? 이렇듯 우리가 수치심이라는 감정을 느끼는 대상도 역사적으로 계속 변해왔습니다. 역사적으로 대상에 대한 의미나 가치가 계속 변했기 때문이에요. 수치심처럼 우리가 일상에서 자연스레 느끼는 감정을 이해하기 위해서도 역사기호학적인 관점이 필요한 거고요. 오늘 강의는 여기까지입니다. 수고하셨어요, 여러분!

오늘의 키워드	역사기호학, 의미 변화, 시대적 맥락

15강

신체기호를 알면 연애를 잘할 수 있다

오늘은 의사소통에서 가장 중요한 부분 중 하나인 비언어적 소통을 주제로 이야기를 나눠볼게요. 여러분도 알다시피 일상적인 소통에서 언어적 부분이 차지하는 면은 의외로 크지 않아요. 그보다 더 많은 부분을 차지하는 것은 몸짓이나 표정 같은 비언어적 의사소통입니다. 사람들은 대개 자신의 감정을 말이 아니라 몸으로 표현할 때가 많으니까요. 그래서 이런 것을 잘 읽어내고 적절히 대처하는 사람더러 "눈치가 빠르다"고 합니다. 어느 조사에 따르면, 누군가 하는 말의 신뢰도를 결정하는 것도 많은 부분 그 말의 내용보다 그 사람이 짓는 표정이나 목소리, 말투, 자세 등 비언어적인 요소라고 합니다.

우리는 무의식중에 몸짓, 동작, 시선, 눈빛, 표정 등의 신체 언어로 의사소통을 합니다. 이런 의사소통을 비구어 커뮤니케이션(non-verbal communication)이라 불러요. 비언어 의사소통이라고도 하고요. 이는 일반적으로 우리가 언어라고 부르는 말이나 글자 외의 다양한 형태의 기호를 통한 의사소통을 가리키는데요. 여기에는 신체언어(body language), 공간언어(proxemics), 시간언어(chronemics), 냄새언어(olfactics), 눈동자언어(oculesics)등이 있습니다. 특히 이 중에서 신체언어인 보디랭귀지(body language)가 가장 자주 쓰이고, 가짓수도 가장 많아요. 사람이 사용할 수 있는 신체언어는 70만 가지 이상이라고 합니다.

이번 강의에서는 그중 신체언어에 관해 중점적으로 배워볼 텐데요. 기호학 중 신체 기호가 기반인 소통을 연구하는 분야를 '신체 기호학'이라 합니다. 가령 외국에 나갔는데 외국어가 안 되면 여러 가지 손짓으로 의사소통을 할 수밖에 없는데, 이것이 바로 신체 기호입니다. 또 프로야구에서 투수가 공을 던지기 전에 포수와 신호를 주고받잖아요? 그때 포수가 손으로 만드는 여러 가지 신체 동작 역시 일종의 신체 기호입니다. 야구 중계를 보면, "투수와 포수가 사인(sign)을 주고받는다"라는 표현을 자주 써요. 주류 코치가 1루에 진출해 있는 선수에게 도루하라고 보내는 사인 역시 일종의 신체 기호고요. 실제로 영어 'sign'에는 '기호'라는 뜻이 담겨 있습니다.

농아들을 위해 만든 신체 기호도 있습니다. 바로 '수화(手話)'예요. 수화라는 한자어를 우리말로 풀면 '손으로 하는 말'이라는 뜻입니다. 순수 우리말로 '손가락말'이라고도 해요. 영어로는 'sign language'라고 합니다. 국가마다 자기 나라 언어에 맞는 수화가 있고, 수화를 공식 언어로 지정하는 나라도 있어요. 뉴질랜드의 경우엔 영어와 마오리어에 이어 수화를 세 번째 공식 언어로 지정했다고 합니다. 뉴질랜드의 오클랜드 공과

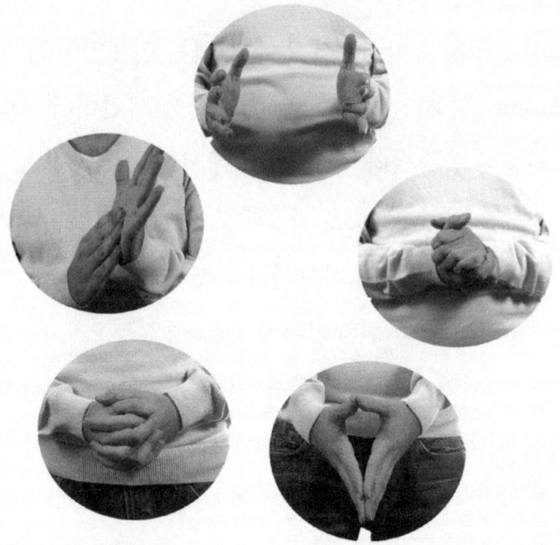

신체언어는 비언어 커뮤니케이션 행위다.

수화로 의사를 표현하는 아이

대학에는 수화 통역학과도 있다고 해요. 거기서 전문 수화 통역사를 양성한다고 합니다. 장애인과 같은 소수자에 대한 배려가 발달한 나라니까 그런 것이 가능하겠지요.

이제, 신체언어와 몸짓의 차이를 살펴볼게요. 신체의 움직임인 신체언어(body language)와 몸짓(gesture)의 의미는 다릅니다. 신체언어는 "몸짓과 표정, 자세 등을 통해 무의식적으로 사용되는 모든 비언어 행위의 커뮤니케이션 행위"를 가리켜요. 한편 몸짓은 신체언어 중에서 "팔과 손, 머리, 몸, 얼굴 등 신체의 움직임과 동작을 통해 생각과 의견, 감정을 전달하는 것"을 뜻합니다. 따라서 몸짓이 신체언어의 하위 개념이 됩니다.

몸짓과 자세(posture)도 구분해야 해요. 몸짓은 신체의 특정 부분을 부분적으로 움직이는 행위예요. 한편 자세는 몸 전체를 동시에 움직이는 동작입니다. 이 둘을 어떻게 구분할지 예시를 통해서 알아볼까요? 가령, 누군가 여러분한테 갑자기 장난을 걸었다고 칩시다. 이때 여러분이 싫다는 의미로 상대방으로부터 몸을 확 돌리는 동작은 '자세'예요. 한편, 얼굴을 찌푸리면서 주먹을 꽉 쥐는 것은 '몸짓'입니다. 말했다시피 이 둘은 모두 신체언어에 포함되지요.

버드휘스텔[43]이라는 미국의 언어학자는 신체언어를 '동작학(Kinesics)'이라는 분야로 체계화했어요. 그는 신체언어를 표정, 시선, 신체 접촉, 신체 특성, 몸짓, 자세의 요소로 세분화했습니다. 슬슬 어려운 외국어 이름

43) 버드휘스텔(Ray Birdwhistell, 1918~1994)은 미국의 언어학자로서 몸짓 등 신체언어를 연구했다.

이 나오지만, 여러분은 그런 복잡한 명칭을 외우는 대신 구체적인 사례와 내용을 찾아내거나 그것들을 머릿속으로 그려보면 됩니다.

우리는 일상에서 다른 사람과 주로 말로 의사소통을 한다고 생각합니다. 하지만 실제로는 글이나 말보다 신체언어를 사용하는 경우가 더 많아요. 여러분이 집에 들어갔을 때, 가족들의 감정을 어떻게 알 수 있죠? 대개 가족끼리는 자신의 기분을 직접 말하지 않아요. 대개 표정이나 눈빛, 동작, 시선, 신체 접촉 등을 통해 부모님의 감정을 읽지요. 예를 들어, 엄마가 어두운 표정으로 한숨을 쉬면, '집에 무슨 일이 있구나'라고 자연스레 알게 됩니다. 우리말 '눈치 빠르다'의 의미는 이런 신체기호를 잘 읽는다는 뜻입니다. 실제로 눈치가 빠른 사람은 다른 사람의 외면에 드러난 기호들을 통해 그 사람의 마음이나 기분을 잘 읽어요.

눈치는 살아남기 위해 어쩔 수 없이 익힌 생존 능력이기도 합니다. 저도 학교 다닐 때는 분위기 파악에 서툰 편이었어요. 그러다가 직장 생활을 통해 처음으로 사회를 겪으면서 여기저기 치이다 보니 눈치가 많이 늘어났습니다. "눈치가 없다"는 소리는 다른 사람이 드러내는 신체 기호를 잘 해석하지 못한다는 뜻이에요. 그러니, 다른 사람과의 의사소통이 얼마나 힘들지 굳이 말하지 않아도 짐작하겠지요? 예를 들어 다른 사람과 이야기하는데 그가 팔짱을 끼거나 시계를 보는 경우엔 내 이야기가 지루하다는 메시지일 가능성이 큽니다. 눈치 없는 사람들은 연애하는데도 여러 애로사항을 겪게 마련입니다. 자기가 좋아하는 사람이 나를 좋아하는지, 싫어하는지 잘 모르는데 어떻게 연애하겠어요?

본격적으로 연애를 시작하기 전에 상대방이 나를 좋아하는지 어떻게 알 수 있냐고요? 자신을 바라보는 눈빛이나, 태도, 말투를 통해서죠. 언어로 된 고백으로 직접 감정을 전달받기 전에, 우리는 그 사람이 보내는 신체 기호를 통해 그가 나를 좋아하는지 알 수 있습니다. 누군가에게 호감이 있다면 그 사람에게 보내는 몸짓, 표정, 눈빛, 태도가 다른 사람들과 달라지므로 알게 모르게 좋아하는 티가 나거든요.

신체 기호를 읽는 능력은 굉장히 중요합니다. 이따금 남자 손님들이 카페나 식당 등에서 일하는 여종업원들의 신체 기호를 잘못 해석하는 경우도 있어요. 서비스 업종에서 근무하는 사람들은 보통 손님한테 웃으면서 친절하게 대합니다. 그런데 연애 경험이 별로 없는 남자 손님 중에는 종업원들의 이런 신체 기호를 자신을 좋아하는 기호로 오해하는 일도 생겨요. 여자들이 생글생글 웃으면서 자신과 이야기하므로 자신을 좋아한다고 착각하는 겁니다. 굳이 서비스 업종이 아니더라도 이런 잘못된 판단은 종종 일어납니다. 그런 경우 원래 생글생글 잘 웃는 여자일 수도 있고, 상대방의 기분을 상하지 않게 하려고 일부러 웃는 일도 있는데 말이에요. 반대로 일부러 그 사람을 좋아하는 티를 안 내려고 과도하게 행동하는 예도 있습니다. 초등학교 남자아이들이 좋아하는 여자아이 치마를 들치는 장난도 그런 경우지요.

몸짓언어를 이해할 수 있는 재미있는 팁을 알려드릴게요. 다음과 같은 동작들은 '예스'를 의미하는 제스처일 확률이 높아요. '손바닥을 펼쳐 보인다', '앞쪽으로 몸을 기울인다', '미소를 짓는다', '몸의 방향이 상대를 향하게 한다', '계속해서 시선을 마주친다', '고개를 끄덕인다' 등입니다. 반대로 다음과 같은 동작들은 '노'를 뜻하는 몸짓일 가능성이 큽니다. '팔장을 낀다', '문가를 두드린다', '손으로 턱을 괸다', '발과 몸이 다른 방향을 향하게 한다', '무릎 위에 손을 얹어놓는다', '손을 입 부분으로 가져간다', '심하게 안절부절못하는 모습을 보인다', '불안정하게 눈동자를 계속 움직인다', '찡그린다', '곁눈질을 한다' 등입니다. 또한 '아직 결정하지 못했음'을 뜻하는 몸짓도 있어요. '음료를 홀짝거린다', '안경 끝을 자꾸 만진다', '안경을 닦는다', '머리를 긁적인다', '자꾸 턱을 톡톡 친다' 등입니다.

물론 위의 공식이 수학 공식처럼 100% 딱 맞아떨어지는 것은 아니에요. 개인적으로 쫓기는 일이 있어서 심하게 안절부절못하는 모습을 보일 수도 있으니까요. 이야기가 지루하게 느껴져 팔짱을 낄 수도 있고요. 하지만 위의 행동들은 제가 앞서 언급한 의미를 가리킬 확률이 제법 높습니다. 이런 신체언어들의 의미를 소개하는 책들도 나와 있으니 관심 있는 분들은 한번 찾아서 읽어보세요.

자, 여기서 퀴즈를 하나 낼게요. 이런 신체언어나 몸짓언어를 읽어내는 것을 전문적으로 하는 직업이 있습니다. 어떤 직업일까요? 범죄자를 잡는 형사나 수사관에겐 이런 능력이 필요해요. 특히 FBI 같은 정보기관의 수사관이 그렇죠. 수사관은 심문 과정 중 용의자의 신체언어를 통해 그의 심리를 읽어내야 합니다. 범죄자들은 수사관에게 자신의 속마음이 외부로 드러나지 않도록 포커페이스를 유지해야 하고요. 또한 '비언어 커뮤니케이션'을 연구하는 심리학자도 신체언어와 몸짓언어를 전문적으로 읽어내는 일을 합니다. 저 같은 기호학자도 신체언어를 전문적으로 연구하고 읽지요. 한편 신체 기호나 몸짓언어를 읽는 능력을 좋은 곳이 아니라 나쁜 데에 사용하는 사람들도 있어요. 어떤 사람들일까요? 예, 바람둥이와 사기꾼들이에요. 남녀를 불문하고 바람둥이들은 사람의 신체언어와 몸짓언어를 읽는 데 능합니다. 게다가 상대방이 혹할 만한 말과 행동을 꾸준히 연습하고 훈련하므로 이들은 기본적으로 신체 기호와 몸짓 기호를 가장 훌륭하게 해석하여 이용하는 사람들이라고 할 수 있어요. 사기꾼도 마찬가지입니다. 이들 역시 다른 사람들을 속이기 위해서 '마음을 읽는 기술'을 연마해요. 이런 부류의 사람들은 기호학을 공부하지는 않았지만, 신체 기호와 몸짓 기호를 해석하는 데 달인입니다.

이런 사람들에게 속지 않으려면 어떡해야 할까요? 여러분처럼 기호학 공부를 열심히 하면 됩니다. 특히 신체 기호학을 공부하면 많은 도움이 될 거예요. 심리학을 공부하는 것도 나쁘지 않고요. 그리고 무엇보다 자신의 심리와 행동 스타일을 잘 파악해야 합니다. 세상에는 바람둥이와 사기꾼에게 잘 속아 넘어가는 유형의 사람들이 있어요. 돌아가신 제 할머니 역시 귀가 얇아서 사람들의 꼬임에 자주 넘어가는 편이었어요. 그래서 여러 번 사기꾼 약장수에 속아서 비싼 약을 사오는 바람에 부모님을 애먹이고 하셨지요. 다른 사람의 말을 너무 의심해도 안 되지만, 지나치게 곧이곧대로 믿어도 곤란해요. 바람둥이와 사기꾼은 속아 넘어갈 만한 사람을 알아보는 데 선수거든요.

우리는 보통 외국인과 소통하는 데 영어, 프랑스어, 일본어 등 그 나라의 언어가 가장 중요하다고 생각합니다. 하지만 실제로는 도로 표지판 같은 그림 기호, 그리고 '보디랭귀지'라 부르는 몸짓 기호를 통해 다른 나라 사람들과 의사소통을 하는 경우도 많습니다. 그 나라 언어를 잘 몰라도 어느 정도 생활이 가능한 이유지요. 그래서 주변에 외국어를 잘 못하는데도 '보디랭귀지'만 믿고 배낭여행을 떠나는 사람들이 많은 거고요.

지금은 어떤 시대인가요? 우리나라 사람들이 유학, 사업, 이민 등의 이유로 세계 곳곳에 나가서 생활하고 있는 세계화 시대입니다. 우리나라에도 다양한 국적을 가진 사람들이 들어와 함께 살아가고 있는 다문화 시대이기도 하고요. 21세기를 살아가는 우리는 다양한 언어와 문화적 배경을 가진 사람들과 어울려 살 수밖에 없습니다. 같은 언어를 사용하고 동일한 문화권 내에 있는 사람들과 소통하는 것도 힘든 경우가 많은데, 다른 언어와 문화를 사용하는 사람들과 소통하려면 더 힘들겠지요?

이러한 다문화 사회를 살아가려면 다른 언어와 문화에 대한 이해 못지않게 신체언어를 이해해야 합니다. 인도와 네팔에서는 새끼손가락을 들어 올리는 동작이 '화장실에 간다'라는 의미입니다. 그래서 우리나라에서 일하는 인도와 네팔의 이주노동자들은 화장실에 가고 싶을 때 새끼손가락을 들어 올려요. 그런데 한국인 작업반장은 이 동작을 '약속'이나 '애인을 만나러 가겠다'라는 의미로 오해하지요. 이 같은 문화적 몰이해 때문에 외국인 노동자에 대한 인권 침해가 일어나기도 합니다.

우리나라에서는 '엄지 세우기'를 '최고'나 '훌륭함'을 뜻하는 기호로 사용해요. 그런데 이 동작이 터키와 러시아에서는 '동성애자'를 뜻합니다. 나이지리아, 이란, 아프가니스탄, 이탈리아 사르데냐 섬 남부, 그리스 북부 등의 지역에서는 외설적인 욕설로 통하고요. 실제로 아랍에미리트 항공에 근무하는 한국인 승무원이 기내에서 같이 일하던 이란 승무원에게 칭찬의 뜻으로 엄지를 치켜세웠다가 큰 곤욕을 치렀다고 해요. 이렇듯 나라나 지역마다 하나의 동작이 의미하는 바가 다릅니다. 예시를 하나 더 들어볼게요. 유로 2008 예선전에서 영국 국가 대표 팀이 동유럽 강호 크로아티아와의 경기에서 0:2로 패했습니다. 경기장을 빠져나가는 선수들을 향해 팬들이 신랄한 야유를 퍼부었지요. 그러자 웨인 루니 선수가 팬들을 향해 'V자 사인'을 날렸는데요. 이 일로 잉글랜드 축구협회는 루니에게 3경기 출장금지 처분을 내렸답니다. V 사인을 했을 뿐인데 왜 징계를 내렸을까요? 예, V 사인도 나라마다 의미가 다르기 때문이에요. 보통 V자 사인은 승리를 의미하는 단어 '빅토리(victory)'의 첫 글자 V와 유사해서 승리를 나타냅니다. 그리고 베트남 전쟁 이후에는 '평화'를 상징하는 것으로 쓰였고요. 우리나라뿐 아니라 대부분의 나라에서는 이런 의미로 사용합니다. 그런데, 영국, 그리스, 터키에서는 손바닥을 바깥으로 향한 V자와 손등을 바깥으로 향한 V자의 의미가 달라요. 영국에서는 손바닥을 바깥쪽으로 향한 V자 사인이 승리를 의미하지만, 손등을 바깥으로 향한 V자 사인은 '죽어라'라는 의미를 가진 상스러운 욕입니다. 반대로, 그리스와 터키에서는 손바닥을 바깥으로 향한 V자 사인을 하면 외설적인 의미가 된다고 해요. 흥미롭지요?

이렇듯 나라마다 가지는 신체 기호들의 의미를 잘 모르면 큰 실례를 범할 수도 있습니다. 1992년에는 H. W. 부시 미국 대통령이 호주 방문 시 비행기에서 내려오면서 손등을 보이며 V 사인을 했습니다. 그런데 한때 영연방 국가 중 하나였던 호주에서 그런 신체 기호를 사용했기에 본의 아니게 호주 국민을 모욕하는 예의 없는 대통령이 된 거예요.

'OK 사인'에 얽힌 이야기도 있어요. 1950년대에 미국 대통령 닉슨은 미국에 대한 적대적인 분위기가 팽배했던 브라질에 방문한 적이 있습니다. 근데 손가락으로 OK 사인을 했다가 안 그래도 적대적인 분위기에 찬물을 끼얹고 말았어요. 앞에서도 설명했듯이 OK 사인이 우리나라에서는 '잘했어'라는 의미를 지니지만, 지중해 연안, 유럽 일부, 라틴아메리카, 아랍에서는 '외설적 모욕'을 뜻하기 때문입니다. 한 가지 예를 더 들려드릴게요. 이라크에 주둔하는 미군들이 친밀감과 호의를 표시하기 위해 이라크 민간인들에게 OK 사인을 보내는 경우가 많았다고 합니다. 그런데 문제는 이것이 도리어 이라크에서 반미 감정을 불러일으키는 요인 중 하나가 되었다는 거예요. 그래서 우리나라 국방부에서는 이라크에 파병되는 병사들을 대상으로 손짓말 책자를 만들어 배포했다고 합니다. 프랑스의 철학자 사르트르와 페미니스트 철학자 보부아르 사이의 이야기도 있어요. 두 사람은 계약 결혼을 해서 함께 살고 있었습니다. 그런데 보부아르가 사르트르에게 가계살림 이야기를 꺼내면 사르트르는 항상 OK 사인을 했다고 해요. 무슨 뜻일 것 같아요? 자신이 알아서 다 해결해주겠다는 뜻 아니냐고요? 아닙니다. 가계살림은 나에게 아무런 가치가 없으니 신경 쓰지 않겠다는 뜻이에요. 프랑스에서 OK 사인은 '무의미', '무가치', '제로'를 의미한다고 합니다. 그리고 몰타 섬에서는 '동성애'를, 독일에서는 '개자식'을 의미하고요. 북유럽 일부 지역에서는 '목요일'을 나타내고, 일본, 필리핀, 한국에서는 '돈'을 가리킵니다. 미국 등에서는 '좋다', '훌륭하다' 등의 의미를 지니고요.

어때요? 똑같은 손짓인데 문화마다 의미하는 바가 전혀 다르다니, 놀랍지요? 다른 나라에 갈 계획이 있다면 여러분도 미리 공부해두는 편이 좋을 겁니다. 그래야 난감한 오해를 피할 수 있을 테니까요. 오늘날과 같은 다문화 시대에는 누구나 국가와 국가 사이, 문화와 문화 사이를 가로지르면서 살아갈 수밖에 없습니다. 그러므로 신체 기호를 공부하는 것은 영어, 일본어, 중국어를 배우는 것만큼 중요한 일이겠지요?

오늘의 키워드 **몸짓, 사인, 보디랭귀지**

16강

비슷하고 뻔한 이야기에 매료되는 이유

오늘은 '서사 기호학'을 공부할 거예요. 서사 기호학은 '서술 기호학'이라고 부르기도 합니다. 쉽게 풀자면 '이야기 기호학'인데요. '서사(敍事)' 혹은 '서술(敍述)'은 사건을 풀어내거나 펼쳐낸다는 뜻입니다. 영어로는 'narrative'라 하지요. 서사 기호학은 소설, 영화, 만화, 희곡 등의 이야기를 분석하는 기호학 분야입니다. 와, 정말 대단하지 않아요? 기호학이 뻗어 나갈 수 있는 한계가 어디까지인지 궁금해져요. 앞에서 말했듯이 기호학은 기호를 통해 커뮤니케이션하는 모든 분야를 탐구 대상으로 합니다. 그러니까 기호학이라는 학문은 인간이 속해 있는 모든 의미 영역, 즉 문화의 모든 분야를 다루고 있다고 할 수 있어요.

이번 수업은 소설가나 시나리오 작가 등을 장래 희망으로 여기는 사람들에게 특히 도움이 될 거예요. 기호학자들은 소설, 만화, 영화 같은 서사물의 체계를 파악한 뒤, 이야기들을 나름의 독자적인 체계를 가진 일종의 구조로 이해합니다. 그리고 구조가 어떤 항(요소)들로 이루어져 있는지 밝혀내요. 또 그 체계와 구조 내의 항(요소)들이 서로 어떤 관계들을 맺어서 의미를 만들어내는지 연구하지요. 질문을 하나 던져볼게요. 보통 국어 시간에서 소설을 배울 때, 작품 안에서 어떤 것들을 찾아내나요?

우선 소재를 찾아냅니다. 그다음으로 등장인물을 분석하지요. 또 이들이 사는 시간과 공간을 확인할 수 있고요. 그 외에 또 뭐가 있을까요? 예, 몇 인칭으로 이루어졌는지 시점을 분석하지요. 그리고 이야기를 쓴 작가의 전기적 일대기를 조사하면서 이것을 바탕으로 주제를 끄집어냅니다. 그런데 우리가 소설을 읽는다고 해서 그것을 쓴 작가에 대해 전부 알 수 있나요? 즉, 그 작가의 생애, 심리, 정신 상태 등을 다 알 수 있을까요? 많은 사람이 소설이란 그 작가가 지닌 사상이나 삶을 그대로 반영한다고 생각합니다. 음란한 내용을 담은 작품을 쓰면 작가도 음란한 사람이라 생각하기 일쑤지요. 그런데 작가는 자신의 삶을 그대로 소설에 옮길 수 있지만, 어느 정도 변형하여 쓸 수도 있습니다. 거의 상상으로만 소설을 쓸 수도 있고요. 그러므로 소설 속에 작가의 삶이 그대로 담겨 있다는 것은 맞는 말일 수도, 아닐 수도 있습니다.

소설, 희곡, 영화와 같은 서사 장르는 문자나 영상 같은 예술언어로 되어 있어요. 그리고 나름의 이야기를 만드는 법칙과 구성 원리가 있습니다. 작가는 자기 생각을 독자들에게 직접 그대로 전달하는 것이 아니라, 이야기라는 형식을 통해 전달합니다. 그리고 이야기는 어느 정도 고정된 형식이나 구조를 따를 수밖에 없는데요. 이것을 좀 어려운 말로 "형식과 구조에 제약되어 있거나 종속되어 있다"고 합니다. 예를 들어 이야기의

길이도 그러한 형식 중 하나예요. 보통 영화관에서 보는 영화의 러닝타임(상영시간)은 얼마나 될까요? 장편 영화의 경우 짧게는 90분에서 길면 150분 정도입니다. 단편 영화의 경우 상영시간이 훨씬 짧고요. 물론 5~6시간 동안 상영하는 영화도 있지만, 이는 특수한 경우라 일반적인 상영관에서는 보기 힘들어요.

그렇다면 TV에서 상영하는 미니시리즈 드라마는 보통 한 회에 몇 분 정도 방송될까요? 대부분 1회 60분 분량으로 16회 정도 방영됩니다. 더 길어질 수도 있고 더 짧아질 수도 있지만, 대충 그 정도의 분량만큼 이야기가 진행되지요. 그 16회에 다양한 형태의 에피소드를 담아서요.

이번엔 장르를 바꿔볼까요? 여러분이 어릴 적 읽던 동화책의 분량은 어느 정도였나요? 대충 10쪽 정도라고 칠게요. 그 단편 동화에는 사건이 몇 개나 있었나요? 아마 짧게 서술된 사건이 몇 개 이어져 나왔을 겁니다. 핵심적인 사건이 하나 정도 있었을 테고요. 또한 민담 같은 옛날이야기는 몇 개의 사건들이 이어져 하나의 이야기를 만들지요. 예를 들어볼게요. 나눠드린 티베트 옛이야기 「공주를 훔쳐간 도둑」을 한번 읽어보세요. 자, 이제 내용을 한번 분석해보겠습니다. 이 이야기는 다음과 같은 사건들로 이루어졌어요.

1. 궁전을 화려하게 꾸미는 것을 좋아하는 티베트의 왕이 화려하고 멋진 궁전을 짓는 일에 큰 공을 세우는 사람에게 왕의 보물 세 개를 상으로 내리겠다고 한다.
2. 이 소식을 전해 들은 젊은 목수가 궁전 설계도를 왕에게 바치고, 왕의 마음에

들게 된다.

3. 어떤 소원도 들어주겠다는 왕의 말에 목수는 아름다운 공주를 선택한다.
4. 목수는 공주와 함께 고향으로 돌아와 결혼하고, 행복하게 살아간다.
5. 바람에 날려간 공주의 초상화를 보고 반한 이웃 나라 왕은 그림의 주인공을 찾으려고 신하들을 사방으로 보낸다.
6. 공주가 있는 곳을 알게 된 왕은 도적들을 시켜 데려오게 한다.
7. 목수는 공주가 잡혀가면서 남긴 밀가루 흔적을 보고 공주를 찾아 나선다.
8. 왕에게 끌려간 공주는 웃지 않고 침묵으로 왕을 대하고, 왕은 늙은 하녀를 붙여서 그녀를 돌보게 한다.
9. 석 달 후, 공주는 왕과 결혼을 허락한다.
10. 결혼식 날, 목수는 왕 곁에 있는 자기의 아내를 보고 그녀의 눈에 띄기 위해, 입고 있던 양털 옷을 뒤집어쓰고 춤추는 사람들 사이에서 껑충껑충 뛴다.
11. 공주는 껑충껑충 뛰는 목수가 자기 남편임을 알아차리고 깔깔깔 웃는다.
12. 왕은 공주를 웃기려고 목수의 양털 옷을 빼앗아 입고, 목수가 한 것처럼 뛴다.
13. 공주는 이 기회를 놓치지 않고 부하들로 하여금 양털 옷을 입은 왕을 잡아서 없애도록 지시한다.
14. 목수와 공주는 다시 고향으로 돌아가 예전처럼 행복하고 평화롭게 산다.

서사체, 즉 이야기는 이런 단위들로 분해해볼 수 있습니다. 그런데 재미있는 점이 있어요. 인류가 오랜 시간 동안 만들어온 이야기들을 자세히 살펴보면 특정한 요소들이 반복되고 있다는 점인데요. '공주가 납치

당해서 용감한 기사가 찾으러 가다', '연인 중 한쪽이 마법에 걸려 사랑의 키스를 기다린다', '추방당한 왕자가 잃어버린 왕위를 되찾고자 싸운다', '착한 소녀가 역경을 돌파하여 사랑을 얻고 행복을 되찾는다' 등이 그런 요소들이죠. 이런 이야기 요소를 이야기의 기본적인 요소라는 의미에서 '이야기소'라고 부릅니다. 한자로 '화소(話素)'라고 하지요. 이런 화소들이 결합하거나 변형되어서 동화, 소설, 영화, 만화, TV 드라마 같은 이야기들이 만들어진답니다.

여러분이 드라마를 볼 때마다 비슷한 이야기를 어디서 보거나 들은 적 있는 것 같은 기시감을 느끼는 것도 이런 배경입니다. 특히 연애 드라마나 가족 드라마를 보면, 배우나 극중 이름만 바꾼 비슷한 이야기들이 수없이 반복되는 것을 알 수 있잖아요? "주인공에겐 출생의 비밀이 있고, 사실 재벌가의 숨겨둔 자식이었다", "사랑하던 연인이 알고 보니 배다른 남매였다", "청순하고 순진한 주인공 여자가 커리어우먼인 악녀와 한 남자를 두고 다툰다" 등등 익숙한 화소들을 조금씩 가공하여 구체적인 이야기로 바꾼 것이 우리가 보는 드라마나 영화입니다. 가령 '연인 중 한 명이 기억상실증에 걸린다'를 "준상은 교통사고로 기억상실증에 걸려 모든 추억을 잊은 상태에서, 사랑하던 연인인 유진과 극적으로 재회한다(「겨울연가」)"라는 이야기로 구체화할 수 있겠지요. '연인 중 한 명이 죽는다'는 "준서와 은서가 사랑을 하다가 은서가 백혈병에 걸려서 시름시름 앓다가 죽었다(「가을동화」)"로 써내려갈 수 있을 거고요.

연인 중 한 명이 비극적으로 죽게 되는 스토리는 영화, 드라마, 소설의 단골 소재입니다. 「로미오와 줄리엣」, 「러브스토리」 등 수많은 이야기에

▲「로미오와 줄리엣」 포스터(네이버 영화)
▶「러브스토리」 포스터(네이버 영화)

서 반복된 화소지요. 사람들이 지금까지 축적되어온 다양한 어휘를 사용하여 의사소통을 하듯이 우리는 인류가 현재까지 만든 이야기들을 활용하여 새로운 이야기들을 만들고 있는 것입니다. 다양한 이야기들을 많이 읽고, 거기에 나오는 화소들을 잘 조합하면 또 하나의 이야기가 탄생하는 거죠. 이것이 작가 지망생 여러분께 드리는 첫 번째 팁이에요.

“나는 여태까지 존재한 적 없는 완전히 독창적인 이야기를 만들고 싶어”라며 주먹을 불끈 쥐는 분도 계실 텐데요. 글쎄요, 뛰어난 천재가 아닌 이상 기존의 이야기들을 참조할 수밖에 없을 겁니다. 물론 그런 것을 그대로 가져다 사용하면 표절이 될 테니, 앞에서 예를 든 것처럼 화소를 확대하거나 변형해야겠지요. 새로운 이야기는 그렇게 변형된 화소를 전체 구조 속에 끼워 넣으면서 만들어집니다. 다양한 레고 조각들을 맞춰서 하나의 근사한 완성품을 만드는 것처럼 이야기도 마찬가지입니다. 그러니까 우리가 흔하게 들어온 이야기들을 뒤틀어서 새로운 이야기 구조를 만든다는 뜻이지요.

적지 않은 사람들이 소설 쓰기와 같은 창작을 무에서 새로운 것을 만드는 것으로 오해하고 있습니다. 하지만 소설 쓰기, 작곡, 건축과 같은 많은 창조적인 행위는 기존의 요소들을 새롭게 조립하는 거예요. 창조하는 과정에서 새로운 요소들을 창안하기도 하고, 새로운 조립 방식을 찾아내기도 하지요. 하지만 대부분의 창작은 기존의 요소들이나 구조를 활용하여 새로운 점을 찾아내는 겁니다. 그래서 소설을 쓰거나 작곡을 할 때 다른 것들을 참조한다고 해서 부끄럽게 생각할 필요가 없어요. 어느 정도 자신감이 생기지요?

이제 팁을 하나 더 알려드릴게요. 이야기를 통합체와 계열체의 관점에서 사고하라는 것입니다. 하나의 문장을 통합체와 계열체의 차원에서 파악할 수 있듯이 이야기도 통합체와 계열체의 차원에서 사고할 수 있거든요. 통합체와 계열체가 뭔지 다 까먹었다고요? 다시 설명해드릴게요. 예를 들어, "쥐가 치즈를 먹었다"라는 문장이 있어요. 이 문장에서는 가로축은 통합체이고, 세로축은 결합체입니다. 가로축인 통합체 차원에서 "쥐가 쥐덫에 놓인 치즈를 먹었다", "남동생의 애완용 쥐가 쥐덫에 놓인 치즈를 먹었다", "쥐를 싫어하는 엄마의 계략 탓에, 남동생의 애완용 쥐가 쥐덫에 놓인 치즈를 먹었다"와 같이 새로운 항과 내용을 계속 추가하면서 이야기와 의미를 확대하거나 바꿔갈 수 있어요. 반대로 이미 있는 항과 내용을 뺄 수도 있고요.

한편 "쥐가 치즈를 먹었다"라는 똑같은 문장을 세로축인 결합체 차원에서 어떻게 바꿀 수 있을까요? '치즈' 대신 '발톱', '단추', '내 숙제' 등을 넣을 수 있습니다. 또 '먹었다' 대신 '만들었다', '냄새 맡았다', '그렸다'를 넣을 수도 있고요. 어때요, 문장의 의미가 완전히 달라지지요? 우리가 생각 없이 내뱉는 문장들은 이렇게 통합체와 결합체의 조합으로 이루어져 있습니다. 통합체는 문장 구조를 다루는 통사론과 관련되고, 결합체는 단어의 의미를 다루는 의미론과 관련됩니다.

이야기도 마찬가지입니다. 역시 가로축인 통합체와 세로축인 결합체의 조합으로 이루어져 있어요. 앞에서 읽은 동화 「공주를 훔친 도둑」도 통합체와 결합체로 되어 있습니다. 그러니 아까 해본 방법대로 이야기를 변형시킬 수 있는 거예요. 각 항을 더하거나 빼면서요. 이 동화는 1에서 14까지의 항으로 되어 있는데, 그 항 중 하나를 생략하거나 새로운 것을 넣어 늘릴 수도 있다는 뜻입니다. 또한, 각 항은 다른 내용으로 바꿀 수 있는 잠재적인 결합체를 가지고 있습니다. 즉, 각 항을 이루는 요소들을 바꿀 수도 있다는 것이죠. 왕 대신 마법사, 공주 대신 마법사의 아들, 목수 대신 베 짜는 처녀, 이웃 나라 왕 대신 탐욕스러운 여왕을 사용할 수도 있잖아요? 공간도 티베트가 아니고 중세 유럽이 될 수도 있고요. 이렇게 기존 이야기의 통합체(가로축) 차원과 결합체(세로축) 차원을 변형시키면 다양한 이야기가 생성됩니다. 어디, 우리 한번 이야기에 가볍게 손을 대볼까요? 지금 들려드릴 이야기는 「공주를 훔친 도둑」에서 줄거리는 그대로 두고 인물만 슬쩍 바꿔본 것입니다. 어떻게 달라지는지 원래 이야기랑 비교하면서 읽어보세요.

1. 화려한 옷감으로 치장하길 좋아하는 마법사가 가장 아름다운 베를 짜는 사람의 소원을 들어주겠다고 한다.
2. 이 소식을 들은 젊은 처녀가 가장 아름다운 베를 마법사에게 바치고, 마법사의 마음에 들게 된다.
3. 어떤 소원도 들어주겠다는 마법사의 말에 처녀는 마법사의 잘생긴 막내아들을 선택한다.
4. 처녀는 마법사의 막내아들과 함께 고향으로 돌아와 결혼하고, 베를 짜서 판 돈으로 행복하게 살아간다. 그녀는 마법사가 혼수품으로 준 마법 거울과 마법 물레, 마법 가위를 잘 간직한다.
5. 신하들로부터 세상에서 가장 솜씨 좋게 베를 짜는 여자가 있다는 말을 들은

이웃 나라 여왕이 그 베를 사기 위해 신하들을 보낸다.

6. 잘생긴 청년에 대해 전해들은 이웃 나라 여왕은, 그 청년을 잡아오게 한다.

7. 울고 있던 여자는, 마법사가 위급할 때 쓰라고 준 마법 거울에서 남편이 어디로 갔는지 보고 찾아 나선다.

8. 여왕에게 끌려간 청년은 웃지 않고 침묵으로 여왕을 대하고, 여왕은 늙은 하녀를 붙여서 그를 돌보게 한다.

9. 석 달 후, 여왕은 청년과의 결혼식 날짜를 공표한다.

10. 결혼식 사흘 전날, 여자는 가까스로 여왕의 성에 도착한다. 여자는 마법사가 준 마법 물레와 마법 가위를 이용해 하루 만에 베를 짜고 놀랍도록 아름다운 옷을 만들어낸다. 그리고 귀부인 차림으로 변장한 뒤 여왕을 알현한다.

11. 여왕은 귀부인이 베 짜는 여자임을 알아보지 못하지만, 청년은 그 옷감이 자신의 아내의 솜씨임을 알아챈다. 청년은 여왕이 결혼식 날에 저 옷을 입으면 매우 아름다울 것 같다고 아부한다.

12. 여왕은 신하들을 모두 물러나게 한 후, 얼마면 그 옷을 팔겠냐고 말한다. 여자는 여왕님의 옷을 대신 달라고 한다. 여자와 여왕은 옷을 바꿔 입는다.

13. 여자는 마지막으로 옷의 복잡한 허리장식을 묶는 것을 도와주겠다고 한다. 여자가 허리장식을 당기자, 옷이 꽉 조여든다. 여왕은 질식해서 쓰러진다. 그 틈을 타 여자는 여왕인 척하며 남편을 데리고 탈출한다.

14. 베 짜는 여자와 청년은 다시 고향으로 돌아가 예전처럼 행복하고 평화롭게 산다.

어떤가요, 결국은 똑같은 이야기인데 어딘지 많이 다르게 느껴지지요? 여러분도 이 같은 기본 원리만 알면 새로운 이야기들을 끝없이 창조해낼 수 있습니다. 그러면 한두 가지만 더 알려드리고 오늘 공부를 마칠게요. 소설 작법에서 자주 등장하는 개념들을 소개해드리겠습니다. 아마 문학 수업시간에 들어보셨을 거예요. 바로 '파불라(fabula)'와 '슈제트(sujet)', '스토리(story)'와 '플롯(plot)'입니다.

파불라와 스토리는 현실의 시간 순서에 따라 일어나는 사건 개념이에요. 반면, 슈제트와 플롯은 이야기 속의 시간에 따라 발생하는 사건 개념입니다. 현실에서는 A-B-C-D 순으로 사건들이 일어난다고 칠게요. 그런데 똑같은 사건들이 이야기 속에서는 순서가 바뀌어서 B-A-D-C 순으로 놓일 수가 있어요. 왜냐하면, 서술자가 과거에 있었던 일을 회상하거나 미래에 있을 일을 미리 귀띔함으로써 긴장감을 높이고 호기심을 불러일으킬 수 있으니까요.[44] 즉, '과거-현재-미래'라는 현실의 시간축을 이야기 속에서는 자유롭게 배열할 수 있다는 뜻이에요. 맨 과거의 사건을 이야기의 맨 뒤에 놓을 수도 있고, 가장 먼 미래의 사건을 이야기의 처음에 배치할 수도 있습니다.

이런 원리들을 알면, 이야기들을 쉽게 만들 수 있어요. 실제로 제가 문학이나 연극 수업에 가서 학생들에게 이야기 창작의 몇 가지 원리를 가르쳐주고 소설이나 희곡을 쓰라고 하면 다들 잘 씁니다. 자기들이 이미

44) 과거를 회상하는 것을 플래시백(flashback), 아나렙시스(analepsis), 미래를 예견하는 것을 프로렙시스(prolepsis)라는 용어를 통해 설명하기도 한다.

알고 있는 이야기를 재미있게 각색하여 만들어내는 거예요. 여러분도 제가 가르쳐준 공식을 가지고 평소에 알고 있던 이야기들을 활용하여 한번 새롭게 만들어보는 건 어떨까요?

오늘의 키워드	파불라, 슈제트, 스토리, 플롯

17강

광고가 파는 것은 제품만이 아니다

오늘은 기호학의 한 분야인 '광고 기호학' 이야기를 할 거예요. 그 전에 질문을 먼저 던져볼게요. 사람들은 광고를 왜 만들까요? 단순히 물건이나 상품을 많이 팔기 위해서일까요? 우리는 대개 광고를 '어떤 물건이나 상품을 팔기 위해 알리는 수단'이라고 이해합니다. 하지만 광고의 정의를 조금 더 넓게 바라볼 필요가 있어요. 광고는 '廣告'라는 한자어 그대로, 무언가를 주위에 널리[廣] 알리는[告] 것입니다. 여러분이 자신의 장점을 주위에 알리는 것도 일종의 광고지요. 제가 기호학 강의를 하는 사람이라는 것을 알리는 것도 광고고요. 광고의 목적은 이렇게 단순해요.

중요한 것은 광고가 자신의 목적을 이루기 위해 사용하는 방법입니다. 광고를 만드는 사람들의 주요 동기는 대중이 광고에 등장하는 물건을 사고 싶도록 하는 거예요. 그래서 소비자의 무의식적인 욕망과 감성을 자극하는 다양한 방법들을 사용합니다. 즉, 소비자들의 주의와 시선을 끌

만한 다양한 기호적 장치를 만들어내는 것이죠. 광고에는 문자 기호, 구두 기호, 영상 기호 등 다양한 종류의 기호들이 함께 등장합니다. 활자로 된 책에 문자 기호, 그림 기호, 사진 기호 정도밖에 담아낼 수 없다는 점과 비교되지요. 사실 책에는 입말인 구두 기호나 동영상을 실을 수 없으니까요. 물론 최근에는 오디오북과 같은 책이 나오기도 하지만, 아직 책의 일반적인 형태는 아닙니다. 그러나 광고는 모든 기호 종류를 활용해요. 영화 포스터 광고는 주로 문자 기호, 그림 기호, 사진 기호를 사용하고, TV 광고는 그 외에도 영상 기호, 구두 기호 등을 다양하게 활용하지요. 그래서 광고는 기호학이 다루어야 하는 분야로 일찌감치 자리 잡게 되었고, 오늘날 광고 기호학은 기호학의 중요한 연구 분야 중 하나로 여겨집니다.

광고는 무언가를 알리는 행위예요. 초창기에는 주로 제품의 우수한 기능 같은 정보를 알리는 데 중점을 두었습니다. 지금도 많은 광고가 제품의 정보를 전달하잖아요? 그런 것을 보고 우리는 제품을 사들이고요. 따라서 정보 전달 위주의 광고에서는 정보의 신뢰성이 굉장히 중요합니다. 영국의 유명한 광고인 데이비드 오길비는 이렇게 말해요. "광고는 일관되고, 진실해야 하며, 신뢰를 주어야 하고, 편안하게 해주어야 한다. 거짓을 일삼고 무례한 판매 대리점은 아무것도 팔지 못할 것이다." 이런 광고를 '지시적 광고'라고 합니다. 대상을 직접 소개하고 가리키는 광고라는 뜻인데요. 엄마들이 자주 보는 케이블방송 프로그램 중간에 나오는 광고가 바로 '지시적 광고'입니다. 그런 광고를 보면 대개 연예인이 한 명쯤 등장하여 제품의 기능을 자세하게 설명하지요. 일반 공중파 방송의 경우엔 광고 가격이 비싸서 광고를 오래 하지 못하는 시간상의 제약이 있는 반면, 케이블방송의 광고는 가격이 저렴한 편이라 좀 더 긴 시간 광고할 수 있다는 장점이 있답니다. 제품의 기능에 대해 좀 더 상세하게 정보를 전달할 수 있는 배경입니다. 그리고 많은 광고가 이러한 지시적 광고에 속합니다.

그런데 꼭 광고를 제품의 기능과 성능을 소개하는 지시적 방법으로만 만들 필요는 없어요. 우회적인 방법으로 광고 메시지를 전달할 수도 있습니다. 가령 스마트폰의 기능을 구구절절 늘어놓는 대신 사람들이 일상생활에서 스마트폰을 사용해서 음악을 듣거나 멀리 떨어진 가족끼리 영상통화를 주고받는 장면들을 보여줍니다. 그러다가 마지막쯤에 스마트폰이 화면 중앙에 클로즈업되는 거예요. 이런 광고에는 제품에 대한 정보가 별로 나오지 않습니다. 따져보면 지시적 방법으로 만들어진 광고들은 우리 주위에 너무 흔해요. 게다가 정보를 빽빽하게 제공하려다 보니 그다지 재미가 없어서 사람들이 잘 안 보게 됩니다. 그래서 광고는 고객들의 관심을 끌기 위해 흥미로운 기법을 사용하게 되었어요. 그게 뭘까요?

바로 '낯설게 하기(making strange, defamiliarization)'라는 기법입니다. 이 기법은 20세기 초반에 러시아의 형식주의자들이 문학 작품에서 발견하고 이름 붙인 건데요. 그중 한 명인 쉬클롭스키는 예술의 중요 과제를 '낯설게 하기'라고 주장했습니다. 문학이나 예술에서는 이런 '낯설게 하기' 기법이 많이 사용되는데요. 예를 들면, 시인들은 시를 읽는 독자들의 주의를 끌고 시에 집중하기 위해서 친숙한 단어를 낯선 이미지와 연결합니다. 시인 김광균은 시 「추일서정」에서 "낙엽은 폴란드 망명정부의 지

산타가 스마트폰으로 선물 배달할 곳을 검색하고 있다.

폐"라고 쓰고 있어요. 우리가 가을에 흔히 보는 '낙엽'이라는 익숙한 이미지를 '폴란드 망명정부의 지폐'라는 낯선 이미지와 연결한 거예요. 그럼, 독자는 한 번 더 생각해보게 됩니다. 왜 낙엽이 '폴란드 망명 정부의 지폐일까?' 하고요. 이런 식으로 평소에 친숙했던 사물이 다른 낯선 이미지와 결합하면서 전혀 다르게 다가오게 되는 거예요. 그런데 왜 시인은 '낙엽은 폴란드 망명정부의 지폐'라고 한 걸까요? 한번 맞춰보실래요?

이를 위해서는 '낙엽'과 '폴란드 망명정부의 지폐' 사이의 유사성을 찾아야 합니다. 상상력과 유추 능력이 필요한 과정이죠. 낙엽은 가을날 나무에서 떨어진 잎입니다. 시들어서 못 쓰게 된 거죠. 그렇담 '폴란드 망명정부의 지폐'는 사용할 수 있을까요? 나라를 빼앗긴 망명정부의 지폐는 사용하지 못합니다. 이런 점에서 두 대상은 유사해요. 그 뿐만 아니라 시인은 낙엽을 낯선 나라의 지폐와 이미지가 비슷하다고 생각합니다. 물론 위의 두 가지 이외에 다른 유사성을 발견하는 사람도 있을 거예요. 이렇게 연결될 것 같지 않은 두 대상 사이에서 유사성을 찾다 보면, 대상의 새로운 성격을 발견하게 되고, 상상력과 유추 능력이 향상됩니다.

광고계에서 일하는 분들은 상상력을 키우기 위해서 시를 많이 읽는다고 해요. 그래서 광고 문구를 작성하는 카피라이터를 '자본주의의 시인'으로 비유하기도 합니다. 광고의 목적은 광고하는 제품을 소비자들이 더 많이 사게 하는 거잖아요? 그런 만큼 사람들이 상품에 주목하게 만드는 게 필수지요. 보통 때 광고를 보면서 '저런 물건이 있다'는 것을 머릿속에 넣어두었다가 나중에 비슷한 물건 중 하나를 고를 때, 무의식중 광고에 나왔던 상품을 기억하고 그것을 구매하도록 말입니다. 그래서 광고를 만드는 사람들은 소비자들의 무의식을 자극하는 다양한 기호들을 고안해요. 광고에 사람들의 주의를 끄는 기발한 표현과 이미지들이 담기는 이유입니다. 너무 평범하면 사람들이 주목하지 않을 테니까요. 이처럼 워낙 창조적인 표현이 많이 등장하기 때문에 광고를 현대의 '아방가르드 예술'이라고 부르는 사람도 있습니다.

이런, 간만에 어려운 단어가 튀어나왔네요! '아방가르드(avant-garde)'는 원래 군사 용어인데요, 우리말로 '전위' 혹은 '전위부대' 정도로 풀이할 수 있습니다. 그것이 예술에 사용되면서 '시대를 앞서가는, 혹은 선도하는 예술'이라는 의미로 바뀌었지요. 하지만, 아방가르드 예술처럼 광고를 너무 어렵게 만들면 어떻게 될까요? 사람들이 내용을 이해하기 힘들겠지요? 광고의 표현은 굉장히 창의적이고 실험적인데, 정작 어떤 물건을 소개하는지 모르는 경우가 생겨날지도 모릅니다. 그러면 소비자는 광고 내용을 못 알아들어서 물건을 사지 못하게 될 테고요. 즉, 커뮤니케이션이 제대로 이루어지지 못하는 거죠.

앞에서 배운 커뮤니케이션 모델을 광고에 한번 적용해볼까요? 광고의 메시지는 무엇일까요, 또한 수신자와 발신자는 누구일까요? 수신자는 상품을 사는 소비자, 발신자는 상품을 파는 생산자, 메시지는 '우리 상품을 사 달라' 정도로 볼 수 있겠네요. 그런데 광고의 표현이 메시지를 적절히 드러낼 정도면 괜찮은데, 너무 창의적이거나 튀면 광고가 전달하려는 메시지가 묻히게 됩니다. 그럴 경우, 정작 광고를 소비하는 사람은 광고의 본 목적에 주목하기보다 광고의 예술적인 표현에만 푹 빠지게 되겠지요? 광고에서 '중도'를 지키는 것이 중요한 이유랍니다.

이번에는 광고가 주는 '이데올로기적 효과'를 알아보겠습니다. 말은 어렵지만 내용은 아주 단순해요. 광고는 그 물건을 소비하는 사람에게 일종의 '동일시 효과'를 부여합니다. 예를 들어, '차별이 아니라 차이'라는 카피가 달린 광고의 제품을 사면, 내가 소수자를 차별하는 것이 아니라 그 차이를 인정하는 올바른 사람이 된 듯한 착각에 빠집니다. 고급 아파트의 광고를 보고 그 아파트를 사서 입주하면 신분이 상승하고 고급스러운 사람이 된 것 같은 환상에 젖기 쉽지요. 특정 연예인이 직접 입고 홍보한 교복을 입으면 그 연예인과 가까워진 듯한 느낌이 들고요. 또 친환경 제품 관련 광고는 그 제품을 사는 사람에게 지구의 환경을 보호하고 있다는 착각을 불러일으킵니다. 이렇듯 광고는 사람들에게 이데올로기, 즉 '허위의식'을 심어주는 '상상적 기능(imaginary function)'을 합니다. 사람들의 의식과 무의식에 이데올로기 효과를 불러일으키는 거예요. 실제로는 아동 착취나 환경 파괴를 통해 만들어진 상품인데도 말입니다.

이렇듯 상품들을 '이미지'로 포장하는 것이 광고입니다. 같은 성능을 지니고 있다 해도 그 제품을 어떻게 광고하는지에 따라 대중이 받아들이는 데엔 큰 차이가 납니다. 기업에서 광고나 마케팅에 많은 돈과 시간, 노력을 퍼붓는 이유지요. 또한 광고는 특정한 제품에 대해 기호적인 가치를 부여해주는 역할도 합니다. 기업들은 광고를 통해 제품의 브랜드 가치를 만들어내고, 이를 소비자들에게 주입합니다. 소비자들은 제품의 실용성 못지않게 광고가 만든 이미지를 보고 제품을 사게 되고요.

광고는 도대체 어떻게 해서 이런 마법적인 기능을 가지게 되었을까요? 산업자본주의 초기에는 소비자가 상품을 선택할 수 있는 권한이 제한되어 있었습니다. 시장은 제품을 만드는 공급자 중심으로 형성되었지요. 실제로 예전에는 라면이 몇 종류 되지 않았어요. 따라서 그 시절에는 제품의 기능이나 성능을 소개해주는 지시적 광고들이 주를 이뤘습니다. 그런데 지금은 어떤가요? 온갖 종류의 다양한 라면이 있잖아요? 그 수많은 라면 중 자사 제품을 소비자에게 어필하려면 어떻게 해야 할까요? 제품의 기능이나 효과 못지않게 다른 제품과의 '차이'를 강조하는 일이 중요하겠지요. 그러므로 타사 제품과 다른 우리 제품만의 이미지, 즉 기호적인 가치가 필요해지고, 이에 따라 제품의 이미지를 잘 구축하고 포장하는 데 심혈을 기울이는 겁니다. 자본주의와 산업화가 정점을 찍은 지금 이 시절엔 고객들이 상품의 기능뿐만 아니라 그 상품이 가지고 있는 의미, 즉 기호적인 가치도 함께 구매해서 소비하니까요.

저 역시 기호적인 가치에 기반을 두고 소비를 합니다. 저는 보통 제품의 성능을 중시하는 편이에요. 그래서 제법 가격이 나가는 편인 '허시퍼피' 캐주얼화를 즐겨 신습니다. 오랜 시간 여러 브랜드의 신발을 사서 신어본 뒤 내린 결론이지요. 그래서 '허시퍼피'라는 브랜드, 즉 기호는 제게 긍정적인 의미를 지닙니다. 반면, 저는 노동자를 착취하거나 환경을 파괴하는 기업의 제품을 가능한 한 구매하지 않습니다. 이런 행위를 대개 '윤리적인 소비'라고 하는데요. 정말 어쩔 수 없는 경우가 아니라면, 약간 더 돈을 주더라도 다른 기업의 제품을 삽니다. 제게는 그런 기업의 상품이 부정적인 가치를 지니거든요. 하지만 저와 달리 그 기업의 제품을 선호하는 사람들도 얼마든지 있을 겁니다. 저와 달리 그 제품의 기호적 가치를 긍정적으로 받아들인 사람도 많을 테고, 상품을 사고파는 현대 자본주의 사회에서 구매자들은 누구나 상품에 대한 자기 나름의 기호적 가치를 가지고 있으니까요.

주목할 것은 광고를 통하지 않더라도 기호적 가치가 만들어질 수 있다는 점입니다. 실제 제품을 사용해본 소비자들이 그 제품에 대한 이미지를 만들어내기도 하거든요. 사용한 제품의 품질이 나쁘면 그 제품의 기호적 가치가 하락할 테고, AS(애프터서비스)가 안 좋거나 매장 종업원이 불친절하게 대할 때도 그 기업과 제품의 기호적 가치는 하락합니다. 광고 못지않게 소비자의 시선을 관리하는 것이 중요하다고 여기는 배경이지요. 또한 제품을 만드는 기업이 탈법, 집안 분쟁 등 추문에 휩싸여 언론에 오르내리면, 당연히 그 기업의 이미지, 즉 기호적 가치도 하락합니다. 그러면 사람들은 그 기업이 만든 제품을 좋지 않게 여기겠지요.

그래서 기업들은 회사 전체와 제품의 이미지 관리에 신경을 많이 씁니다. 요즘에는 기업들이 회사 로고, 회사 이름, 글씨체 등을 한데 모아 이미지를 만들어내는데, 이를 'CI'라고 해요. 영어로 'Corporate Identity'의 약자입니다. 우리말로 '기업 이미지 통합'으로 번역해요. 더 정확히 말해, 하나의 상징물, 즉 기호를 통해 하나의 통합된 정체성(identity)을 스스로에게 부여하고, 다른 사람(소비자)들에게도 알리는 행위지요. 어떤 식품기업은 다음과 같은 CI를 만들어서 광고하고 있어요.

"금번 창사 50주년을 맞이하여, 새롭게 탄생한 진주햄의 새로운 CI는 '4H'의 핵심 가치를 담고 있습니다. '4H'란 Harmony(화합과 공감), Heritage(역사와 전통), Happiness(맛있는 행복감), Honest(정직과 신뢰)를 함축하는 것으로 (…) 지난 50년의 역사를 넘어 100년 기업으로 나아가기 위해서는 화려한 미사여구나 엄청난 매출 규모보다 더 중요한 것이 있다고 확신하며, 믿을 수 있는 제품, 즐거움을 느낄 수 있는 맛있는 제품을 공급한다는 식품회사의 기본에 충실한 저희 진주햄이 될 것을 약속드리겠습니다."

CI는 이처럼 한 기업의 상징일 뿐만 아니라 정체성을 이루는 행위이기도 합니다. 그렇게 만들어낸 이미지와 정체성을 사람들에게 홍보하는 거예요. 일종의 '브랜드화' 작업이라고 할까요? 이 이미지에 매혹된 사람들은 당장에는 물건을 구매하지 않더라도 잠재적인 고객이 될 것입니다. 대기업에서 CI 작업에 많은 돈을 투자하고, 새로운 이미지를 만들어 사람들에게 널리 알리는 것도 이런 맥락이지요. 상품의 질 못지않게 그 상품을 만들어낸 기업의 이미지가 고객의 구매를 결정적으로 좌우하니까요.

이러한 이미지 관리는 기업만 하는 것이 아닙니다. 정당이나 유명인들도 자신의 이미지 관리를 해요. 그래서 어떤 정당은 뇌물수수 혐의 등으로 사회적 시선이 나빠지자 정당명을 바꾸고 신문에 반성문을 싣는 등 이미지 개선을 위해 여러 퍼포먼스를 벌이기도 했어요. 여러 가지 불미스러운 일로 이미지가 실추된 연예인들은 봉사활동을 통해서 자신의 이미지를 회복하려고 노력하고요. 그러면 실제로 어느 정도 효과가 있답니다. 사실 연예인만큼 "이미지로 먹고산다"는 말이 어울리는 사람도 없을 겁니다. 이들에게는 이미지, 즉 기호가 곧 돈이니까요. 영화나 드라마, 음악프로그램, 예능프로그램 등에 출연해서 좋은 이미지가 형성되고, 자신만의 캐릭터를 만든 연예인들에겐 따라서 광고 섭외도 많이 들어옵니다. 다른 방송에 출연할 가능성도 더 많아지고요. 하지만 그렇게 잘 나가

다가 한 번의 말실수나 사생활 스캔들로 그야말로 한 방에 가는 연예인들도 많습니다. 잘못을 무마하려고 자꾸 어설픈 변명을 하다가 이미지가 더 나빠진 연예인들도 많고요.

현대 사회에서 '이미지'는 더 이상 허상이 아닙니다. 예전에는 '이미지'를 겉모습일 뿐 진정한 모습과 대비되는 거짓된 것으로 이해했어요. 하지만, 위에서 든 예시들을 통해 알 수 있듯이, 현대인들은 겉으로 드러난 이미지를 통해 어떤 물건을 살지 결정하고 남을 이해할 수밖에 없습니다. 그러므로 이미지는 이제 그 기업이나 사람, 제품의 또 다른 모습이지 결코 허상이 아닙니다. 오늘날 이미지는 기호적인 가치를 지니고 있고, 실제로 사회적이고 물질적인 효과로서 작용하고 있어요. 사람과 사람 사이의 관계도 마찬가지입니다. 우리는 대부분의 경우 겉으로 드러난 이미지를 통해 그 사람을 평가할 수밖에 없잖아요? 물론, 그 사람을 자주 만나고 접촉하면서 그 사람의 다양한 모습을 보고 난 뒤 판단하면 제일 좋겠지만 현실적으로 쉽지 않은 일입니다. 따라서 대부분 그 사람의 단면밖에 볼 수 없어요. 친한 친구나 가족 사이에서도 예상하지 못한 전혀 다른 면을 보게 되어 화들짝 놀라는 일이 비일비재하니까요.

오늘의 키워드	지시적 광고, 우회적 광고, 기호적 가치

18강

내가 누구인지 말할 수 있는 자는 누구인가?

그리스의 철학자 소크라테스는 "너 자신을 알라"고 말했습니다. 그런데 내가 누구인지 말할 수 있는 자는 누구일까요, 여러분 자신일까요? 이 질문의 답을 이번 수업을 통해 알아봅시다.

오늘 이야기할 주제는 '타자의 기호학'입니다. 말이 어렵지요? 벌써 머리가 무거워진다고 하는 친구들도 있군요. 너무 부담을 느낄 필요는 없습니다. 제가 차근차근 설명해드릴 테니까요. '타자(他者)'란 나와 다른 존재입니다. '나' 이외의 모든 존재를 가리켜요. 현대 철학과 인문학에서 '타자'는 매우 중요한 개념입니다. 이 개념을 가지고 아주 다양한 생각들을 해볼 수 있어요. 사람뿐만 아니라 여러분 집에서 함께 사는 고양이나 강아지도 타자가 될 수 있고, 태양이나 물 같은 자연도 타자가 될 수 있습니다. 때로 타자는 우리 눈에 보이지 않는 존재일 수도 있어요. 이런 것들은 대개 우리가 사용하는 단어, 즉 기호가 지니는 개념이나 정의

(definition)을 통해 드러납니다.

질문을 하나 던질게요. '연애'의 사전적 정의가 뭘까요? 방금 많은 친구들이 "남녀가 서로 좋아서 사귀는 거"라고 대답했는데요. 국립국어원 표준국어대사전은 그동안 '애인'을 '이성 간의 사랑하는 사람'으로, '연인'을 '서로 사랑하는 관계에 있는 남녀 또는 이성으로서 그리며 사랑하는 사람'으로, '연애'는 '남녀가 서로 애틋하게 그리워하고 사랑함'이라고 정의하고 있었습니다. 그런데 2012년 11월에 이 세 단어의 풀이가 바뀌었어요. '애인'은 '서로 열렬히 사랑하는 사람', '남을 사랑함'으로, '연인'은 '서로 열렬히 사랑하는 관계에 있는 두 사람, 또는 몹시 그리며 사랑하는 사람'으로, '연애'는 '연인 관계인 두 사람이 서로 그리워하고 사랑함'으로 수정되었지요. 즉, 주어가 남녀에서 사람으로 바뀐 것입니다.

위의 정의와 아래 정의에 무슨 차이가 있냐고요? 이 차이는 매우 큽니다. 이 같은 뜻풀이의 개정은 성 소수자를 배려한 조치거든요. 여기서 성 소수자란 동성애자, 양성애자, 트랜스젠더 등등을 말해요. 연애는 주로 남자와 여자가 하지만, 남자와 남자, 여자와 여자가 할 수도 있는 거예요. 겉으로 드러나지 않을 뿐, 원래 '연인'에도 남녀커플뿐 아니라 남남커플도, 여여커플도 있었습니다.

당시 엠네스티 한국지부 대학생 네트워크는 이와 같은 개정에 대해 "성 소수자를 배려하는 방향으로 바뀐 것은 크게 환영할 만한 일"이라고 입장을 밝혔습니다. 그러면서 한편으로 친족 중심의 정의를 가지고 있는 '가족', 남녀만을 지칭하는 '결혼'의 정의가 바뀌지 않은 것을 지적했어요. 이들은 "추가적인 서명 활동과 보도자료, 블로그 등을 통해 나머지 단어들의 정의 또한 바뀌도록 노력하겠다"고 말했는데요. 현재 표준어 국어대사전에서는 '가족'을 "주로 부부를 중심으로 한, 친족 관계에 있는 사람들의 집단, 또는 그 구성원. 혼인, 혈연, 입양 등으로 이루어진다"라고 정의하고 있습니다. 그리고 '결혼' 또한 "남녀가 정식으로 부부 관계를 맺음"이라고 정의하고요.

방금 말한 내용을 통해 무엇을 알 수 있을까요? 우리가 일상에서 당연하게 여겨왔던 개념들이 변하고 있다는 점입니다. 가족의 형태 역시 많이 달라지고 있어요. 가령 우리나라에서도 점차 동성커플의 결혼이 (법적으로 인정되지는 않지만) 이루어지고 있다는 것을 예로 들 수 있겠군요. 그리고 친족 관계에 있는 사람들이 아니라 서로 남남인 사람들이 가족 같은 공동체를 이루는 경우도 늘고 있고요. 그런데 이런 공동체가 실질적으로 가족의 역할을 하고 있지만, 법률상 가족으로 인정되지는 않습니다. 사전적인 정의를 따를 때도 가족이 아닌 것으로 여겨지고요. 하지만 요즘에는 동성 간의 결혼을 합법적으로 인정하는 나라가 하나둘 늘어나고 있습니다. 사회적·문화적 풍속이 변함에 따라 한 단어에 대한 개념 정의를 새롭게 할 수밖에 없는 상황이 된 거예요.

이렇듯 한 단어에 대한 정의를 보면, 그 단어나 기호에 포함된 것과 배제된 것이 무엇인지 알 수 있어요. 이 말은 한 단어의 정의를 통해, 사람들의 인식에서 밀려난 타자를 알 수 있다는 뜻입니다. 또한, 단어의 정의가 변화하는 과정을 살펴보면 배제되었던 타자들이 주류로 다시 포함되는 것을 확인할 수 있고요. 자, '인간'이라는 단어를 생각해보세요. 이 단어를 듣고 사람들이 머릿속에 떠올리는 게 무엇일까요? 아마, 두 팔과 다리가 멀쩡하게 달린 성인 남자일 겁니다. 우리가 인간이라는 기호를 생각하면서 정신병자, 여성, 장애인, 동성애자 등을 무의식적으로 배제하고 있다는 이야기죠. 장애인, 청소년, 여성은 사람의 대상 속에 포함되지 않았던 겁니다. 가령 19세기에 흑인은 미국에서 오늘날 우리가 생각하는 권리와 존엄성을 가진 인간이 아니었습니다. 물건처럼 사고파는 노예였죠. 지금은 어떤가요? 만약 누가 공적인 자리에서 흑인 비하 발언을 하면 그 사람은 사회에서 매장당할 겁니다. 이제 미국에서는 흑인이라는 타자가 인간 속에 포함된 거예요. 이렇게 타자는 계속 발견되어서 인간이라는 정의 속에 포함되고 있습니다.

여성도 마찬가지예요. 인간의 범주 밖에 타자로서 존재하다가 점차 인간의 범주 속으로 들어오게 되었으니까요. 여성의 권리가 비약적으로 늘어난 것은 근대에 들어와서입니다. 고대 그리스에서 여자와 노예는 정치에 참여할 권한이 없었어요. 대부분의 나라에서도 20세기 들어서야 여성에게 참정권을 부여했고요. 그 뿐인가요? 여자들이 부모가 아닌 자신의 의지대로 결혼하게 된 역사도 매우 짧습니다. 지금은 대개 '결혼' 하면 '연애결혼'을 떠올리지만, 그런 결혼이 보편화된 것도 얼마 안 된 일입니다.

질문 한 가지 더 드릴게요. 세계사에서 1492년은 어떤 의미를 갖나요? 예, 콜럼버스가 신대륙을 발견한 해입니다. 그런데 우리는 여기서 의심을 해볼 필요가 있어요. 콜럼버스가 신대륙을 발견했다는 것이 과연 맞는 표현일까 하는 점입니다. '신대륙'은 콜럼버스와 같은 유럽인의 시각에서 나온 단어입니다. 아메리카 대륙은 콜럼버스가 발견하기 전에도 이

콜럼버스의 상륙(©Wikimedia Commons)

바르톨로메 라스 카사스 신부. 라스 카사스는 콜럼버스의 수행 신부였으나
후일 회심하여 원주민을 돕는 일에 여생을 바쳤다(©Wikimedia Commons).)

미 존재하고 있었어요. 내가 사는 땅에 누군가 갑자기 쳐들어와 신대륙이라고 부르면 얼마나 황당할까요? 우리가 지금 사용하고 있는 아메리카라는 말도 유럽의 탐험가 아메리고 베스푸치의 이름에서 따온 거예요. 철저히 강자인 유럽의 관점에서 붙여진 이름입니다.

1992년은 콜럼버스가 아메리카를 발견한 지 500년 되는 해였습니다. 그래서 이를 기념하는 성대한 행사들이 유럽과 아메리카에서 개최되었어요. 우리나라에도 덩달아 그 500주년을 기념하는 위인전이 수두룩하게 쏟아져 나왔는데요. 책들을 보니, 콜럼버스를 굉장히 훌륭하게 그리고 있더군요. 그런데 당시 원주민들의 시각에서 보면 어떨까요? 콜럼버스의 아메리카 발견은 원주민들에게는 재앙의 시작이었습니다. 잘 살고 있던 원주민들이 총과 칼을 앞세운 유럽인들의 무력에 희생당하고 착취당하게 되었으니까요. 유럽인들은 아메리카 대륙과 원주민들을 자신의 부를 축적하는 수단으로 이용했고, 그 역사도 500년 이상 이어졌습니다. 그래서 1992년에 많은 라틴아메리카 원주민들은 유럽과 아메리카 곳곳에서 유럽인들의 만행과 착취에 항의하는 시위와 행사를 진행했답니다. 아르헨티나 출신의 세계적인 철학자 엔리케 두셀은 『1492년, 타자의 은폐』라는 책을 쓰기도 했고요. 여기서 타자는 원주민을 포함한 아메리카 전체를 뜻합니다. 1492년은 두셀의 시각에서 보면, 유럽이라는 제국이 침략한 원년이자, 아메리카의 슬픈 역사가 시작되는 해이자, 아메리카 전체가 유럽의 관점에 의해 은폐되는 해입니다.

어떤가요? 설명을 듣고 보니 1492년 콜럼버스의 신대륙 발견이 좀 다르게 이해되지요? 이를 통해서도 우리가 그동안 당연하게 써온 명칭들이 사실은 타자를 배제해왔음을 알 수 있습니다. 어떤 대상에 관한 기술(記述, description)과 개념, 정의에는 필연적으로 배제가 뒤따릅니다. 그러니까 우리도 그간 알게 모르게 여성, 흑인, 자연과 같이 배제된 타자를 차별하고 있었던 셈입니다. 하지만 배제되고 은폐된 타자의 관점과 시선으로 역사를 보아야만 어떤 기호의 개념과 정의에서 보지 못했던 새로운 것들이 발견되고 드러나게 마련입니다.

무슨 뜻이냐고요? 우리가 한 대상의 개념을 정의하면, 그 대상에 대한 정의는 무엇인가를 포함합니다. 무엇인가를 포함한다는 것은 달리 말해 그 밖의 것은 배제한다는 뜻인데요. 예를 들어 시민을 백인 남성으로 정의하면, 백인 남성이 아닌 사람은 시민이 아닌 것처럼 차별이 이루어지는 거예요. 따라서 어떤 대상에 관한 기술과 정의는 반드시 포함과 배제를 동반하게 됩니다. 가령 예술학자들은 "예술은 무엇이다"로, 문화학자들은 "문화는 무엇이다"라고 제멋대로 정의내리는 것을 좋아합니다. 이 과정을 통해 문화와 예술에 포함되는 것과 포함되지 않는 것을 은연 중 나누는 거예요. 예컨대 300년 전의 예술가에게 오늘날의 현대 미술은 예술도 뭣도 아닌 쓰레기일 겁니다. 오늘날에는 예술의 범위가 넓어지면서 많은 예술가가 다양한 재료와 파격적인 기법으로 자신의 작품 세계를 표출하고 있지만요.

이렇듯 기호는 타자를 배제하는 강력한 수단입니다. 동시에, 그동안 가려졌던 타자를 포용하고 세상에 드러내는 강력한 수단이기도 해요. 이런 과정을 통해 기호의 의미는 계속 넓어집니다. 따라서 아예 기술되지 않거나 정의되지 않는 것은 여전히 배제되거나 억압된다고 보아야 합니다.

기호가 존재를 죽일 수도 살릴 수도 있는 거예요. 기호와 언어로 기록되지 않는 것은 존재하지 않는 것이나 다름없으니까요.

다음으로 소개할 타자의 기호학은 '적대의 기호학'입니다. 그리스 사람들은 외국인들을 '바르바로스(barbaros)'라고 불렀습니다. 야만인을 뜻하는 'barbarian'이라는 영어 단어는 그리스어 'barbaros'에서 나왔어요. 말인즉슨, 그리스 사람들은 자기 나라 이외의 사람들을 야만인으로 규정한 겁니다. 이는 상대방을 부정적인 자질을 지닌 존재로 정의하는 방식인데요. 중국이 스스로를 중화(中華)라고 칭하고, 주변의 나라를 남만(南蠻), 북적(北狄), 서융(西戎), 동이(東夷)라고 부른 것도 같은 맥락이에요. 자신을 중심에 놓고 주변에 있는 동서남북 여러 민족을 오랑캐로 부른 거잖아요? 예전에 우리나라도 동쪽 오랑캐라는 뜻의 동이족으로 불렸고요.

아, 방금 질문이 들어왔네요. 예전에 설명한 이분법, 이항대립과 비슷한 맥락이냐고요? 비슷하지만 조금 다릅니다. 우리는 기본적으로 이분법으로 세상을 바라봐요. 남자와 여자, 하늘과 땅, 문명과 자연 등의 방식으로요. 적대의 기호학이라는 것은 이 두 개의 항 중 하나를 다른 항을 위협하는 부정적인 존재로 보는 방식입니다. 가령 문명과 자연의 이항대립 관계가 있습니다. 문명과 자연 중 어느 것이 더 좋은 것 같아요?

예, 질문이 좀 이상하죠. 둘 다 우리 삶에서 소중한 개념인데 말입니다. 문화마다 사회마다 사람마다 이 둘에 대한 태도가 조금씩 다릅니다. 먼저 문명은 깨끗하고 질서가 잡혀 있으며 발전되고 안전한 것으로 보고, 자연은 더럽고 혼란스럽고 미개하고 위험한 것으로 보는 관점이 있어요.

그리고 자연을 문명을 위협하는 무서운 존재로 보는 관점도 있고요. 이런 관점과 시각에서 볼 때, 자연은 문명에 대해 긍정적인 대립항이 아니라 부정적인 대립항으로 존재합니다. 반대로 자연을 때 묻지 않은 순수한 동심이 가득 찬 공간으로, 문명을 타락하고 더러운 속물들이 넘쳐나는 곳으로 보는 관점도 있어요. 시중에서 볼 수 있는 소설, 영화, 여행기 등은 두 가지 중 하나의 관점으로 문명과 자연을 보는 경우가 많습니다. 이런 기호학적 이분법은 타자를 적으로 돌리면서 적대적으로 보는 방식입니다.

특정 국가를 절대악으로 보는 시각도 마찬가지예요. 우리나라 사람들은 유난히 적대적 타자를 많이 만드는 듯합니다. 우리나라 사람들이 가장 적대적으로 보는 나라는 일본이에요. 일본의 식민지 지배를 받은 역사적 경험, 그리고 독도 등 영토 문제 때문에 일본에 대한 감정이 굉장히 좋지 않아요. 또한 한국의 보수층에서는 북한을 가장 적대적으로 봅니다. 6·25전쟁을 체험한 기억 때문이겠지요. 지금은 많이 누그러졌지만, 예전 한국의 운동권이나 진보층에서는 미국을 악의 축으로 보기도 했답니다. 다사다난한 근현대사 탓인지 적대적인 나라가 참 많네요.

그것만이 아닙니다. 한국의 고질병인 지역감정도 빼놓을 수 없습니다. 특히 경상도는 전라도를, 전라도는 경상도를 적대적인 타자로 보는 시각이 매우 두드러져요. 이런 감정을 풀기 힘든 이유는 자기 지역의 문제를 다른 지역의 탓으로 돌리기 때문인데요. 덕분에 지난 몇 십 년간 전라도와 경상도에서 한 정당에 몰표를 주는 현상이 벌어지고 있습니다. 물론 예전보다는 열어졌지만, 나이 드신 분 중에서 그런 감정을 여전히 품고 계신 분들이 의외로 많아요. 저는 이따금 그런 분들과 대화를 나눌 때 깜짝깜짝 놀랍니다. 이런 식으로 적대적 타자를 만들어서 자신의 존재를 증명하거나 이득을 보는 사례는 꽤 많은데요. 예를 들어 남한의 지배층이나 권력층들은 북한을 적으로 만들고, 북한의 지배층과 권력층들은 남한을 적으로 만들어 서로가 적대적 공존 관계로 살아가는 겁니다. 예전 냉전 시대에 동구권 진영과 서구권 진영, 공산주의 진영과 자본주의 진영은 상대방을 '적대적 타자'로 자리매김하면서 공존했어요. 오늘도 서구 국가, 특히 미국은 이슬람 국가들을 악의 축으로 공격하면서 자신을 선한 존재로 포장하잖아요?

이러한 시각의 문제는 상대방을 악, 즉 적대적 타자로 설정하는 순간 자신 안의 문제를 볼 수 없게 된다는 데 있습니다. 그리고 상대방을 단순화시켜 이해하려는 경향으로 굳어지게 되지요. 우리는 근대화 이후 서구 쪽과 정치적·경제적·문화적으로 가까워져서 이슬람을 서구의 시각으로 바라보는 데 익숙합니다. 그래서 종종 이슬람을 "야만적이다", "자기 종교만 우월한 줄 알고 꽉 막혔다" 등등 부정적으로 평가하는데, 사실 그중에는 왜곡된 편견이 많다고 합니다. 게다가 여러 극단주의 단체의 테러 탓에 우리나라에도 갈수록 이슬람에 대한 공포가 퍼지는 추세인데요. 그렇다고 해서 '이슬람=테러리스트'라는 도식을 세우면 안 되겠지요?

우리는 흔히 누군가(무엇인가)를 '적대적 타자'라고 생각하는 순간, 그 쪽에 대한 이해를 포기합니다. 그냥 악한 존재로만 보지요. 그런데 예를 들어봅시다. 일본과 북한은 무조건 사악한 존재이기만 할까요? 물론 북한의 썩어빠진 지도자들이나 망발을 일삼는 일본의 우익 정치인들에게는 분명 비판받을 점이 있어요. 하지만 대다수의 일본인과 북한 주민은 여러분이나 저처럼 평범한 사람들입니다. 분명히 일본도 북한도 우리 대한민국에 잘못한 것이 있어요. 하지만 그런 과거 때문에 그곳에 사는 사람들을 모두 악마로 몰아가는 것은 바른 태도가 아닙니다. 오히려 이런 적대적 태도가 상대방에게 나에 대한 적대심을 부추길 수 있어요. 이슬람이 서구 국가들에 굉장히 적대적인 것은 그간 서구 국가들이 이슬람에 보여준 부정적인 태도 때문이기도 하잖아요? 내가 상대방을 좋지 않게 보면, 상대방도 나를 안 좋게 보죠. 이러면서 서로를 점점 더 안 좋게 보는 겁니다. 그런 악순환이 계속 일어나면서 결국 철천지원수가 되는 거고요.

경상도와 전라도의 지역감정이든, 서구 사회와 이슬람 세계의 적대적 관계이든, 남한과 북한의 갈등이든, 이러한 적대적 대립 관계 속에서 이득을 보는 집단이 있습니다. 이들은 적대적 대립 관계를 계속 유지하려 하고, 심지어 조장하려고 합니다. 우선 한국에도 경상도와 전라도의 지역감정이 계속 이어지면 유리해지는 사람들이 있습니다. 누굴까요?

예, 정치인들입니다. 영남과 호남 각각의 지역에 기득권을 가진 정치인들은 이 두 지역의 적대적 감정이 오래갈수록 좋아할 겁니다. 상대방을 적대적 세력으로 만듦으로써 나의 정체성을 유지할 수 있으니까요. 우리는 자신의 정체성을 만들거나 유지하기 위해 이처럼 적대적 타자를 만들거나 불러들이는 방식을 쓰곤 하는데요. 이러한 타자는 프랑켄슈타인 같은 괴물이 될 수도 있고, 귀신이나 용이 될 수도 있고, 로봇이나 외계인이 될 수도 있어요. 이들은 소설, 신화, 영화 등의 이야기에 인간에게 적대적인 타자들로서 악역을 맡아 등장합니다. 하지만 이런 식으로 자신의 정체성을 구축하는 것은 정말이지 차원이 낮은 부정적인 방식입니다.

다음으로 소개할 타자의 기호학은 '통합의 기호학'입니다. 나눠드린 글을 한번 읽어보세요.

"가정이란 근본적으로 공동체, 그리고 함께함(togetherness)을 의미합니다. 훌륭한 가정은 그 어떤 구성원도 특별대우를 하거나 천대하지 않습니다. 또한, 아이들을 편애하거나 홀대하지 않습니다. 훌륭한 가정에는 평등, 사려 깊음, 협력, 도움이 존재합니다. 이를 국민과 시민의 위대한 가정이라는 개념에 적용할 경우, 이는 오늘날의 시민들을 특권을 가진 자와 천대받는 자로, 지배자와 종속자로, 부자와 빈자로, 자산 소유자와 빈털터리로, 약탈자와 약탈당한 자로 갈라놓는 모든 사회적, 경제적 장벽의 철폐를 의미할 것입니다. 스웨덴 사회는 아직 국민의 집이 아닙니다. 형식적 평등, 정치적 권리의 평등은 존재하지만, 사회적 관점에서 볼 때 계급사회가 여전히 유지되고 있으며 경제적 관점에서 볼 때 소수의 독재가 행해지고 있는 것입니다."

이 글은 1928년 스웨덴 사민당[45] 당의장을 맡게 된 페르 알빈 한손의

45) 사회민주노동당의 약자로, 사회민주주의 성향을 띠는 진보적인 정당이다. 1889년 창당 이후 1932년부터 1974년까지 장기집권하며 페르 알빈 한손 수상의 지휘 아래 오늘날 스웨덴의 복지 시스템을 만들어냈다. 이 시기에 세워진 스웨덴 식 복지는 이후 선진국적인 복지의 상징이 되었다. 사민당은 지금도 스웨덴 정치에 강한 영향력을 지닌 주요 정당 중 하나이다.

연설 내용입니다. 알빈 한손은 당시 사회주의자들이 애용하던 '계급투쟁' 같은 적대와 배제의 기호 대신, 얼핏 보수적으로 보이는 '국민의 집'이라는 통합의 기호를 적극적으로 사용하는 전략을 취해요. 사민당 내에서 비그포르스를 포함한 몇몇 사람들은 이 용어가 보수적이라고 몹시 싫어했다고 합니다. '국민의 집(folkhemmet)'은 민중의 집, 국민의 가정 등으로 번역될 수 있는데, '집'이나 '가정'이라는 단어가 당시 사민주의자들과 같은 진보주의자들에게는 보수적인 것으로 받아들여졌기 때문이에요. 하지만 스웨덴 사민당은 이 구호를 통해, 스웨덴 내 노동자 이외의 다른 계층들과 보수적인 시민을 안심시키고 적극적으로 끌어안았습니다. 그 결과, 이후 그들은 20세기 내내 긴 시간 동안 수권정당으로 집권하면서 우리나라 사람뿐만 아니라 전 세계 사람들이 부러워하는 복지국가를 일구어냈어요. '국민의 집'이라는 슬로건은 스웨덴 국민을 하나로 모으는 통합적인 기호입니다. 스웨덴 사민당이 지향했던 평등과 복지의 이념을 압축적으로 담고 있는 슬로건이기도 하고, 20세기 스웨덴 사회가 나아갈 방향을 가리키는 나침반 같은 기호이기도 합니다. 1980년대에 보수당에서 이 슬로건을 가져다 쓸 정도로 이 기호의 파워는 막강했다고 하는데요. '국민의 집'은 통합의 기호의 좋은 사례로 많이 인용되고 있습니다.

이렇게 한 집단이나 사회, 공동체의 구성원들을 하나로 통합하는 기호들이 존재해요. '국민', '민족' 등의 기호가 대표적이지요. 기독교에서 많이 쓰는 '하느님의 자녀'도 그런 기호 중 하나고요. 이런 기호들은 갈등보다 동일성과 유사성을 강조합니다. 우리는 이런 통합의 기호를 통해서 특정 집단에 소속되어 있다는 안정감을 느껴요. 그리고 그 집단과의 일체감을 통해 자신의 정체성을 구축하기도 합니다.

다음으로 타자가 만들어내는 '생성의 기호학'에 대해 알아봅시다. 어려운 개념일 것 같다고요? 요것 하나만 더 설명하고 오늘 수업을 마칠 테니, 조금만 참아주세요. 예전 수업에서 제가 이렇게 설명한 적이 있어요. "의미는 구조 내에서 한 항과 다른 항 사이의 관계 속에서 발생한다"고 말이에요. 기억나시죠? 영화에서 한 장면이 의미가 다른 장면과의 관계 속에서 생겨나듯이, 시에서 한 시어의 의미가 다른 시어와의 관계 속에서 발생하듯이, 하나의 항은 혼자서 의미를 지닐 수 없습니다. 자신의 타자인 다른 항이 같이 존재해야 의미를 이룰 수 있어요. 일반적인 개념도 마찬가지입니다. 아름다움이 있어야 추함이 있고, 올바름이 있어야 거짓이 있을 것이며, 착함이 있어야 악함이 있겠지요? 이렇듯 모든 기호는 홀로 존재하는 게 아니라 다른 것과의 관계 속에서 존재합니다. 인간이라는 존재도 마찬가지예요. 소크라테스는 "너 자신을 알라"고 말했지만, 우리 스스로 자신이 누구인지 들여다보기란 쉽지 않습니다. 자신이 누구인지, 어떤 감정과 사고관을 지니고 있는지 알기 위해 누군가는 일기를 쓰기도 하지만, 이런 방법에는 한계가 있어요. 우리 자신을 알기 위해서는 '타자'가 필요합니다.

여러분은 자신의 목소리를 자기 귀로 들을 수 있나요? 실제로 여러분의 목소리를 녹음한 파일을 들어보면 평소 듣던 것과 달라서 놀랄 거예요. 그것이 다른 사람이 듣는 여러분의 진짜 목소리인데 말이에요. 이렇듯 우리는 다른 존재를 통해 자기 자신을 알아갑니다. 즉, 우리는 자신이 보지 못하고 알지 못하는 것을 타자를 통해 알 수 있다는 뜻이에요. 그런 만큼 자기 자신을 평가하려면 주변 사람들이 보내는 나에 대한 기호를 참고할 수밖에 없겠지요? 마찬가지로 그 주변 사람들도 나의 평가와 관점, 말과 글을 통해 그들 자신을 돌아볼 테고요.

타자 없이 자신을 온전히 들여다보기란 쉽지 않습니다. 내가 볼 수 없고 느낄 수 없는 것을 보는 존재가 '타자'이기 때문이에요. 예를 들어, 우리는 자신의 모습을 직접 볼 수 없지만, 거울이라는 매개체를 통해서는 가능합니다. 비록 거울이라는 매개체는 있는 그대로가 아니라 좌우가 반대로 된 상을 보여주지만 말입니다. 또 자신을 찍은 사진이나 영상을 통해 당시의 자기 모습을 보기도 해요. 무엇보다 다른 사람의 눈에 비친 모습을 통해 자신을 돌아보게 됩니다. 가령 식사 중 "왼쪽 뺨에 밥풀 묻었어"라는 상대방의 말을 통해 무심코 뺨을 쓸어내리는 것처럼요. 거울의 영상, 캠코더의 동영상, 타인의 말과 같은 기호가 있기에 우리는 자기 자신을 알게 됩니다. 타자의 기호는 곧 나에 대한 새로운 의미를 생산해내는 기호라는 뜻입니다.

나 자신을 완벽하게 안다는 것은 사실상 불가능해요. 하지만, 타자들이 들려주는 다양한 정보들을 통해 자신에 대한 이해가 점점 더 풍성해질 수 있을 겁니다. 이는 다른 대상을 해석할 때도 마찬가지예요. 똑같은 사과 하나를 보아도 나와 타자는 이를 다르게 바라봅니다. 내가 군침을 삼키고 있을 때 미술학원에 다니는 친구는 정물화를, 부모님이 과수원을 하는 친구는 햇빛과 과일 당도의 관계를 떠올릴 수도 있고, 어떤 친구는 알레르기 반응 때문에 목이 간지러웠던 기억을 떠올릴 수도 있겠지요.

나와 타자의 생각이나 느낌이 이토록 다르기에 우리는 같은 사물을 다양한 관점으로 더욱 풍부하게 이해할 수 있는 것입니다.

마지막으로 오늘 수업 첫 부분에 했던 질문에 답을 해보기로 해요. "내가 누구인지 말할 수 있는 자는 누구인가?" 답은 바로 '타자'입니다. 우리는 결국 타자가 있어야만 자신을 제대로 온전히 바라볼 수 있습니다. 내가 누구인지 알기 위해서는 다른 존재들과 다양한 방식으로 계속해서 의사소통을 해야 합니다. 우리라는 존재의 다양한 모습은 결국 타자를 통해 드러나기 때문입니다.

오늘의 키워드	타자, 적대적 타자

19강

'아름다운 가게'는 왜 아름다울까?

지난 시간까지 여러분은 각각의 기호가 사회적으로 어떤 의미를 지니는지, 우리가 그러한 기호를 통해 일상에서 어떻게 소통하는지, 그리고 기호와 이미지가 우리의 행위와 사고방식에 어떤 영향을 미치는지 공부했습니다. 오늘은 기호의 의미가 어떻게 생성되는가를 중심으로 '기호와 권력', '기호와 실천'에 대해 살펴보려 합니다. 쉽게 설명해드릴 테니 긴장하지 마세요!

먼저 기호의 의미가 어떤 메커니즘에 의해 변화하는지 알아볼게요. 새겨둘 것은 기호나 언어의 의미는 사전에 갇혀 있지 않다는 점입니다. 예를 들어, '학교'라는 단어의 사전적 의미는 "일정한 목적·교과 과정·설비·제도 및 법규에 의하여 교사가 계속적으로 학생에게 교육을 실시하는 기관"입니다. 하지만 이 단어는 문화마다, 국가마다, 사회나 지역마다, 그리고 시대마다 다른 뉘앙스를 가집니다. 그것은 이 단어가 가리키는 구체적인 대상, 즉 현실의 '학교'가 다른 모습으로 나타나기 때문입니다. 또한 사람마다 '학교'를 다르게 경험하고 있는 탓이기도 하고요. 예를 들어 가난한 국가의 '학교'와 선진국의 '학교'는 다릅니다. 그래서 '학교'라는 단어를 들었을 때, 사람들의 머릿속에 떠오르는 '학교'의 이미지가 다를 수밖에 없어요. 100년 전의 학교와 지금의 학교도 많이 다르고요. 따라서 같은 '학교'라는 단어를 사용해도. 그 단어가 가리키는 대상엔 차이가 많고, 사람마다 그 대상을 다르게 경험하기 때문에 개인이 느끼는 단어의 의미도 사뭇 다를 수밖에 없습니다.

가령 저는 중학교나 고등학교에 대해 별다른 감정이 없습니다. 특별히 기억에 남는 일 없이 평범한 학창시절을 보냈거든요. 여러분은 어떤가요? 어떤 친구는 중고등학교 시절이 행복하고 재미있었다고 할 테고, 다른 누군가는 체벌이나 집단 괴롭힘, 과도한 학습 등 여러 가지 이유로 학교가 별로였다고 여길 수 있어요. 같은 '학교'라는 단어를 두 사람이 전혀 다르게 받아들이는 것입니다. 이처럼 같은 문화권이나 사회에 속했다고 해도 한 단어를 동일한 의미로 받아들이는 경우는 드뭅니다.

이렇듯 한 단어나 기호의 의미는 항상 유동적이에요. 즉, 언제라도 달라질 수 있다는 뜻인데요. 특정한 기호가 가리키는 지시 대상, 다시 말해 현실의 사물이나 개념과 그 기호와의 관계가 고정적이거나 불변하지 않는다는 소리입니다. 기호학자 소쉬르 식으로 표현하면, "기의와 기표의 관계는 자의적이거나 임의적인 것"이지요. 기호와 지시 대상과의 관계는 이렇듯 끊임없이 변하고 움직입니다. 생명체가 시간이 지날수록 자라고 변하는 것처럼요.

자, 이제 질문을 하나 던져보겠습니다. 기호의 의미를 변화시키는 것은 무엇일까요? 만약 기호의 의미가 고정되어서 사전에 잘 정리되어 있고, 기호를 사용하는 사람(사용자)들이 필요할 때마다 사전에서 꺼내 쓸 수 있다면 참 편리할 거예요. 사람들 사이의 커뮤니케이션에도 착오가 발생하지 않을 테니까요. 같은 단어인데도 사용하는 의미가 달라서 대화 도중 애를 먹는 경우도 없을 겁니다. 하지만 유감스럽게도 기호나 단어는 한 명의 짝에게 정착하지 않고, 자신의 파트너(=자신이 지시하는 대상)를 끊임없이 바꿉니다. 우리를 굉장히 혼란스럽게 만들지요.

그렇다면, 한 기호의 의미를 바꾸는 것은 무엇일까요? 바로 기호 사용자의 구체적인 사용, 즉 실천입니다. 우리는 일상에서 기호를 구체적으로 실천/실행하고 있어요. 가령 친구들끼리만 통하는 손짓이나 말버릇도 하나의 예입니다. 다른 사람들은 잘 몰라도 여러분 또래라면 이해하겠지요. 의사소통을 하는 데도 문제가 없을 테고요. 대개 단어나 기호의 의미는 사회적인 합의나 인정을 통해 정착합니다. 한 개인이 개인적으로 사용하던 의미가 한 집단 내에서 구성원 전체가 공통으로 사용하는 의미가 될 수 있어요. 누군가 만든 유행어를 친구들이 따라 하고, 학교 전체 학생들이 똑같은 의미로 그 단어를 사용한다면, 그 기호는 곧 공동체의 공통 언어가 되는 거예요. 나아가 그 유행어가 인터넷으로 퍼져나가 많은 이들이 공감하게 되면, 우리 사회에서 하나의 기호로 자리 잡게 되는 겁니다. 처음엔 개인적이었던 기호가 모든 사람이 공유하는 공통의 기호가 되는 거예요.

기호는 주로 개인보다 집단을 통해 사회 전체로 퍼져나갑니다. 2002

년 월드컵 때 응원단 이름은 '붉은 악마'였어요. 그리고 이 응원단이 2002년 월드컵 분위기를 주도하면서 '붉은색'과 '악마'가 긍정적인 의미를 획득했고, 이 기호를 온 국민이 공유하게 되었습니다. 그리고 치우천황은 '붉은 악마'의 상징으로 등장하여 한국인들에게 새로운 의미를 지니게 되었지요. 이제 한국인 대부분은 '붉은 악마' 하면 2002년 월드컵을 떠올리고, 붉은색의 치우천황 문양을 연상합니다. 이는 월드컵 응원단의 기호가 한국 사회 전체로 퍼져나가 한국인들에게 하나의 긍정적인 의미로 자리 잡게 된 경우입니다. 이제 한국 사람들은 그전과 달리 치우천황 그림을 보면 당시의 함성과 열기를 떠올리면서 기분이 좋아집니다. 이것이 긍정적인 기호이기 때문이지요.

치우천황(©Wikimedia Commons)

반대로 부정적인 기호가 사회 일반으로 퍼지는 예도 있습니다. 모 커뮤니티에서 만든 기호들이 온라인 공간을 넘어 현실로 침범하는 경우가 그래요. 이 사이트는 지역감정을 퍼트리며 동성애자와 여성 등 자기들에게 만만해 보이는 대상에 대한 멸시와 조롱을 일삼는 공간입니다. '민주화' 같은 긍정적인 의미의 단어를 부정적인 의미로 변형시켜 사용하고요. 그렇기에 이 공간에서 생산되는 기호들은 일반 사람들에게 부정적으로 받아들여집니다. 만약 어떤 연예인이 그 커뮤니티에서 애용되는 기호를 현실에서 사용한다면, 당장 비난의 대상이 되겠지요? 실제로 몇몇 연예인이 그 커뮤니티에서 사용하는 용어를 실수로 내뱉었다가 대중에게

하켄크로이츠가 들어 있는 나치 독일의 국기(©Wikimedia Commons)

혼쭐이 나기도 했고요.

물론 억울한 사람도 있을 거예요. 그 사이트를 찾아본 적도 없는데, 원래부터 그냥 쓰던 단어를 말했다가 졸지에 회원으로 몰려 곤욕을 치르는 경우도 있을 테니까요. 아마 이런 봉변을 당한 사람들은 그 커뮤니티 사이트의 운영자에게 손해 배상이라도 청구하고 싶을 겁니다. 이것이 바로 부정적인 기호의 특성입니다. 한 사람이나 집단이 특정한 기호를 부정적으로 사용하면, 그리고 그 기호의 사용자들이 좋지 않은 사람이면, 대중은 그 기호를 부정적으로 인식하게 되는 거지요. 가령 고등학교의 문제 학생들이 하나같이 쫄바지를 입고 다니며 나쁜 짓을 한다고 생각해보세요. 그럼, 그 '쫄바지'는 문제 학생을 나타내는 기호가 되는 겁니다. 또 방금 말한 인터넷 커뮤니티 사람들이 안 좋은 언행을 했기에, 그 사람들이 사용하는 언어나 손짓 등의 '기호'들이 부정적으로 인식되는 거고요. 이러한 현상의 가장 유명한 예로 하켄크로이츠를 들 수 있습니다. 불교의 '만(卍)'자를 독일 나치가 약간 변형하여 자신들을 상징하는 '하켄크로이츠'로 사용하면서 이 기호의 의미를 왜곡시켰지요. 이렇게 하나의 기호가 부정적으로 자리 잡게 되면, 사회에서는 그 기호를 금기시하게 됩니다. 마치 전 세계에서 나치의 '하켄크로이츠' 기호를 꺼리는 것처럼요.

나치뿐만 아니라 많은 개인이나 집단이 좋은 의미의 기호를 나쁜 의미로 바꾸어버리곤 합니다. 문제는 한 개인이나 집단이 어떤 기호를 특정한 의미로 사용해서 사회 전체로 보급하면 사람들 대부분이 그 기호를 '그 의미'로 생각한다는 점입니다. 나머지 사람들 역시 이렇게 형성된 기호의 의미를 따라갈 수밖에 없는 거죠. 내가 다른 의미로 사용하고 싶어도 이미 사람들 사이에 퍼진 의미로밖에 사용할 수 없으니까요.

잘 의식하지 못하지만, 우리가 사용하는 기호에는 '힘의 관계'가 반영되어 있습니다. 사회적으로 당연하게 생각하는 기호의 의미도 사실 권력에 의해 생겨난 경우가 많지요. 특정한 사람이나 집단이 A라는 기호를 가져다가 B라는 의미로 기호적 활동을 실천하면, 사람들은 점차 그 기호를 B라는 의미로 받아들입니다. 예전에 우리나라 독재 정권은 '자유민주주의'를 공산주의의 반대말로 사용했어요. 모든 국민에게 그런 의미를 받아들이라고 강요했고요. 그러면서 '자유'라는 단어에서 '사상의 자유', '개인의 자유'와 같은 의미는 쏙 빼버리고 오직 '경제적 자유' 개념만 집어넣었습니다. 그래서 자본주의에 조금이라도 의문을 제기하고 비판하는 사람은 '자유민주주의를 부정하는 공산주의자' 취급을 받아 감옥에 갇혀야 했지요.

이번에는 '아름답다'라는 말을 생각해봅시다. 이 단어는 어떤 의미일까요? "어떤 대상이 미적으로 뛰어나다"는 의미겠지요. 이처럼 '아름답다'는 원래는 미적인 가치를 담고 있는 단어입니다. "A는 아름답다"라는 문장을 듣고 "A가 도덕적으로 훌륭하다"고 생각하는 사람은 없을 겁니다. 하지만, '아름답다'라는 단어가 사회적으로 다르게 사용되면서 '도덕적인 가치'를 지닌 단어로 바뀔 수도 있습니다. 여러분 혹시 '아름다운 가게'라고 들어본 적 있나요? 예, 재활용품을 판매하는 가게입니다. 일종의 '나눔 가게'라고도 불리는데, 사람들이 쓰던 물품들을 거둬들인 뒤 재활용하여 싼값으로 파는 가게입니다. 여기서 나온 돈은 소외계층을 위해 기부하는, 즉 사회적으로 가치 있는 일을 하는 단체예요. 이 '아름다운 가게'라는 상호 때문에 '아름다운'이라는 단어의 뉘앙스가 달라졌습니다. '아름다운 가게'라는 가게 이름에서 '아름다운'이라는 형용사는 겉보기에 아름답다는 뜻보다 '사회적으로 가치 있다'라는 의미로 사용되니까요. 이를 여러 기관에서 따라 하면서, 사람들이 '아름다운'이라는 수식어를 다른 의미로 받아들이기 시작했지요. 제가 기억하는 상호만 해도 여러 개입니다. '아름다운 가게' 이전에 이미 존재했던 '아름다운 재단', '아름다운 등산', '아름다운 국수'도 있습니다. '아름다운 국수'란 가난한 사람들을 위한 저렴한 국숫집을 말해요. '아름다운'이라는 수식어는 순우리말인 데다가, 듣기 좋고 부르기도 좋아서 여러 상호에 좋은 의미로 사용되는 것 같습니다.

이처럼 하나의 기호가 새로운 의미를 지니게 되면, 우리는 그 기호의 의미에 속박됩니다. '속박된다'는 게 무슨 뜻이냐고요? 누군가의 실천으로 새로 덧입혀진 그 의미를 우리도 따르지 않을 수 없다는 뜻입니다. 누군가 '卐' 자를 '불교 상징'으로 사용하고 싶어도 사회 일반적으로 '나치'라는 의미로 사용하기 때문에 이를 따라갈 수밖에 없는 것처럼요. 실제로 독일에서는 하켄크로이츠를 함부로 그리면 경찰에 잡혀갈 수도 있습니다. 이렇게 기호는 사람들에게 '힘'을 행사합니다.

현대 사회에서 기호의 의미는 늘 새롭게 변하고 있습니다. 이러한 변화를 선도하는 주체로 기업, 사회집단, 문학가, 예술가, 권력기관, 대중매체, 연예인, 정치인 등을 들 수 있는데요. 주로 새로운 기호를 만들어내고, 기존의 기호에 새로운 의미를 부여하는 창조적인 일을 하지요. 요즘도 인터넷 커뮤니티나 상업 광고, TV와 라디오의 방송들, 관공서 등을 통해서 새로운 기호들이 꾸준히 만들어지고 유통되잖아요? 나아가 기존의 기호에 새로운 의미와 뉘앙스가 계속 추가되기도 합니다. 부정적인 뉘앙스를 풍기던 기호가 긍정적인 의미로 바뀌기도 하고, 긍정적인 뉘앙스를 띠던 기호는 부정적인 의미로 바뀌기도 하면서요.

그런데 이런 현실에 곤란함을 느끼는 사람들도 있습니다. 가령 이슬람 테러 조직인 이라크-레반트 이슬람국가(ISIS)가 세계를 향해 위협을 가하자 똑같은 이름을 가지고 있던 벨기에 초콜릿 회사 ISIS를 포함해 많은 단체가 이름을 바꿔야 했던 것처럼 말입니다. 이런 억울한 사람들은 어떻게 대처해야 할까요? 가장 일반적인 방법은 대세를 따르는 것입니다. 사회적으로 만들어진 기호의 의미를 한 개인이 바꾸기란 결코 쉬운 일이 아니잖아요? 어느 정도 양보하는 수밖에요. 물론 "나는 그런 의미로 합의한 적이 없어. 내가 동의하지 않는 계약을 왜 따라야 하지?" 하면서 불공평하다고 느낄 수 있습니다. 맞아요. 동의한 적도 없는데 무조건 따라야 한다는 건 불공평한 일이에요. 그런데, 바로 그렇기 때문에 기호가 사람들에게 강제력을 행사하는 일종의 권력으로 작용할 수 있다고 말하는 것입니다.

정말 짜증나지요? 내 마음대로 쓰고 싶은 표현을 사용하지 못한다니! 하지만 제가 앞에서 한 말을 떠올려보세요. "주체의 실천을 통해 기호의 의미를 바꿀 수 있다"고 한 거요. 우리는 기존의 의미에 대항해 기호의 의미를 새롭게 만들어나갈 수 있잖아요. 그러려면 어떻게 해야 하냐고요? 기존의 관례나 관습에 맞서 싸워야 합니다.

지금부터 100년도 전인 1850년 여성운동가 아멜리아 브루머[46]는 드레스 안에 바지를 입고 나타났습니다. 당시 사람들은 남성의 전유물인 바지를 여자가 입었다는 사실에 매우 놀랐다고 해요. 당시에 '바지=남성이 입는 옷'이라는 기호적 의미가 일반적이었거든요. 많은 사람이 이 기호의 의미를 관례로 따랐고요. 그래서 당시 여자들은 바지를 입지 않았습니다. 기호의 전통적인 의미에 순응한 거예요. 실제로 그 후로 시간이 꽤 흐른 뒤에도 청바지를 입고 집으로 놀러 온 아들의 여자 친구를 쫓아낸 교수도 있었다고 합니다.

지금은 어떤가요? 여자들도 당연하게 바지를 입어요. 사람들의 손가락질과 차별에도 굴하지 않고 바지를 입어온 다양한 여성들의 활동과 실천 덕분에 '바지'라는 기호의 의미가 바뀐 것입니다. 이제 사람들은 '바지'라는 기호를 보고 '남자들만 입는 옷'으로 생각하지 않아요. 심지어 중고등학교에서도 이제는 여학생들이 치마 대신 바지를 선택하기도 합니다. 아무래도 치마보다 바지가 활동하는 데 편하니까요. '바지'라는 단어 속에 있던 남녀 구별의 의미가 사라진 것입니다.

이렇듯 우리에겐 사회적으로 쓰이는 기호의 의미를 바꿀 힘이 있습니

46) 아멜리아 브루머(Amelia Jenks Bloomer, 1818~1894)는 최초의 여성 바지를 고안한 페미니스트이다. 그녀가 디자인한 헐렁한 바지인 블루머(bloomers)는 지금도 여성용 속옷으로 널리 쓰이고 있다.

편안한 브루머를 입고 활동하는 여성들(1890년대 그림)

다. 물론 혼자서는 무리겠지요. 하지만 많은 사람이 그 메시지에 공감하고 따라 해준다면 완전히 불가능한 일은 아닐 겁니다. 사회적인 기호들과 그 안에 담긴 기존의 가치관과 맞장 뜨는 것, 시간은 좀 걸리겠지만 멋진 일 아닐까요?

오늘의 키워드 **기호와 실천, 의미 생산과 수용**

20강

기호와 인권

주변에 보면 겉보기에 만만한 이에게 무례하게 구는 사람들이 많아요. 학교, 아르바이트하는 곳, 직장 등등 어딜 가든 그런 사람이 꼭 있지요. 특히 청소년 여러분에겐 억울한 일이 더 많을 거예요. 어른들이 '청소년 인권 교육'을 강조하는 이유이기도 합니다. 여성이나 아동, 청소년 등 자신보다 약해 보이는 대상에게 막말을 하거나 함부로 대하는 문화는 어서 개선되어야 합니다. 나이나 옷차림 등 겉모습만 보고서 어떤 사람의 가치를 평가하는 태도도 달라져야 하고요.

오늘은 '언어와 기호, 인권 문제'를 이야기할 거예요. 이 내용은 기호학자로서 제가 관심 있게 연구하는 주제 중 하나입니다. 우리나라에서도 인권에 대한 사회적 관심, 이른바 '인권 감수성'이 조금씩 높아지는 추세인데요. 아직 충분하지는 않아도 아동과 청소년의 권리를 옹호하는 목소리도 계속 커지고 있습니다. 예를 들어볼까요. 지금 아동에게 공장에서

1908년 12월, 미국 사우스캐롤라이나 주 뉴베리의 몰로한 공장에서 일하는 어린 방적공(©Wikimedia Commons)

일을 하라고 시키면 어떻게 될까요? 분명 아동학대로 잡혀갈 겁니다. 요즘이야 아동의 인권이 신장되어서 사람들이 이를 아동학대로 인식하지만, 산업혁명 시기에는 많은 아동이 공장에서 노동했어요. 많은 어린이들이 열악한 작업장에서 장시간 근무에 시달렸습니다. 지금도 가난한 나라에서는 많은 아이들이 교육의 기회를 받지 못한 채 저임금 노동에 시달리고 있는데요. 이 사실에 분노하는 많은 사람들이 아동의 노동력을 착취하는 회사 제품에 불매운동을 벌이기도 합니다.

인권 개념이 발전하면서 사람들은 아동 노동에 대한 문제의식을 느끼게 되었고, 아동의 권리를 존중하려는 사회적 분위기가 형성되었습니다. 그러면서 열악한 처지에 놓인 아동들을 보호하려는 다양한 조치들이 이루어졌지요. 또한 인권 의식이 향상되면서 장애인들의 인권을 물리적인 차원에서 존중하는 정책들도 생겼습니다. 대표적인 것이 장애인들이 편하게 통행할 수 있도록 만들어진 건물 내부의 시설들입니다. 공공건물 대부분은 이런 시설을 의무적으로 설치하게 되어 있는데요. 이렇게 물리적인 차원뿐만 아니라 기호적인 차원에서도 장애인을 배려한 정책들과 제도들이 생겨나기 시작했습니다.

이제 기호의 차원에서 인간으로서 마땅히 누려야 할 권리를 보장해주는 정책들을 찾아볼게요. 우리 사회 곳곳에도 이런 권리를 위한 여러 가지 제도와 장치들이 있습니다. 가령 TV에서 대통령 후보끼리 연설하는 화면을 보면 청각 장애인을 위한 장치를 볼 수 있어요. 수화 통역사가 내용을 설명하는 모습을 화면 한구석에 보여주는 것이지요. 또한 건널목 신호등 중에는 시각 장애인을 위한 음향 신호기를 설치한 곳이 있습니다. 음향 신호기의 스위치를 누르면 앞을 볼 수 없는 사람이라도 안전하게 건널 수 있도록 안내 신호를 해줍니다. 여러분도 건널목 신호등에 "음향 신호기의 안내 메시지는 시각 장애인을 위한 것입니다"라는 글을 본 적 있지요? 이런 것들은 모두 기호적인 차원에서 듣지 못하거나 보지 못하는 사람들의 인권을 배려한 것입니다. 시각 장애인들을 위한 점자 안내판도 마찬가지예요. 버스 정류장에 가보면 우리 사회의 인권 의식이 한층 성장한 것을 확인할 수 있는데요. 예전에는 버스 정류장에 안내판 하나만 달랑 놓여 있었습니다. 하지만 지금은 사람들을 배려한 다양한 시설들을 볼 수 있어요. 가령 시각 장애인을 위한 점자 블록과 버스 노선 안내 방송, 버스 노선 점자 안내판 등이 그렇습니다. 최근 서울시는 색깔을 구분하기 어려워하는 사람들을 위한 지하철 노선도를 발행했어요. 현재 쓰이는 서울시 지하철 노선도는 2호선은 초록색, 5호선은 보라색… 같은 식으로 색상으로만 구분되어 있잖아요? 색각 이상자(색맹/색약)는 환승역이나 타려는 지하철을 찾기가 좀 힘든 상황이지요. 그래서 고안한 새로운 노선도는 색각 이상자의 편의를 위해서 노선 표시선의 굵기에 차이를 두어서 구분이 쉽도록 만들었답니다. 또한 기존 노선도가 직선만 사용했다면 이번에 나온 색각 이상자용 노선도는 곡선과 직선을 조합해 환승 정보를 쉽게 알 수 있도록 만들었어요. 2호선처럼 '순환선'을 곡선으로 표시하여 환승 방향이 눈에 더 잘 띄게끔 만든 것입니다.

이런 것들을 보면 인권 측면에서 확실히 서울시가 앞서 나가는 듯합니다. 그런데 이에 의문을 제기하는 시각도 있어요. 전체 지하철 이용객 중 소수에 불과한 사람들을 위해 굳이 이렇게 비용을 들여가면서 노선도를 새로 만들 필요가 있냐고요. 하지만 인권을 효율성과 비용의 측면에서 바라봐서는 안 됩니다. 좋은 사회는 단 한 사람의 구성원도 차별받지 않고, 배제되지 않도록 배려하는 사회니까요. 국가에서 장애인들을 배려한 다양한 제도와 시설을 마련하는 이유도 그 때문입니다. 참고로 말하면, 국내 색각 이상자 비율은 총 인구의 약 3% 정도이고, 남성의 경우 17명 중 1명꼴이라고 합니다. 생각보다 훨씬 많죠? 이 정도 비율이면, 색각 이상자를 위한 지하철 노선도를 배포하는 것이 옳다는 생각이 들지 않나요?

우리는 당사자가 되지 않는 한 소수자들의 삶을 이해하기가 쉽지 않습니다. 그런데 언어와 기호 차원에서 인권을 손상하는 더 심각한 문제가 있어요. 제가 신문 칼럼에서 읽은 이야기를 소개할게요. 1979년 영국에서 크리시 메이어라는 40대 초반의 여성이 학생들과 함께 영국 런던의 국회의사당 앞 광장에서 시위를 벌였다고 합니다. 그런데 시위의 방식이 이채롭습니다. 그들은 탁자에 수북이 쌓아 올린 종이를 갈기갈기 찢었어요. 이 종이는 복잡하게 쓰인 공문서들이었는데요. 이들은 왜 그런 짓을 했을까요? 이들이 시위를 벌이기 얼마 전, 가난하게 살던 나이 든 모녀가 추위에 떨다 얼어 죽는 사건이 발생했습니다. 그 모녀는 사실 정부로부터 난방 수당을 더 받을 수 있었지만, 공문서의 어려운 용어 때문에 그 사실을 몰랐어요. 당시 가난한 이들이 지원을 받기 위해 영국 정부에 제출해야 하는 서식과 공문서에는 어려운 라틴어나 전문 용어가 수두룩했기 때문입니다. 이에 크리시 메이어는 학생들과 함께 쉬운 영어로 된 공문서 사용을 촉구하는 시위를 벌인 거예요. 공식적으로 이 해부터 영국에서는 '쉬운 영어 운동(Plain English Campaign)'이 펼쳐졌다고 해요.

잘 믿기지 않지요? 세상의 어떤 부분들은 우리 눈에 잘 띄지 않습니다. 우리나라 어르신 중에도 한글을 못 읽는 분이 많아요. 까막눈을 벗어나는 것이 평생소원인 할아버지, 할머니들이 있지요. 따라서 우리나라에서도 1979년 영국에서처럼 사회적으로 소외된 사람들이 글을 잘 읽을 줄 몰라 자신의 권리를 찾지 못하는 불행한 사건이 얼마든지 일어날 수 있습니다. 우리나라 법률 용어는 한자식 표현이 특히 많아서 어렵습니다. 그래서 어떤 사람들은 영어로 된 법률서를 읽는 게 더 쉽다고 말하기도 해요. 저도 얼마 전에 관공서에서 나온 자료집 표지를 본 적이 있는데요. 놀랍게도 접속사를 제외한 모든 단어가 한자로 되어 있더라고요. 물론, 관공서의 모든 자료집이 이런 식으로 된 건 아니지만, 많은 문서들이 독자를 전혀 배려하지 않습니다. 한자를 잘 아는 사람은 괜찮겠지만, 한자를 잘 모르는 사람들은 이해하기 힘들겠지요?

공문서나 안내문 같은 국가기관의 행정 언어는 특히 국민이 쉽게 이해할 수 있어야 합니다. 문제는 가난한 사람들을 위한 복지정책의 행정 용어들이 너무 어렵다는 점인데요. 포괄 수가제, 바우처 제도, 텔레케어 등등 사람들이 이걸 정말 이해할까 하고 우려가 들 만큼 낯선 용어들이 많아요. 행정 용어를 쉽게 풀어 쓰는 것이 대세인 만큼 우리나라도 '포괄 수가제'[47]는 '진료비 정액제'로, '바우처 제도'[48]는 '상품권 제도'로, '패

47) 환자가 입원해서 퇴원할 때까지 받은 모든 진료의 종류나 양과 상관없이 미리 정해진 액수의 진료비를 부담하는 제도를 뜻한다.
48) 바우처(voucher)라는 영어 단어는 증서나 상품권을 의미한다. 정부가 지

스트 트랙 제도'는 '신속처리제도'로 바꾸는 것이 좋겠지요? 서울시에서도 2014년 7월 17일 '서울특별시 국어사용 조례'[49]를 제정해서 공포했는데요. 이는 공공기관의 올바른 국어사용 문화를 정립하기 위한 노력의 일환입니다. 조례에 따르면, 공문서를 작성할 때 한글로 작성하되 한글만으로 의미를 파악하기 어렵거나 낯선 낱말일 경우 괄호 안에 한자나 외국어를 같이 쓰게 되어 있어요. 주요 정책과 사업의 명칭을 정할 때는 공문서 언어 사용에 관한 조항을 지키고, 미리 국어 책임관과 의논하게 되어 있고요. 또한 이화여자대학교 국어문화원과 함께 매달 공문서의 공공언어 사용 실태를 점검하고 위반 사례에 대해 수정 보고서를 받아 시 전체 부서에 통보할 예정이라고 합니다.

이번에는 기호에 대한 정책이 편견을 지우는 방향으로 나아간 사례를 설명하겠습니다. 여러분, 제가 들고 있는 이 크레파스는 '살구색' 크레파스입니다. 그런데 제가 어렸을 적만 해도 '살색' 크레파스로 불렀어요. 어쩌다 이름이 그렇게 바뀐 거냐고요? 그 배경이 참 흥미롭습니다. 제일 먼저 어떤 시민이 대한민국의 국가인권위원회에 "살구색 크레파스를 살색 크레파스라고 부르는 것은 인종 차별이다"라고 청원을 냈습니다. 사

원 대상자에게 현금을 직접 주는 사회보조금과 달리, 바우처 제도는 정부가 대상자에게 일정액에 맞먹는 구매권을 주고 서비스를 스스로 선택해 구매하게 하는 것이다.

49) ▲5년마다 서울시 국어 발전 기본 계획을 수립 ▲국어 바르게 쓰기 위원회 운영 ▲공문서 등의 언어 사용 ▲정책·사업에 관한 명칭 사용 ▲실태 조사와 평가 ▲국어 책임관과 분임 책임관 지정

'살색'으로 부를까, '살구색'으로 부를까?

실, 살구색을 살색으로 부르는 것은 우리나라 사람과 같은 황인종 위주의 사고방식이에요. 만약 우리나라 사람이 미국에 이민 가서 수업시간에 흰색을 '살색(skin color)'이라고 배운다면 얼마나 황당하겠어요? 국가인권위원회는 이 시민의 청원을 타당한 것으로 받아들여 2001년 8월 한국기술표준원에 '살색'이란 이름을 바꿀 것을 권고했고, 이후 2002년 11월 한국기술표준원은 기존의 '살색'이란 표준 관용색 이름을 '연주황'으로 바꿨습니다. 그런데 2004년 8월 초중등학생 여섯 명이 '연주황'이라는 이름을 쉬운 한글로 바꿔달라는 진정서를 제출한 거예요. 그리고 2005년 5월부터 마침내 '살구색'으로 부르게 되었답니다.

재미있지요? 크레파스 색 하나의 이름이 바뀌는 과정에도 이렇듯 기호와 언어 차원에서 고려해야 하는 인권 문제가 관련되어 있으니까요. 도로 표지판이나 놀이 공원의 안내판에도 상대방을 배려하는 인권의 문제가 숨어 있답니다. 익사의 위험이 있는 강가에 위험 표지판을, 사고 다발 도로 구역에 위험 경고판을 설치하는 것도 일종의 인권 문제입니다. 인권 차원에서 언어와 기호를 보니, 꽤 새로운 것들이 보이지요?

이제부터 진짜 중요한 이야기를 하겠습니다. 인류의 역사는 대체로 인간이 다른 인간에게 가하는 물리적·신체적 폭력을 규제하는 방향으로 발전했어요. 제가 아내를 때리면, 가정 폭력범으로 법적인 처벌을 받을 겁니다. 주변 사람들에게 손가락질도 받게 될 테고요. 이런 식으로 법 혹은 사회적 평판을 통해 물리적·신체적으로 폭력을 행사하지 못하도록 규제하는 것이 오늘날의 사회적 분위기입니다. 청소년·아동 폭력에 대해서도 마찬가지예요. 교실에서도 체벌이 사라지는 추세잖아요? 제가 학교 다닐 때만 해도 정말 많이 맞았는데 말입니다. 대신 요즘에는 언어적 차원의 폭력이 문제가 되지요. 가령 여러분의 선생님이나 부모님이 "왜 너는 다른 애들만큼 잘하지 못해? 너는 해도 안 되는 아이야"라고 말했다면 이것은 언어폭력에 해당합니다. 인격이 없는 존재에게 할 만한 유형의 언어가 사람에게 가해지면 그게 곧 언어폭력이 되는 거예요. 사람의 기분을 나쁘게 하거나 자존감을 떨어뜨리는 말, 다른 사람을 비하하거나 모욕하는 말들도 그래요. 아이들이 집단 괴롭힘을 할 때도 이런 언어폭력을 사용하잖아요? 최근에는 왕따 아이를 휴대폰 메신저나 SNS를 통해 괴롭히는 것이 사회적인 문제로 떠올랐지요.

이 같은 언어폭력은 폭력을 당하는 사람의 자존감을 무너뜨리고, 그 사람의 인성과 정체성을 파괴합니다. 예를 들어 학교 선생님이 허구한 날 여러분한테 "그것밖에 못 해?", "머리가 나빠서 성적이 그 모양이지"라고 무시하는 말을 하면 기분이 어떨까요? 기운이 탁 풀리겠지요. 그런 말을 들을 때마다 공부하기 더 싫어질 거고, 자존심도 몹시 상할 겁니다. 또 그런 말을 계속 듣다 보면 모르는 사이 스스로에 대한 부정적인 생각을 축적하게 되어 자신에 대한 부정적인 이미지를 갖게 될 테고요. 그러다가 결국 '나는 원래부터 공부 못 하는 아이'라는 생각을 하는 겁니다. 실제로 학교 선생님들의 이런 말들 때문에 마음의 상처를 입고, 공부를 포기하는 학생들도 꽤 있다고 해요. 이것 역시 언어폭력에 해당합니다.

여러분 중 누군가는 학교 선생님보다 엄마의 말에 더 상처받을 수 있을 거예요. 열심히 공부하고 있는데 "공부 안 한다"는 잔소리를 들을 때가 대표적이죠? 사춘기 자녀들에게 잔소리를 하면 오히려 반발감만 더 커지게 마련인데 어른들은 '부모'라는 이름 아래, '가족'이라는 방패 아래 곧잘 아이들에게 상처를 줍니다. 가족 안에서 발생하는 언어폭력이 많은 이유죠. 하지만 가족 간에도 상처 주는 말을 함부로 하면 안 됩니다. 친한 사이일수록 서로 존중하고 함부로 말하지 않아야 해요. 또한 밖에서 받은 스트레스를 가족 중 만만한 사람에게 푸는 것도 절대 해서는 안 될 짓입니다.

참고로 'NVC'라는 프로그램을 소개해드릴게요. NVC는 'NonViolent Communication'의 약자로, 직역하면 '비폭력적인 소통'이라는 뜻입니다. 우리나라에서는 보통 '비폭력 대화'로 번역되지요. 사람과 사람 사이에 폭력을 덜어내고 평화적으로 커뮤니케이션하는 것을 말하는데요. 이는 마셜 로젠버그[50]가 창안한 대화 훈련법입니다. 우리는 흔히 일상 대화에서 비난, 판단, 지배의 언어를 사용합니다. 따라서 대화 상대자를 힘들거나 불쾌하게 만들지요. 그런 언어들 대신에 공감의 언어, 상호 존중의 언어, 평화의 언어를 사용하도록 도와주는 것이 'NVC'입니다. 거친 언어 때문에 다른 사람들과 관계가 안 좋은 사람에게 추천합니다.

자, 다시 본론으로 돌아갈게요. 요즘은 '성희롱(sexual harassment)'에 관련된 뉴스가 자주 등장합니다. 성희롱은 성과 관련하여 인간성에 상처를 입히는 것을 말해요. 직장이나 학교 등에서 상대방의 의사에 반하여, 특히 여성을 불쾌하고 고통스러운 상황에 몰아넣고 인간의 존엄을 빼앗

50) 마셜 로젠버그(Marshall B. Rosenberg, 1934~2015)는 미국의 임상심리학자이다.

는 성적인 말이나 행동, 그리고 성적인 괴롭힘을 성희롱이라고 합니다. 남성들이 여성에게 불쾌한 성적인 농담을 하고, 신체 사이즈를 묻거나 왜 아직 결혼 안 했는지를 집요하게 물어보는 것 등이 성희롱에 해당해요. 직장이나 학교에서 지위나 업무를 이용하여 성적인 굴욕감이나 혐오감을 느끼게 하는 말과 행동을 하는 것도 포함되고요. 지위를 이용해 고용상의 불이익을 주거나 고용환경을 악화시키는 것도 마찬가지입니다. 성희롱은 직장에서 많이 일어나는데, 주로 상하 관계와 남녀 관계에서 주로 발생합니다. 미국에서는 1960년대부터 성희롱에 관련된 사례나 판례가 많이 등장했어요. 이웃 나라 일본에서도 1988년 시민단체에 의해 '성희롱'이 소개되었으며, 이후 성희롱 관련 법안이 마련되었습니다. 우리나라에서는 1998년에 관련 법률 조항이 만들어졌지요. 이 역시 언어, 기호와 관련된 인권의 문제로 볼 수 있습니다.

마지막으로 살펴볼 것은 '헤이트 스피치(hate speech)'입니다. 우리말로는 '증오 발언', '혐오 발언'으로 번역할 수 있어요. 헤이트 스피치는 인종, 성별, 국적, 종교, 성 정체성, 지역, 피부색, 장애 여부 등을 기준으로 특정한 집단에 대해 편견을 가지고 그 집단을 의도적으로 폄훼하거나 위협하는 것을 말해요. 동시에 그 집단에 대한 증오를 선동하는 발언을 뜻하기도 합니다. 헤이트 스피치의 목적은 편견과 폭력을 부추기는 데 있어요. 전형적인 예가 일부 극우 정치인이나 모 커뮤니티에서 벌이는 차별 발언입니다. 예전 미국의 KKK단이 행한 흑인 증오, 독일 나치가 유태인을 상대로 벌인 증오와 차별 등도 대표적인 사례죠. 얼마 전에는 일본의 극우단체 '재특회'가 도쿄 번화가에서 재일(在日) 조선인을 향해

"조센진은 구더기 새끼", "바퀴벌레", "성폭행해라", "죽여라", "목을 매라", "농약을 마셔라", "똥이나 먹어라" 같은 헤이트 스피치를 한 적 있어요. 물론 일본인 모두가 이 같은 극우적 사고방식에 물들어 있지는 않습니다. 우리나라 사람들 모두가 외국인 노동자를 차별하거나 일본을 적대시하는 것이 아닌 것처럼요. 혐한 단체의 시위가 벌어지는 행사장 주변에서는 또 다른 일본 시민들이 "재특회는 떠나라", "도쿄는 인종주의에 반대한다" 등의 구호가 적힌 피켓을 들고 맞불 시위를 벌였으니까요. 어느 나라와 집단이든, 자신들의 정체성과 다른 사람들에 대해 혐오와 증오를 벌이는 사람들이 있게 마련인가 봅니다. 그런데, 문제는 이런 헤이트 스피치가 조직적으로 사회 전체로 퍼져나갈 때 발생합니다.

우리나라는 아직 헤이트 스피치에 대한 문제의식이 깊지 않아요. 이에 대한 규제가 엄격한 외국에 비해서 말이에요. 왜 이런 차이가 벌어지냐고요? 예, 역사적인 경험 때문입니다. 1994년 4월에 3개월 만에 80만 명이 사망한 '르완다 참사'가 벌어졌는데요. 다수 종족인 후투족 주민들이 소수 종족인 투치족 사람들을 학살한 충격적인 사건이었습니다. 이 충격적인 참사의 배경에는 헤이트 스피치가 있었어요. 종교인, 정치인, 언론인들이 학살 사건 2년 전부터 지속적으로 "투치 버러지를 처단하라"와 같은 헤이트 스피치를 쏟아냈거든요. 만약 우리나라의 메이저 언론이나 영향력 있는 정치인, 혹은 종교인이 특정 집단을 지속적으로 비하하거나 증오하는 발언들을 내놓는다면 어떻게 될까요? 평소에 감정이 없던 사람들도 그 발언에 영향을 받아 덩달아 그 집단을 증오하게 될 겁니다. 헤이트 스피치가 무서운 이유입니다.

국제 형사법은 헤이트 스피치를 대학살을 불러오는 '선동 행위'로 규정합니다. 1994년 11월에 창설된 르완다 국제 형사 재판소는 르완다 집단 학살의 주범자들을 처벌했어요. 뿐만 아니라, 신문·잡지·라디오 연설 등에서 헤이트 스피치를 한 종교인·언론인·정치인에게도 중형을 선고했습니다. 이렇듯 다른 나라에서는 특정 집단에 편견과 증오를 조장하는 헤이트 스피치를 강력하게 규제합니다. 미국에서 인종 차별 발언을 하면 어떤 일이 벌어질까요? 미국의 전설적인 프로레슬러 헐크 호건은 인종 차별 발언을 한 사실이 알려져 월드레슬링엔터테인먼트(WWE)에서 완전히 퇴출당했습니다. WWE 명예의 전당에서 이름이 삭제되었고, TV 레슬링 쇼의 심사위원도 그만두게 되었지요. 미국 사회에서 금기시하는 인종 비하 발언들을 사적인 자리에서 내뱉은 게 들통 나면서 자신이 평생 이루었던 업적과 명예를 한순간에 잃어버렸지요.

너무 엄격하다고요? 말 한마디 잘못한 것인데 그렇게까지 해야 하냐고요? 우리나라의 경우, 아직 헤이트 스피치에 대한 문제의식이 그렇게 크지 않고, 소수자에 대한 인권 의식이 높지 않아서 많은 사람이 이렇게 생각하는 것 같습니다. 그러나 선진국들은 그렇지 않아요. 유럽에는 헤이트 스피치를 법으로 규제하는 국가가 많습니다. 가령 영국은 공공질서법으로 인종적 증오와 선동을 금지해요. 프랑스도 인종 차별 금지법으로 공공장소에서 민족, 종교 등에 대한 차별 발언을 하는 것을 규제하고요. 나치의 유태인 대학살을 경험한 독일은 특정 민족에 대한 증오를 부추기는 행위를 형법으로 금지합니다. 미국의 경우 법적 규제는 없지만, 인종 등에 대한 차별적인 언행에 대해 엄격한 사회적인 제재를 가합니다. 그런 만큼 미국 사회가 헐크 호건의 행동을 준엄하게 심판한 것은 당연한 처사겠지요?

아직 갈 길이 멀어 보이긴 하지만, 우리나라에서도 헤이트 스피치나 차별 발언에 대한 문제의식이 조금씩 높아지고 있습니다. 모 커뮤니티 사이트가 문제가 되는 것도, 이 사이트의 이용자들이 내뱉는 헤이트 스피치와 차별 발언 때문입니다. 이제 우리 사회도 언어와 기호 차원에서 인권 문제를 고민할 단계에 이르렀습니다. 그리고 이에 덧붙여 어느 수준까지 법적으로 규제할 것이며, 어느 수준까지 사회적 제재를 가할 것인지 본격적으로 논의해야 할 테지요.

오늘의 키워드 **기호적 매너, 차별 발언**

21강

95% 무해한 음료수 vs. 5% 유해한 음료수

오늘은 여러분과 함께하는 마지막 수업입니다. 벌써 마무리를 해야 한다니 허전하기도 하고 시간이 참 빠르다는 생각도 들어요. 자, 끝까지 열심히 기호의 세계를 탐구해봅시다.

우리 대부분은 자신이 이성을 통해 사고한다고 생각합니다. 하지만 사실은 여러분도 저도 판단을 내릴 때 무의식중에 감정과 기호의 영향을 받을 때가 많아요. 똑같은 것인데 어떻게 보여주느냐에 따라 반응이 극과 극으로 달라지는 이유입니다. 간단한 실험으로 알아볼게요. 제가 드리는 질문에 대답하되, 듣자마자 최대한 빨리 대답해야 합니다. 샤프와 샤프심의 가격은 모두 합해 1,100원입니다. 샤프의 가격은 샤프심의 가격보다 1,000원 비싸요. 그렇다면 샤프의 가격은 얼마일까요?

방금 많은 친구들이 1,000원이라고 대답했습니다. 맞았을까요, 틀렸을까요? 이제 찬찬히 문제를 들여다봅시다. 수식으로 정리하면 이렇습니다.

샤프 + 샤프심 = 1,100원

샤프 − 샤프심 = 1,000원

샤프와 샤프심 가격은 어떻게 될까요? 샤프 가격이 1,000원이면, 샤프심 가격이 100원이겠죠. 그러면 가격차가 900원이 됩니다. 그럼 가격차가 1,000원이 되려면 어떻게 해야 하나요? 정답은 샤프는 1,050원, 샤프심은 50원입니다. 어려운 문제가 아닌데 왜 착각했는지 모르겠다고요? 예, 기호의 힘이 작용한 탓입니다. 다른 예를 하나 더 보여드릴게요. 사람들에게 '95% 무해한 음료수'와 '5% 유해한 음료수' 중 하나를 고르라고 하면 어느 쪽을 선택할까요? 둘 다 똑같다고요? 그런데 설문 결과 많은 사람이 '95% 무해한 음료수' 쪽을 선택했다고 합니다. 이렇듯 같은 음료수더라도 '95% 무해한 음료수'로 적느냐 '5% 유해한 음료수'로 적느냐에 따라 사람들의 반응이 달라져요. 우리는 이와 비슷한 다른 상황들을 많이 접할 수 있습니다. 가령 의사가 자신이 치료하고 있는 환자에게 다음과 같이 말했다고 해요. 첫 번째는 "1개월 후 생존율은 90퍼센트입니다"이고, 두 번째는 "1개월 내 사망률은 10퍼센트입니다"예요. 환자들은 둘 중 어느 쪽 말을 선호할까요, 어떤 말이 사람들한테 안정감을 줄까요?

위 두 문장은 사실 같은 내용입니다. 그런데 전혀 다른 반응을 불러일으켜요. 첫 번째 문장을 들은 환자는 안도할 겁니다. 반면, 두 번째 문장을 듣는 사람은 심한 불안감에 빠질 거예요. 같은 내용인데도 '생존율'과

'사망률' 중 어떤 단어를 중심으로 삼는가에 따라 느낌이 완전히 달라지기 때문입니다.

왜 이런 현상이 일어나는 걸까요? 행동경제학자와 행동심리학자의 연구 결과에 따르면, 우리 인간은 '직관적인 시스템인 시스템 I'과 '논리적인 시스템인 시스템 II'를 가지고 있다고 합니다. 앞에서 낸 두 개의 퀴즈는 우리 인간이 가지고 있는 정보 처리 시스템들 중 '직관적인 시스템(시스템 I)'이 작동하는 원리를 이용한 거예요. 시스템 I은 '자동적이고', '노력이 필요 없고', '연상적이고', '감성적이고', '빠른' 등과 같은 특성을 지닙니다. 우리가 주어진 문제를 빠르게 풀려고 할 때엔 직관적인 시스템이 먼저 작동해요. 제가 아까 낸 문제에서도 1,100원, 1,000과 같은 숫자 때문에 착시가 일어나서 1,000원이라고 대답하게 된 겁니다. 하지만 시간을 두고 차분하게 따져보면, 처음 대답이 틀렸다는 것을 금방 알 수 있지요. 이럴 때 '논리적인 시스템'인 시스템 II가 작동합니다. 시스템 II는 '통제된', '노력이 필요한', '연역적', '느린', '중립적'인 특성을 가져요. 그래서 우리가 시스템 II를 가지고 두 문제를 살펴보면, 문제의 정답이 '1,050원'이라는 것을 알 수 있는 거예요.

일상에서도 우리는 순간적인 직관에 의존해서 대상이나 사태를 파악합니다. 즉, 시스템 I에 의해 정보를 처리하고 이후에 시스템 II를 통해 처음의 판단을 재검토합니다. 이러한 수정 기능이 없으면 '판단 오류(error, bias)'가 발생하게 되는데요. 순간적인 직관을 통한 판단이 맞는 경우도 있지만, 이런 판단은 정확도가 떨어지므로 논리적인 과정이나 경험을 통해 보완되거나 수정되어야 하기 때문입니다. 직관과 논리는 사물이나 사태를 파악하는 정보 처리 과정의 두 가지 방법이라 할 수 있어요.

앞에서 제가 "빨리 대답해보라"고 한 것도 논리적인 시스템이 작동하기 전에 직관적으로 문제를 풀어보라는 뜻이었습니다. 직관적인 시스템인 시스템 1이 작동할 때, 우리는 기호의 형태나 위치 등에 영향을 받을 수밖에 없어요. 그래서 제가 '기호의 힘'이라고 표현한 겁니다. 다른 실험 결과를 살펴볼게요. 박민아 환자의 퇴원 여부를 결정하는 심사 과정에서 심사자들은 다음과 같은 두 가지 형식의 소견서를 제출했습니다. 그리고 나서 이에 대해 사람들의 의견을 물었어요.

A. 박민아 환자와 유사한 환자들이 퇴원 후 6개월 이내에 폭력적인 행동을 할 확률이 20%입니다.

B. 박민아 환자와 유사한 환자들 100명 중 20명이 퇴원 후 6개월 이내에 폭력적인 행동을 했습니다.

어느 쪽 소견서를 본 사람이 더 많이 반대했을까요? 답은 B입니다. A 소견서를 본 사람 중 21%가, B 소견서를 본 사람 중 41%가 박민아 환자의 퇴원을 반대했어요. 같은 결과인데도 이렇게 차이가 나는 이유가 뭘까요? 이는 사람들이 비율/확률보다 구체적인 빈도/숫자로 제시된 정보에 더 민감하고 강하게 반응하기 때문입니다. 특정한 언어와 기호를 어떻게 배치하느냐에 따라 사람들은 이를 다르게 받아들이거든요.

행동심리학과 행동경제학에 따르면 인간은 생각보다 훨씬 감정적인 동물입니다. 우리 모두에게는 '감정 휴리스틱(Affective Heuristic)'이라는 것이 존재한다고 해요. '감정 휴리스틱'은 확률 판단을 포함한 여러 형태의 판단이나 의사결정을 할 때 이성이 아닌 감성이 휴리스틱으로 작용하여 선택에 영향을 미치는 것을 말합니다. 한마디로 인간은 감정적으로 의사결정을 한다는 뜻입니다. 예를 들어볼게요. 고속도로 휴게소나 건물 곳곳에서 우리는 흔히 커피 자판기를 볼 수 있습니다. 그런데 자판기를 잘 보면 가격은 똑같은데 고급 커피와 일반 커피로 나누어진 경우가 많아요. 그럼 사람들은 둘 중 어느 커피를 선택할까요? 대다수가 고급 커피를 선택합니다. 같은 가격에 품질이 별로 차이가 없는 물건 중, 디자인과 포장이 더 세련된 물건을 선택하는 것과 같은 이치입니다. 우리가 어떤 사람을 판단할 때도 마찬가지예요. 같은 말을 하더라도 잘 생기고 세련된 차림에 자신감 넘치는 사람이 주장하면 왠지 더 끌리잖아요? 이렇듯 우리의 선택과 결정에는 감정이 작용합니다. 인간은 우리가 생각하는 것보다 훨씬 더 감정적인 동물이에요. 이때 우리의 감정에 많은 영향을 끼치는 것이 바로 언어와 기호입니다. 그런 사실을 행동경제학과 행동심리학이 보여주지요.

'말의 영향력'을 알 수 있는 재미있는 실험을 하나 더 소개할게요. 실험에 사용된 것은 40미터 거리의 복도, 초시계, 서른 개의 단어 카드, 노신사 한 명입니다. 실험 참가자는 이십 대 남녀 열두 명이고요. 실험 참가자가 실험실의 노신사에게 가면, 그는 "이 실험은 문장을 만드는 언어 능

자판기 커피에도 고급이 있다!

력 테스트입니다"라고 설명합니다. 봉투 속의 단어 카드를 열면, '늙은', '노후자금', '예의바른', '황혼의', '해질녘의', '쓸쓸한' 같은 낱말이 서른 개 나와요. 노신사는 참가자에게 단어 카드를 조합해 세 개의 문장을 만들도록 지시합니다. 시간 안에 어렵지 않게 실험을 마친 참가자는 대기실로 다시 돌아가요. 이때 실험진은 몰래 초시계로 시간을 측정했습니다. 물론, 대기실에서 실험실로 들어갈 때도 시간을 재고 있었죠. 그런데 실험 전과 실험 후 변화가 생겼습니다. 실험 전과 실험 후의 이동 시간이 5초나 차이가 난 거예요. 대기실로 돌아갈 때 5초나 늦어졌다는 뜻이지요. 심지어 실험 참가자는 지쳐 보이기까지 했습니다. 왜 이런 결과가 나왔을까요? 원인은 서른 개의 단어 카드에 있습니다. 그 단어들이 모두 노인을 연상시키는 단어였던 거예요. 여덟 명의 참가자가 실험실에서 대기실로 돌아갈 때 걸린 시간은 대기실에서 실험실로 들어갈 때보다 평균 2초씩 느렸습니다.

반면에 다른 네 명의 참가자는 젊은이를 연상시키는 단어 카드를 받았습니다. 그들이 실험실에서 대기실로 돌아갈 때 걸린 시간은 무려 2초 이상 단축되었어요. 걸음걸이는 더 활기찼고요. 그런데 신기한 것은 실험 참가자 모두가 이 변화를 알아차리지 못했다는 점입니다. 실험을 통해 이러한 결과를 밝혀낸 이는 미국 예일대의 심리학과 존 바그[51] 교수입니다. 어떤 단어에 노출되면 뇌의 일정 부분이 자극을 받아 무엇인가를 할

51) 존 바그(John A. Bargh, 1955~)는 미국의 사회심리학자로서 미국 예일 대학교에 재직 중이다.

준비를 한다고 해요. 특정 단어가 뇌의 특정 부분을 자극해 자신도 모르게 어떤 행동을 준비하게 만드는 건데요. 가령 '움직인다'라는 동사를 읽으면 뇌는 의식적으로 행동할 준비를 합니다. 이렇듯 언어와 기호의 힘은 참으로 막강합니다.

이와 비슷한 실험 결과가 곳곳에서 발표되고 있어요. 행동경제학의 창시자인 대니얼 카너먼[52]은 대중적인 교양서 『생각에 관한 생각』에서 방금 소개한 실험 결과와 비슷한 사례를 이야기해요. 영국의 한 대학 사무실 주방에 직원들이 차나 커피를 마실 때마다 자율적으로 돈을 집어넣는 '정직 상자(honesty box)'가 있었습니다. 주방 벽에는 차 종류별로 가격표가 붙어 있었고요. 그러다 어느 날부터 가격표 바로 위에 배너 포스터가 붙었습니다. 실험진은 이 배너의 그림을 매주 번갈아 걸었습니다. 그런데 기이한 일이 벌어졌어요. 두 종류의 이미지가 바뀔 때마다 '정직 상자'에 들어간 돈의 액수가 달라진 거예요. 실험 첫 주에는 크게 뜬 두 눈의 이미지가 음료를 마시는 사람을 응시했습니다. 이때 '정직 상자' 안의 금액은 우유 1리터당 평균 70펜스였습니다. 그런데 둘째 주에 꽃 이미지가 등장하자 금액이 평균 15펜스 정도 떨어졌습니다. 이런 식의 패턴이 10주 동안 지속되었어요. 결과는 분명했습니다. 사람들은 '꽃' 이미지가

52) 대니얼 카너먼(Daniel Kahneman, 1934~)은 이스라엘 국적의 심리학자이자 경제학자이다. 2002년 노벨 경제학상을 수상했다. 학문적인 업적은 판단과 의사 결정 분야의 심리학, 행동경제학과 행복심리학이다. 현재 프린스턴 대학의 우드로 윌슨 스쿨의 교수로 재직 중이다.

나오는 주보다 '눈[眼]' 이미지가 나오는 주에 세 배 가까운 돈을 상자에 넣은 것입니다. 감시당하는 걸 느끼게 하는 상징적인 이미지가 사람들의 행동을 변화시킨 거죠.

놀랍지 않나요? 우리가 의식하지 못하는 사이에 이런 일이 벌어진다니요! 이는 우리가 무의식적으로 언어와 기호에 영향을 받고 있음을 보여줍니다. 길 가다 마주치는 광고 간판, TV의 이미지 등 우리가 일상에서 마주치는 기호들이 알지 못하는 사이 우리의 의식과 무의식을 지배하고 있는 거지요. 더 무서운 것은 다른 사람의 말 때문에 우리의 신념과 가치관이 왜곡될 수 있다는 점입니다. 나아가 스스로에 대해 부정적인 이미지를 품게 될 수도 있고요. 다른 사람들에게서 자신에 대해 부정적인 말을 자꾸 듣다 보니 스스로를 좋지 않게 평가하게 된 것입니다.

우리 주위에는 다른 사람들의 말이나 대중매체에 등장하는 부풀려진 이미지에 주눅 들어서 자신을 초라하게 보는 사람들이 많습니다. 타인의 기준을 따르는 게 아니라 자기 자신만의 기준을 세워서 살아가야 하는데 말이에요. 물론 경쟁 위주의 사회에서는 그렇게 사는 게 쉽지 않습니다. 그렇다면, 각박한 일상 속에서 자아상을 건강하게 키워나가려면 어떻게 해야 할까요? 우선 자신이 사용하는 언어부터 바꿔야 합니다. 계속해서 부정적인 언어 습관을 반복하다 보면, 이것들이 무의식중에 자신의 진짜 모습으로 둔갑해버리거든요. 그러면 자신에게 주어진 기회를 자꾸 놓치게 되어 점점 더 불만족스러운 현실과 마주하게 됩니다. 악순환의 연속이 되는 거예요.

많은 사람이 객관적인 현실을 바꾸려고 노력합니다. 하지만, 여러분도 알다시피, 현실을 바꾸기란 결코 쉬운 일이 아닙니다. 오히려 여러분이 더 빨리 할 수 있는 일을 찾는 편이 좋아요. 어떤 거냐고요? 현실을 바라보는 관점을 바꾸는 것입니다. "어려운 현실 때문에 나는 아무것도 할 수 없어"라고 생각하는 사람과 "현실은 어렵지만 나는 충분히 극복할 수 있어"라고 믿는 사람 중 어려운 일이 닥쳤을 때 누가 스트레스를 덜 받을까요? 당연히 후자겠지요. 긍정적인 시각과 탄탄한 자존감은 여러분의 삶의 질을 향상하는 데 매우 중요합니다.

자신의 자존감을 끌어올리는 방법 중 하나는 자신이 원하는 자아상을 글로 정리하여 계속 되뇌는 것입니다. 예를 들어, "나는 주어진 일에 집중하는 사람이야"처럼 자신이 원하는 상태를 계속 말해주면, 뇌가 그런 메시지를 받아들여 자신도 알지 못하는 사이에 그런 방향으로 자연스럽게 행동하게 됩니다. 진짜로 효과가 있냐고요? 그럼요! 실제로 상당히 효과가 있습니다. 저는 원래 굉장히 부정적인 성격이었는데, 이러한 연습을 통해 성격과 삶의 태도가 많이 변했거든요. 지금도 저는 때때로 원하는 모습을 혼자 중얼거린답니다. 정말이지 언어와 기호의 힘이 놀랍지 않나요?

재미있는 실험 결과를 하나 더 소개하고 수업을 마치겠습니다. 1964년 미국의 심리학자인 로버트 로젠탈[53]은 샌프란시스코의 한 초등학교에

53) 로버트 로젠탈(Robert Rosenthal, 1933~)은 하버드 대학교 사회심리학 교수이다. PONS(Profile of Nonverbal Sensitivity, 비언어적 신호에 대한 민감도의 측정) 검사의 공동 제작자이기도 하다.

서 실험을 했어요. 한 학급의 학생들에게 간단한 테스트를 보게 한 후, 그 결과와 상관없이 무작위로 몇몇 학생을 뽑았습니다. 그리고 담임교사에게 그 학생들은 앞으로 시험 점수가 오를 것이라고 말했지요. 그중에는 성적이 별로 좋지 않은 아이들도 여럿 있었지만요. 그리고 8개월 뒤 다시 그 학교에 찾아간 결과, 그 아이들은 좋은 성적을 받았고 점수도 크게 올랐다고 합니다. 이후 이 실험은 교사가 아이에게 대하는 태도에 따라 얼마나 결과가 달라질 수 있는지에 대한 예시로서 교육심리학 쪽에서 자주 인용되는데요. 한편으로는 긍정적인 말이 실제 결과로 이어지기도 한다는 것을 알려주는 실험이라고도 할 수 있습니다.

우리가 무심코 내뱉는 말은 생각보다 커다란 영향력을 행사합니다. 따라서 우리는 항상 말과 글을 조심해야 해요. 더불어 주위 사람들도 사려 깊은 말로 대해야 하고요. 그럴 때 우리는 서로의 존재를 존중하고 인정하는 사회에서 살 수 있게 되겠지요? 기호학을 공부하는 목적도 바로 여기에 있습니다. 우리는 모두 기호를 통해 세계와 소통하니까요.

기호의 바다는 무궁무진합니다. 넓고 깊어요. 여러분은 그 드넓은 수면에 이제 막 발을 담그기 시작한 거고요. 오늘 이 시간까지 말씀드린 기호의 면면을 통해 여러분이 타인과 세상을 좀 더 깊이 이해하고 그들과 제대로 소통할 수 있으면 좋겠습니다. 감사합니다.

오늘의 키워드	감정, 언어와 기호

한 걸음 더

2강 우주는 기호로 가득 차 있다

퍼스의 기호 유형: 도상(icon), 지표(index), 상징(symbol)

도상: 기호가 가리키는 대상과 비슷한 기호를 말한다. 학생증에 붙어 있는 증명사진, 사물의 소리를 흉내 내는 의성어, 역사적 인물의 목소리를 흉내 내는 성우의 목소리, 컴퓨터 화면에 나오는 'icon', 사물의 모양을 본 떠 만든 상형문자, 대상을 비교적 변형 없이 그대로 보여주는 사진 등이 도상 기호에 속한다.

지표: 대상과 실존적 연결을 이루고 있는 기호를 뜻한다. 지표에는 기호와 대상 사이에 어떤 인과적인 관계가 존재한다. 연기를 보면 '불이 났구나' 하고 생각하므로 연기는 불의 지표라 할 수 있다. 그 밖에 콧물·재채기·미열 등은 감기의 지표이고, 바람의 방향을 나타내는 풍향계는 바람의 지표이며, 문고리에 남긴 지문은 도둑의 지표이다. IQ는 지능의 지표, GNP는 국가 경제의 힘을 보여주는 지표다. '나', '너', '그', '그녀' 같은 대명사와 '여기', '저기', '이것', '저것' 같은 지시대명사, '어제', '내일'처럼 시제를 나타내는 부사도 지표에 속한다. 지표는 대상과 유사하지 않고 기호에 직접적으로 드러나지 않는 대상을 가리키는 기호이다.

상징: 대상과 어떤 유사성이나 연관성이 없는 기호를 말한다. 오로지 대상과의 약속이나 관습에 의해 의미가 만들어진 기호이다. 평화의 상징인 비둘기는 유사성이나 인과적인 관계에 의한 것이 아니라 관습적으로 그렇게 된 것이다. 그 밖에 학교·회사의 마크나 로고, 아라비

아 숫자, 한국어·영어·러시아어 등과 같은 자연언어 등이 속한다.

소쉬르의 기호 유형: 동기화된 기호, 비동기화된 기호

동기화된(motivated) 기호: 기표와 기의의 관계가 자연적인 기호를 말한다. 퍼스의 기호 유형 중 도상처럼 대상과 유사하거나 비슷한 기호다.

비동기화된(unmotivated) 기호: 기표와 기의의 관계가 자의적인 기호. 퍼스의 상징처럼 대상과의 약속이나 관습에 의해 뜻이 만들어진 기호를 뜻한다.

유리 로트만의 기호 유형: 도상적인 기호(자연적인 기호), 조건적인 기호(약정적인 기호)

5강 친구가 내 물건을 훔쳐간 것 같은데, 어떡하지?

논리학의 첫 번째 방법 : 연역법(deduction)

규칙(법칙) : 아궁이에 불을 때면 굴뚝에 연기가 난다.

사례 : 아궁이에 불을 땠다.

결과 : 굴뚝에 연기가 난다.

규칙 : 타자를 많이 치면 소매가 반들반들해진다.

사례 : 그 여자는 많이 쳤다.

결과 : 그 여자의 소매가 반들반들해졌다.

논리학의 두 번째 방법 : 귀납법(induction)

사례 : 아궁이에 불을 땠다

결과 : 굴뚝에 연기가 났다.

규칙 : 아궁이에 불을 때면 굴뚝에 연기가 날 것이다.

사례 : 그 여자는 타자를 많이 쳤다.

결과 : 그 여자의 소매가 반들반들해졌다.

규칙 : 타자를 많이 치면 소매가 반들반들해졌다.

논리학의 세 번째 방법 : 가추법(가설추리법)

규칙 : 아궁이에 불을 때면 굴뚝에 연기가 난다.

결과 : 굴뚝에 연기가 난다.

사례 : 아궁이에 불을 때는구나.

규칙 : 타자를 많이 치면 소매가 반들반들해졌다.

결과 : 그 여자의 소매가 반들반들해졌다.

사례 : 그 여자는 타자를 많이 쳤다.

*연역 ⇨ 귀납 ⇨ 가추의 순서대로 확실성은 감소하지만, 새로운 지식이 생성됨. 생산성은 증가됨.

*우리의 커뮤니케이션 과정, 기호 해석 과정은 가추법에 기반을 두므로 불확실하다. 하지만 이런 불확실성 때문에 문화의 창조가 이루어졌다.

8강 상징은 의미의 바다

1. 구소련 국기에 나오는 낫과 해머는 무엇을 상징할까요?
2. 프랑스 국기에 나오는 삼색의 의미는 무엇일까요?
3. 용(dragon)은 동양과 서양에서 상징적인 의미가 다릅니다. 용의 상징적 의미가 동양과 서양에서 어떻게 다른지 한번 찾아보세요.
4. 화살의 상징적 의미는 다양합니다. 그 다양한 의미들을 한번 찾아보세요.

12강 왜 대중매체에는 미남미녀만 나올까?

1. 선관위(선거관리위원회)의 표어 중 "민주주의의 꽃은 투표입니다"라는 문장이 있습니다. 이 문장 속에 숨겨진 이데올로기를 찾아보세요.
2. 나에 대한 다른 사람의 선입견, 다른 사람에 대한 나의 선입견을 이야기해보세요.
3. 내가 가지고 있는 선입견을 없애는 방법에 대해 생각해보세요.
4. 대중문화에 나오는 '신화'를 찾아서, 그 신화의 1차 의미(외연, 지시적 의미)와 2차 의미(내포, 숨은 의미)를 서술해보세요.